Flexsim
物流系统建模与仿真案例实训

马向国　余佳敏　任宇佳　著

化学工业出版社

·北京·

图书在版编目（CIP）数据

Flexsim 物流系统建模与仿真案例实训/马向国，余佳敏，任宇佳著．—北京：化学工业出版社，2018.8（2025.3重印）
ISBN 978-7-122-32597-6

Ⅰ.①F… Ⅱ.①马… ②余… ③任… Ⅲ.①物流-系统仿真-应用软件　Ⅳ.①F252-39

中国版本图书馆 CIP 数据核字（2018）第 152314 号

责任编辑：贾　娜	文字编辑：陈　喆
责任校对：宋　夏	装帧设计：王晓宇

出版发行：化学工业出版社（北京市东城区青年湖南街 13 号　邮政编码 100011）
印　　装：涿州市般润文化传播有限公司
787mm×1092mm　1/16　印张 17¼　字数 460 千字　2025 年 3 月北京第 1 版第 10 次印刷

购书咨询：010-64518888　　　　　　　　　　售后服务：010-64518899
网　　址：http://www.cip.com.cn
凡购买本书，如有缺损质量问题，本社销售中心负责调换。

定　价：78.00 元　　　　　　　　　　　　　　　　版权所有　违者必究

前言
FOREWORD

现代物流系统是一个高度复杂的系统,包括所需运转的物资、包装设备、搬运和装卸机械、运输工具、仓储设施、人员等。其目的是使企业物流合理化,并将企业生产出来的产成品按时、按质、按量、配套齐全、完好无损地迅速运达到消费者手中,实现其空间效益和时间效益。物流系统是企业生产的一个重要组成部分,物流合理化是提高企业生产效率最重要的方法之一。根据国内外实践经验,应用建模仿真分析方法改进物流系统方案后可使总投资减少 30% 左右。因此,对物流系统的设计、建模和仿真的研究,已经受到普遍的关注和重视,越来越多的物流工程技术人员投入到仿真技能及实践的研究当中,物流系统的建模、仿真及优化技术也日益成为物流专业必修课程。

物流系统仿真是物流系统学习不可缺少的环节,是读者巩固物流理论知识并提高实际操作技能的重要手段。为了加强对读者物流系统仿真实际操作能力的培养,本书以案例实训的形式进行编写,通过实训让读者学会仿真建模方法,培养读者的建模思维和仿真技能。本书实训案例依据物流系统仿真实际操作要求,模拟物流系统的真实环境,通过模拟训练,使学生掌握不同物流子系统的运作流程,对其进行仿真优化,并且解决实际物流系统仿真中所遇到的问题,以达到真正实训的目的。

本书分为五章,第 1 章是物流系统仿真基础,介绍了物流系统仿真的基本概念;第 2 章是介绍 Flexsim 仿真软件、Flexsim 建模相关概念以及建模步骤;第 3 章针对物流系统仿真的初级应用,用案例实训的形式介绍了仿真建模的方法、建模的详细步骤以及优化方法,使读者从初步了解到逐渐掌握;第 4 章和第 5 章针对仿真的高级应用,用自动化立体仓库建模仿真和现代物流配送中心建模仿真的综合应用案例实训进一步提高读者的建模仿真能力,在实践中提高读者设计、优化物流节点的能力。

在本书学习过程中,读者可按照本书的详细步骤搭建物流系统仿真模型,每一个实训后面都配有相应的练习,可以帮助读者对本次实训有更深层次的理解,并且每一个实训都规定了完成时间,要求读者在规定时间里理解掌握,提高学习效率。

本书由马向国、余佳敏、任宇佳著。姜旭教授审阅全书,并提出了许多宝贵的修改意见。此外本书在写作过程中还得到了陕西科技大学机电学院刘昌祺教授、清华大学经管学院刘丽文教授的指导,以及北京物资学院领导、同事的热情支持,在此一并表示感谢。同时感谢物流工程专业研究生蒋荣芬、梁艳、苏辉辉在本书写作过程中给予的协助。

由于时间仓促,加之著者水平和精力有限,许多内容未能完善和进一步深入,书中难免有不足之处,恳请读者批评指正。

本书采用的是 Flexsim 6.0 软件,适用于使用 Flexsim 4.0 以上各版本软件的读者参考与学习。购买本书的读者可通过著者电子邮箱 mxg105@163.com 获取教学课件、Flexsim 7.0DEMO 版软件以及本书中所有实训模型。

著者

第1章 物流系统仿真基础

1.1 系统、模型、仿真概述 …………………………………………………………………… 001
　1.1.1 系统 ………………………………………………………………………………… 001
　1.1.2 模型 ………………………………………………………………………………… 003
　1.1.3 仿真 ………………………………………………………………………………… 005
　1.1.4 系统、模型与仿真的关系 ………………………………………………………… 006
1.2 物流系统的概述 ………………………………………………………………………… 007
　1.2.1 物流系统的概念与分类 …………………………………………………………… 007
　1.2.2 物流系统的特点 …………………………………………………………………… 007
1.3 物流系统仿真 …………………………………………………………………………… 008
　1.3.1 物流系统仿真的概念 ……………………………………………………………… 008
　1.3.2 物流系统仿真的应用类型 ………………………………………………………… 008
　1.3.3 物流系统仿真软件出现前后物流系统优化方法 ………………………………… 009
　1.3.4 物流系统仿真解决的问题 ………………………………………………………… 010

第2章 Flexsim软件应用基础

2.1 Flexsim 综述 …………………………………………………………………………… 011
　2.1.1 Flexsim 介绍 ……………………………………………………………………… 011
　2.1.2 Flexsim 仿真软件的特点 ………………………………………………………… 011
2.2 Flexsim 仿真环境及关键技术 ………………………………………………………… 013
　2.2.1 Flexsim 仿真环境 ………………………………………………………………… 013
　2.2.2 Flexsim 中鼠标操作及键盘交互 ………………………………………………… 020
2.3 Flexsim 建模的相关概念 ……………………………………………………………… 022
　2.3.1 面向对象的思想 …………………………………………………………………… 022
　2.3.2 Flexsim 的对象层次结构 ………………………………………………………… 023
　2.3.3 节点和树 …………………………………………………………………………… 023
　2.3.4 任务序列 …………………………………………………………………………… 024
2.4 Flexsim 仿真模型建立 ………………………………………………………………… 026
　2.4.1 Flexsim 仿真模型的基本组成 …………………………………………………… 026
　2.4.2 Flexsim 建模的基本步骤 ………………………………………………………… 026
　2.4.3 建模步骤示例 ……………………………………………………………………… 031
　2.4.4 实训练习 …………………………………………………………………………… 037

第3章　物流系统实训

- 3.1　配货系统建模仿真与优化 ………………………………………………………… 038
  - 3.1.1　实训知识准备 ………………………………………………………………… 038
  - 3.1.2　学习目的 ……………………………………………………………………… 043
  - 3.1.3　完成时间 ……………………………………………………………………… 043
  - 3.1.4　问题描述与系统参数 ………………………………………………………… 043
  - 3.1.5　建模步骤 ……………………………………………………………………… 044
  - 3.1.6　仿真结果分析与改进 ………………………………………………………… 053
  - 3.1.7　实训练习 ……………………………………………………………………… 058
- 3.2　排队系统仿真 ………………………………………………………………………… 058
  - 3.2.1　实训知识准备 ………………………………………………………………… 058
  - 3.2.2　学习目的 ……………………………………………………………………… 065
  - 3.2.3　完成时间 ……………………………………………………………………… 065
  - 3.2.4　建模步骤 ……………………………………………………………………… 065
  - 3.2.5　仿真结果分析与改进 ………………………………………………………… 069
  - 3.2.6　实训练习 ……………………………………………………………………… 069
- 3.3　生产线产品入库与出库仿真 ………………………………………………………… 072
  - 3.3.1　实训知识准备 ………………………………………………………………… 072
  - 3.3.2　学习目的 ……………………………………………………………………… 073
  - 3.3.3　完成时间 ……………………………………………………………………… 073
  - 3.3.4　问题描述与系统参数 ………………………………………………………… 074
  - 3.3.5　建模步骤 ……………………………………………………………………… 074
  - 3.3.6　仿真结果分析与改进 ………………………………………………………… 079
  - 3.3.7　实训练习 ……………………………………………………………………… 081
- 3.4　多产品单阶段制造系统仿真 ………………………………………………………… 082
  - 3.4.1　实训知识准备 ………………………………………………………………… 082
  - 3.4.2　学习目的 ……………………………………………………………………… 084
  - 3.4.3　完成时间 ……………………………………………………………………… 084
  - 3.4.4　问题描述与系统参数 ………………………………………………………… 084
  - 3.4.5　建模步骤 ……………………………………………………………………… 084
  - 3.4.6　仿真结果分析与改进 ………………………………………………………… 093
  - 3.4.7　实训练习 ……………………………………………………………………… 094
- 3.5　条件中断与产品装盘仿真优化 ……………………………………………………… 095
  - 3.5.1　实训知识准备 ………………………………………………………………… 095
  - 3.5.2　学习目的 ……………………………………………………………………… 096
  - 3.5.3　完成时间 ……………………………………………………………………… 096
  - 3.5.4　问题描述与系统参数 ………………………………………………………… 096
  - 3.5.5　建模步骤 ……………………………………………………………………… 097
  - 3.5.6　仿真结果分析与改进 ………………………………………………………… 105
  - 3.5.7　实训练习 ……………………………………………………………………… 105
- 3.6　仓储系统建模仿真与优化 …………………………………………………………… 109
  - 3.6.1　实训知识准备 ………………………………………………………………… 109

3.6.2　学习目的 …………………………………………………………………… 116
　　3.6.3　完成时间 …………………………………………………………………… 116
　　3.6.4　问题描述与系统参数 ……………………………………………………… 116
　　3.6.5　建模步骤 …………………………………………………………………… 117
　　3.6.6　仿真结果分析与改进 ……………………………………………………… 124
　　3.6.7　实训练习 …………………………………………………………………… 124
3.7　配送中心库存控制仿真优化 ………………………………………………………… 130
　　3.7.1　实训知识准备 ……………………………………………………………… 130
　　3.7.2　学习目的 …………………………………………………………………… 132
　　3.7.3　完成时间 …………………………………………………………………… 132
　　3.7.4　问题描述与系统参数 ……………………………………………………… 132
　　3.7.5　建模步骤 …………………………………………………………………… 132
　　3.7.6　实训练习 …………………………………………………………………… 136
3.8　生产系统建模仿真与优化 …………………………………………………………… 136
　　3.8.1　实训知识准备 ……………………………………………………………… 136
　　3.8.2　学习目的 …………………………………………………………………… 138
　　3.8.3　完成时间 …………………………………………………………………… 138
　　3.8.4　问题描述与系统参数 ……………………………………………………… 138
　　3.8.5　建模步骤 …………………………………………………………………… 140
　　3.8.6　仿真结果分析与改进 ……………………………………………………… 146
　　3.8.7　实训练习 …………………………………………………………………… 152
3.9　混合流水线系统建模仿真与分析 …………………………………………………… 152
　　3.9.1　实训知识准备 ……………………………………………………………… 152
　　3.9.2　学习目的 …………………………………………………………………… 154
　　3.9.3　完成时间 …………………………………………………………………… 154
　　3.9.4　问题描述与系统参数 ……………………………………………………… 154
　　3.9.5　建模步骤 …………………………………………………………………… 155
　　3.9.6　仿真结果分析与改进 ……………………………………………………… 164
　　3.9.7　实训练习 …………………………………………………………………… 166
3.10　分拣系统建模仿真与优化 …………………………………………………………… 166
　　3.10.1　实训知识准备 ……………………………………………………………… 166
　　3.10.2　学习目的 …………………………………………………………………… 173
　　3.10.3　完成时间 …………………………………………………………………… 173
　　3.10.4　问题描述与系统参数 ……………………………………………………… 173
　　3.10.5　建模步骤 …………………………………………………………………… 174
　　3.10.6　仿真结果分析与改进 ……………………………………………………… 185
　　3.10.7　实训练习 …………………………………………………………………… 188

第4章　自动化立体仓库建模仿真与优化

4.1　实训知识准备 ………………………………………………………………………… 189
　　4.1.1　自动化立体仓库的概述 …………………………………………………… 189
　　4.1.2　自动化立体仓库的类型 …………………………………………………… 190
4.2　学习目的 ……………………………………………………………………………… 193

4.3 完成时间 ·· 193
4.4 问题描述与系统参数 ·· 193
4.5 建模步骤 ··· 195
　　4.5.1 入库分拣区 ··· 195
　　4.5.2 入库处理区 ··· 201
　　4.5.3 货物存储区 ··· 203
　　4.5.4 出库处理区 ··· 209
　　4.5.5 出库分拣区 ··· 213
　　4.5.6 编译、重置、运行模型 ··· 214
4.6 仿真结果分析 ·· 215
4.7 实训练习 ··· 220

第5章　现代物流配送中心建模与仿真

5.1 实训知识准备 ·· 221
　　5.1.1 现代物流配送中心的概述 ·· 221
　　5.1.2 配送中心的功能 ··· 223
　　5.1.3 配送中心功能区设置 ·· 224
　　5.1.4 配送中心的作业流程 ·· 225
5.2 学习目的 ··· 228
5.3 完成时间 ··· 228
5.4 问题描述与系统参数 ·· 228
5.5 建模步骤 ··· 230
　　5.5.1 入库处理区 Flexsim 模型 ·· 230
　　5.5.2 存储区的 Flexsim 模型 ·· 236
　　5.5.3 流通加工区的 Flexsim 模型 ······································· 244
　　5.5.4 拣货区的 Flexsim 模型 ·· 251
　　5.5.5 发货区的 Flexsim 模型 ·· 257
5.6 仿真结果分析与优化 ·· 261
5.7 实训练习 ··· 267

参考文献

第1章

物流系统仿真基础

1.1 系统、模型、仿真概述

1.1.1 系统

半个多世纪以来,"系统"作为一个研究对象,在国际上引起了很多学者的注意,"系统"吸引了众多领域的专家从事研究和应用。

(1) 系统来源

系统这一概念来源于人类长期的社会实践。人类认识现实世界的过程,是一个不断深化的过程。客观世界中的一切事物的发生和发展,都是矛盾的对立和统一,科学的发展也不例外。在古代,自然科学界往往把世界看成一个整体,寻求共性和统一,但由于缺乏观测和实验手段,科学技术理论又很贫乏,所以对很多事物只能看到一些轮廓及表面现象,往往是只见森林、不见树木。随着科学技术的发展,理论丰富了,工具更先进了,认识逐步深化了,但仍受到当时科学技术水平的限制和世界观的局限,往往又只看到一些局部现象而不能综观整体,以致只见树木而不见森林。只有认识不断深化,在对个体、对局部有了更多、更深的了解以后,再把这些分散的认识联系起来,才看到了事物的整体,以及构成整体的各个部分之间的相互联系,从而形成了科学的系统观。

(2) 系统定义

系统(system)一词源于拉丁文的"sytema",表示群体、集合等。人们对于系统的定义有很多,其中具有代表性是我国著名系统工程学家钱学森给出的定义:"把极其复杂的研究对象称为系统,即由内部相互作用和相互依赖的若干组成部分(称为子系统)结合而成的,具有特定功能的有机整体集合,而这个整体又是它所从属的更大的系统的组成部分"。在美国的韦氏(Webster)大辞典中,"系统"一词被解释为"有组织的或被组织化的整体;结合着的整体所形成的各种概念和原理的综合;由有规则的相互作用、相互依存的形式组成的诸要素集合等等"。在日本的 JIS 标准中,"系统"被定义为"许多组成要素保持有机的秩序,向同一目的行动的集合体"。一般系统论的创始人 L. V. 贝塔朗菲(L. V. Bertalanffy)把"系统"定义为"相互作用的诸要素的综合体"。美国著名学者阿柯夫(Ackoff,R. L.)认为:系统是由两个或两个以上相互联系的任何种类的要素所构成的集合。

一般我们采用如下的定义:系统(system)是具有特定功能的、相互间具有有机联系的许多要素(element)所构成的一个整体。

(3) 系统特性

无论什么样的系统,从系统的定义中可以看出其共同拥有的特性。

① 集合性　系统的集合性表明,系统是由两个或两个以上的可以相互区别的要素或子系统组成的,而要素是构成系统的最基础部分。例如,一个计算机系统,一般都是由中央处理机(CPU)、存储器、输入与输出设备等硬件所组成,同时,还包含有操作系统、程序设计、数据库等软件,这是一个由要素组合而成的完整系统。而物流系统则可以由运输系统、装卸搬运系统、仓库系统、配送系统、物流信息管理系统等各子系统组成。

② 相关性　组成系统的要素是相互联系、相互作用的,相关性说明这些联系之间的特定关系。

③ 层次性　系统作为一个相互作用的诸要素的总体,它可以分解为一系列的子系统,并存在一定的层次结构,这是系统空间结构的特定形式。系统的层次性主要表现在它是其构成要素的上级,同时它也是其上级系统的子系统。在系统层次结构中表述了不同层次子系统之间的从属关系或相互作用关系。在不同的层次结构中存在着动态的信息流和物质流,构成了系统的运动特性,为深入研究系统层次之间的控制与调节功能提供了条件。

④ 整体性　系统是由两个或两个以上的可以相互区别的要素,按照作为系统所应具有的综合整体性而构成的,由于系统要素之间的联系与相互作用,使系统作为一个整体具有特定的功能或效能,这是各要素个体所不具备的。系统整体性说明,具有独立功能的系统要素以及要素间的相互关系(相关性、层次性)根据逻辑统一性的要求,协调存在于系统整体之中。就是说,任何一个要素不能离开整体去研究,要素间的联系和作用也不能脱离整体的协调去考虑。系统不是各个要素的简单集合而是具有一种非加和性关系的整体,否则它就不会具有作为整体的特定功能。脱离了整体性,要素的机能和要素间的作用便失去了原有的意义,研究任何事物的单独部分不能使你得出有关整体的结论。系统的构成要素和要素的机能、要素的相互联系要服从系统整体的目的和功能,在整体功能的基础之上展开各要素及其相互之间的活动,这种活动的总和形成了系统整体的有机行为。在一个系统整体中,即使每个要素并不都很完善,但它们可以协调、综合成为具有良好功能的系统;反之,即使每个要素都是良好的,但作为整体却不具备某种良好的功能,也就不能称之为完善的系统。

⑤ 目的性　通常系统都具有某种目的,要到达既定的目的,系统都具有一定的功能,而这正是区别这一系统和其他系统的标志。系统的目的一般用更具体的目标来体现,一般来说,比较复杂的系统都具有不止一个目标,因此需要一个指标体系来描述系统的目标。为了实现系统的目的,系统必须具有控制、调节和管理的功能,管理的过程也就是系统的有序化过程,使它进入与系统目的相适应的状态。

⑥ 环境适应性　任何一个系统都存在于一定的物质环境之中,因此,它必然也要与外界环境产生物质的、能量的和信息的交换,外界环境的变化必然会引起系统内部各要素之间的变化。系统必须适应外部环境的变化,否则系统是没有生命力的,而能够经常与外部环境保持最优适应状态的系统,才是理想的系统。

(4) 系统分类

① 根据系统的变化特性,系统可分为离散系统和连续系统。离散系统是指变量只在某

个离散时间点集合上发生变化的系统。连续系统是指状态变量随时间连续改变的系统。实际上很少有系统是完全离散的或完全连续的，但对于大多数系统来说，由于某一类型的变化占据主导地位，就把系统类型归为该类型。

② 根据系统的物理特征，系统可以分为工程系统和非工程系统两大类。工程系统是航空、航天、核能、电气、机械、热工、水力等工程技术系统，它们通常是用微分方程描述的连续系统。虽然从原则上来讲这类系统是允许在实际系统上进行试验的，但是利用仿真技术对它们进行分析研究，既可以保证安全，又能节省大量费用。非工程系统是社会、经济、交通、管理、农业、生态环境等系统，它们属于离散系统。这类系统就更离不开仿真技术的帮助，因为这类系统往往不允许在实际系统上进行试验，如经济系统中一般不允许随意改变销售和供给以避免对市场的冲击。

③ 根据系统的形成方式不同，系统可分为自然系统和人工系统。自然系统形成的主体是自然界，而人工系统主体是人类自身对自然界的改造形成的系统或者是人类创造的系统。

④ 根据系统的实体性质不同，系统可分为实体系统和概念系统。实体系统是可见的，而概念系统是不可见的，它需要借助一定的实体才能体现出来，例如虚拟的网络系统。

⑤ 根据系统的开放程度，系统可分为孤立系统、封闭系统和开放系统。孤立系统与环境之间既无物质交换也无能量交换，封闭系统与环境之间仅有能量交换没有物质交换，开放系统与环境之间既有物质交换也有能量交换。

⑥ 根据运行性质不同，系统可分为静态系统和动态系统。这种分类方式主要取决于观察系统是否处于不断变化中。

1.1.2 模型

为了指明系统的主要组成部分以及它们之间的主要关系，以便于人们对系统进行深入的分析和研究，往往通过模型来实现对其的研究。系统模型主要用于3个方面：第一，分析和设计实际系统；第二，预测或预报实际系统某些状态的未来发展趋势；第三，对系统实行最优控制。

（1）模型定义

模型是所研究的系统、过程、事物或概念的一种表达形式，也可指根据实验、图样放大或缩小而制作的样品，一般是展览、实验或铸造机器零件等用的模子。

系统模型是对实际系统的一种抽象，反映系统内部要素的关系、系统某些方面的本质特征，以及内部要素与外界环境的关系，是系统本质的表述，是人们对客观世界反复认识、分析，经过多级转换、整合等相似过程而形成的最终结果，具有与系统相似的数学描述形式或物理属性，以各种可用的形式给出研究系统的信息。从概念中可以看出系统模型只是模型中的一种，为了简化描述，本书中出现的模型均指系统模型。对于系统模型的理解可从三方面进行：首先，模型必须是对现实系统的一种抽象，它是在一定假设条件下对系统的简化；其次，系统模型必须包含系统中的主要因素，模型不可能与实际系统一一对应，而至少应当包含那些决定系统本质属性的重要因素；最后，为了进行定量分析，模型中必须反映出各主要因素之间的逻辑关系和数学关系，使模型对系统具有代表性。仿真模型同样必须符合以上各项要求，并且适合于仿真环境下，通过模仿系统的行为来求解问题。

从某种意义上说，模型是系统的代径，同时也是对系统的简化。在简化的同时，模型应足够详细，以便从模型的试验中取得相关于实际系统的有效结论。

建模就是建立模型。建立系统模型的过程，又称模型化。建模是研究系统的重要手段和前提。凡是用模型描述系统的因果关系或相互关系的过程都属于建模。

(2) 模型特性

由实际系统构造出一个模型的任务主要包括两方面的内容：一是建立模型结构，二是提供数据。在建立模型结构时，主要确定系统的边界，鉴别系统的实体、属性和活动，要满足两个前提条件：一是要细化模型研究的目的，二是要了解有关特定的建模目标与系统结构性质之间的关系。提供数据能够使活动中的各个属性之间的关系得以确定。

一般来说，系统模型的结构具有以下一些性质。

① 相似性　模型与所研究的系统具有相似的特征和变化规律，这就是真实系统与模型之间具有相似的物理属性或数学描述。

② 简单性　从实用的观点来看，由于在模型的建立过程中，忽略了一些次要因素和某些非可测变量的影响，因此实际的模型已是一个被简化了的近似模型，一般来说，在实用的前提下，模型越简单越好。

③ 多面性　对于由许多实体组成的系统来说，由于其研究目的不同，就决定了所要收集的与系统有关的信息也是不同的，所以用来表示系统的模型并不是唯一的。由于不同的分析者所关心的是系统的不同方面，或者由于同一分析者要了解系统的各种变化关系，对同一个系统可以产生相应于不同层次的多种模型。

(3) 模型分类

系统模型按结构形式分为实物模型、图示模型、模拟模型和数学模型。

① 实物模型　实物模型是现实系统的放大或缩小，它能表明系统的主要特性和各个组成部分之间的关系，如桥梁模型、电视模型、城市模型、建筑模型、风洞实验中的飞机模型等。这种模型的优点是比较形象，便于共同研究问题。它的缺点是不易说明数量关系，特别是不能揭示所要的内在联系，也不能用于优化。

② 图示模型　图示模型是用图形、图表、符号等把系统的实际状态加以抽象的表现形式，如网络图（层析顺序、时间与进度等）、物流图（物流量、流向等）。它是在满足约束条件的目标值的比较中选取较好值的一种方法，它在选优时只起辅助作用。当维数大于 2 时，该种模型作图的范围受到限制。其优点是直观、简单，缺点是不易优化，受变量因素数量的限制。

③ 模拟模型　用一种原理上相似，且求解或控制处理容易的系统代替或近似描述另一种系统，前者称为后者的模拟系统。它一般有两种类型，一种是可以接受输入进行动态模拟的可控模型，如对机械系统的电路模拟，可用电压模拟机械速度，电流模拟力，电容模拟质量；另一种是用计算机和程序语言表达的模拟模型，例如物资集散中心站台数设置模拟、组装流水线投料批量的模拟等。通常用计算机模型模拟内部结构不清或复杂的系统是行之有效的。

④ 数学模型　数学模型是对系统行为的一种数量描述。当把系统及其要素的相互关系用数学表达式、图像、图表等形式抽象地表示出来时，就是数学模型。它一般分为确定型和随机型、连续型和离散型。

(4) 建模原则

对于同一个实际系统，人们可以根据不同的用途和目的建立不同的模型。所建模型只是实际系统原型的简化，因此既不可能也没必要把实际系统的所有细节都列举出来。一个理想的模型应该既能反映实体的全部重要特性，同时又易于处理，即原则上要满足以下内容。

① 清晰性　一个复杂的系统是由多个子系统构成的，因此对应的系统模型也是有许多子模型构成的。在子模型之间除了研究目的所必需的信息外，结构要尽可能清晰。

② 相关性　模型中应该包括系统中与研究目的有关的那些信息。虽然与研究目的无关

的信息包含在系统模型中可能不会有很大害处，但是因为它会增加模型的复杂性，从而使得求解模型时增加额外的工作，所以应该把与研究目的无关的信息排除在外。

③ 准确性　建立模型时应该考虑所收集的、用以建立模型的信息的准确性，包括确认所应用的原理和理论的正确性和应用范围，以及检验建模过程中针对系统所做假设的正确性。例如，在建立工厂设施规划与运输系统模型时，应该将运输工具视为一个三维实体而不能视为一个质点。它的长度和宽度影响了运输通道的布局。

④ 可辨识性　模型结构必须具有可辨识的形式。可辨识性是指系统模型必须有确定的描述和表示方式，而在这种描述方式下与系统性质相关的参数必须有唯一确定的解。若一个模型结构中具有无法估算的参数，则此结构就无实用价值。

⑤ 集合性　建立模型还需要进一步考虑的一个因素，是能够把一些个别实体组成更大实体的程度，即模型的集合性。例如对物流与供应链系统的研究中，除了能够研究每个物流中心的物流细节和规律之外，还可以综合计算多个物流中心构建成一个供应链系统的效能。

(5) 建模步骤

建构模型需要想象力和技巧。这里从方法论的角度总结建模步骤。

① 形成问题　在明确目标、约束条件及外界环境的基础上，规定描述模型哪些方面的属性，预测何种后果。

② 选定变量　按前述影响因素的分类筛选出适合的变量。

③ 变量关系的确定　定性分析各变量之间的关系及对目标的影响。

④ 确定模型的结构及参数辨识　建立各变量之间的定量关系，主要的工作是选择合适的表达形式，数据来源是该步骤的难点，有时由于数据难以取得，不得不回到步骤②甚至步骤①。

⑤ 模型真实性检验　模型构建过程中，可用统计检验的方法和现有统计数字对变量之间的函数关系进行检验。模型建构后，可根据已知的系统行为来检验模型的结果。如用结果解释现实世界尚能令人接受，不致相悖，便要判断它的精确程度和模型的应用范围。如精度比期望的要低，则需弄清其原因，可能是原先的设定错误或者忽略了不该忽略的因素。

经过以上 5 个步骤，模型便可在实际中应用，但不能与检验过的情况误差太大，应把每次模型应用都当成是对模型的一次检验。有些模型，特别是社会经济系统的模型难以实际检验，另一些模型虽可检验，但花费太大或需要特殊条件，这时，个人经验很重要，凭着对原型对象的印象进而对模型的真实性做出判断。然而，在能够实际试验的场合总应力求进行试验，不经过试验的建模过程总是不完整的。

1.1.3　仿真

系统仿真为了利用人为控制的环境条件，改变某些特定的参数，观察模型的反应，研究真实系统的现象或过程。当前，仿真技术已经成为分析、研究各种复杂系统的重要工具，广泛用于工程领域和非工程领域。

(1) 仿真定义

仿真（simulation）是真实过程或系统在整个时间内运行的模仿。利用模型复现实际系统中发生的本质过程，并通过对系统模型的实验来研究存在的或设计中的系统，又称模拟。在研究、分析系统时，对随着时间变化的系统特性，通常是通过一个模型来进行研究。在某些情况下，所研究的模型足够简单，可以用数学方法表示并求解，这些解通常由一个或多个成为系统性能测度的数学参数组成。但是许多真实系统是非常复杂的，无法用数学关系数学方法来求解。这时利用仿真就可以像观察、测试真实系统那样，在仿真模型中得到系统性能随时间而变化的情况,从仿真过程中收集数据,得到系统的性能测度。所以,仿真包括两个过程:建立模型和对模型进行实验、运行。

(2) 仿真作用

总的来说,管理系统仿真扮演着管理试验手段的角色。仿真模型已经在描述、设计和分析系统中充分显示了它的作用,具体地说有以下几个方面。

① 作为解释手段去说明一个系统或问题。对于现有的实际运行的系统,如果为了深入了解以及改进它,而在实际的系统中进行实验,则往往花费大量的人力、物力、财力和时间,有时甚至是不可能的,而通过计算机仿真,可以使现有系统不受干扰,经过分析仿真结果,对现有系统做出正确评价,并可预测其未来的发展趋势,提出改进方案。

② 作为设计准绳去综合分析和评价所建议的决策措施。对于所设计的新系统,在未能确定其优劣的情况下,先不必花费大量的投资去建立它,而是采用计算机仿真,对新系统的可行性和经济效果做出正确的评价。

③ 作为决策支持系统辅助决策。在管理决策中,针对具有不同的决策变量或参数组合的不同决策方案,进行计算机仿真的多次运行,按照既定的目标函数,对不同的决策方案进行分析比较,从中选择最优方案,从而辅助管理决策。

④ 作为预测方法去预报和辅助计划系统的未来发展。

⑤ 作为分析工具去确定系统的关键组成部分或项目。

(3) 仿真与解析方法的比较

在系统模型不太复杂的情况下,往往可能运用数学方法,如线性代数、微积分、数学规划等求解问题。但是,大多数的实际系统是如此复杂以致它的模型不可能采用上述解析方法求得解决。这时,仿真就能发挥它应有的作用。在这种情况下,系统设计与分析人员运用计算机仿真,求解系统模型,并收集相应的资料用以估计所研究的系统的各项特征。

与数学解析方法相比,仿真有着以下优点:

① 对于复杂系统具有良好的适应性,大多数具有随机因素的复杂系统无法用准确的数学模型表述从而采用解析方法评价,于是仿真通常就成为解决这类问题的好方法;

② 它允许对一段系统工作时间进行压缩,用小段时间仿真出大量时间段的工作情况;

③ 不需要打乱真实系统就可以使人们能对现有系统在重新设计的工作条件下的工作成果做出分析判断;

④ 能帮助人们选择最优的系统设计方案。

与此同时,仿真也存在着如下缺点:

① 它需要花费大量的费用和时间,这是由仿真系统开发的复杂性及仿真所需的计算机存储量大和计算时间长造成的;

② 对于现实生活中的复杂性,不能完成全部仿真只能是其中一部分,所以会影响到仿真结果的可信度;

③ 仿真的精度受到许多方面因素的影响,较难控制和测定;

④ 模型的参数设定是非常困难的,即难以确定合适的系统仿真初始条件。

1.1.4 系统、模型与仿真的关系

系统、模型与仿真三者之间有密切的关系。系统是研究的对象,模型是系统的抽象,仿真是通过对模型的实验以达到研究系统的目的。三者的关系如图 1-1 所示。

图 1-1 系统、模型与仿真的关系

1.2 物流系统的概述

1.2.1 物流系统的概念与分类

物流系统是指在一定的时间和空间里,由所需运转的物资、包装设备、搬运和装卸机械、运输工具、仓储设施、人员以及通信联系等若干相互制约的动态要素所构成的具有特定功能的有机整体。其目的是使企业物流合理化,并将企业生产出来的产成品按时、按质、按量、配套齐全、完好无损地迅速运达到消费者手中,实现其空间和时间效益。物流系统是企业生产的一个重要组成部分,物流合理化是提高企业生产率最重要的方法之一。因此对物流系统的设计和仿真的研究,也日益受到人们的重视。

我们可以按照不同的标准对物流系统进行分类。

按物流发生的位置,物流系统可划分为企业内部物流系统和企业外部物流系统;根据物流运行的性质,物流系统可以划分为供应物流系统、生产物流系统、销售物流系统、回收物流系统和废弃物流系统;以物流活动的范围进行分类,物流系统可以划分为企业物流系统、区域物流系统和国际物流系统;我们还可以根据物流构成的内容,把物流系统划分为专项物流系统和综合物流系统。

从不同角度对物流系统进行分类划分,可以加深我们对物流性质、过程的理解和认识,有利于我们更好地进行物流系统的规划、设计、运营组织与管理。

1.2.2 物流系统的特点

物流系统是复杂的离散事件系统,有如下特点。

(1) 不确定性(随机性)

不确定性存在于物流系统中的每一节点,客户需求的不确定性,原材料供应供需关系的不确定性,采购准备时间的不确定性,运输时间的不确定性,交付时间的不确定性,产品价格的不确定性等。它总是处在一个不确定的环境中,受很多随机因素的影响,具有多目标、多因素、多层次的特点。

(2) 非线性

非线性是指个体以及它们的属性在发生变化时,并非遵从简单的线性关系。组成物流系统的各个实体间的相互影响不是简单的、被动的、单向的因果关系,每个实体的行为和决策又依赖它自身的状态和一些有限的、相关的其他实体的行为,且它们易受内部和外部环境的影响。物流系统的各个实体主动改变自己的内部或外部结构,以适应环境的变化,从而呈现出物流系统的非线性。

(3) 复杂性

物流系统是由若干个供应商、制造商、配送中心、销售商和终端客户组成的系统。它包含供应商、制造商的选择,配送中心的选址,运输方式(如空运、陆运、铁运、水运或混合运输方式的选择)和运输路线(选择由哪个配送中心送货)的确定。其复杂性主要体现在贯穿于物流系统中的不确定及各实体要素间的非线性关系。

(4) 适应性

物流系统各个实体为了适应市场环境的变化,与周围环境和其他实体间不断进行交互作用。在这种持续不断交互作用的过程中,实体不断学习,积累经验,并根据学到的经验改变自身的结构和行为方式,寻找合适的实体组成物流系统以适应环境的变化,从而促成供需过程不断重新组合改造。

（5）多样性

由于物流系统各实体要素间处于不断相互作用和不断适应的过程，造成了实体向不同的方面发展变化，从而形成了物流系统实体类型的多样性。

综上所述，物流系统具有系统的所有特征。由于物流系统的层次性及各子系统的相互联系和相互作用，因此，物流系统是一个动态的、开放的复杂系统。

1.3 物流系统仿真

1.3.1 物流系统仿真的概念

物流系统仿真是指针对现实物流系统建立仿真模型，然后在模型上进行试验，用模型代替真实系统，从而研究物流系统性能的方法。通过仿真，可以一一仿效实际物流系统的各种动态活动并把系统动态过程的瞬间状态记录下来，最终得到用户所关心的系统统计性能。

由于物流系统自身的不完善或运作过程的不合理，一些物流系统设计上缺乏前瞻性和系统规划，在物流资源的配置、物流网络的结构等方面，很难保证其可靠性、合理性、协调性和最优化。在实际系统中常常包含有较多随机的因素，如物流系统中商务的到达、运输车辆的到达和运输事件等一般是随机的。对于这些复杂的随机系统很难找到相应的解析式来描述和求解，系统仿真技术成了解决这类问题的有效方法。物流系统运作的成败事关重大，而仿真方法是完善、推进物流系统的一个很好的方法，可以节省费用，减少浪费，消除物流环节中的瓶颈。

1.3.2 物流系统仿真的应用类型

从技术与管理的角度看，物流系统仿真主要有以下几种类型。

（1）物流系统规划与设计

仿真多用于供应链设计、评价和优化，用来处理链中的不确定因素与动态性，此外有能力找出供应链各个成员之间的最优解决方案。在系统没有运行之前，把规划转化为仿真模型，通过运行模型，评价规划或设计方案的优劣并修改方案，仿真能够辅助决策者或策划者的决策活动，这是仿真经常用到的一方面。这样不仅可以避免不合理的设计和投资，而且也减少了投资风险和避免了人力、时间等的浪费。

（2）物流运输调度

复杂的物流系统经常包含若干运输调度、多种运输路线，连接供应链上游与下游是供应链运作过程中至关重要的一个环节，而运输调度与路线选择一直是物流系统的难点，其中包含了很多 NP 问题。在解决调度问题、规划运输路线时多使用启发式算法、不完全优化算法和遗传算法等，但在评价这些算法得到的策略哪个更有效、更合理时，遇到的问题更多。因运输调度是物流系统最复杂、动态变化最大的一部分，有许多不确定因素，很难用解析法描述运输的全过程。使用仿真建立运输系统模型，动态运行此模型，再结合图形将运行状态、物料供应情况、配货情况、道路堵塞情况、配送路径等生动地呈现出来。仿真还提供了各种数据，包括车辆运输时间与效率、不同策略之间的比较、不同路径的比较等。

（3）物流成本估算

物流系统运作是一个复杂的系统，其中存在许多不确定因素。系统的总成本中包括运输成本、库存成本、订货成本和生产成本等。成本核算与所花费的时间有关。物流系统仿真是对物流整个过程的模拟。进程中每一个操作的时间，通过仿真推进被记录下来。因此，人们可以通过仿真，统计物流时间的花费，进而计算出物流的成本。

(4) 库存控制

库存系统是供应链管理中的重要环节，起到缓冲、调解和平衡的作用。供应链上各节点企业库存水平的高低一方面影响产品的成本，另一方面影响客户服务水平和企业对市场波动的适应能力。企业运作时库存处理的好坏直接影响公司的效益，也决定了公司的竞争力。现实库存系统多数属于复杂的离散事件系统，具有诸多不确定因素，而且各部分之间的关系复杂。企业在确定安全库存量、采购订货方式的时候遇到了很大的困难，直接表现为没有适应的库存策略、库存积压与库存短缺并存等问题。随机性库存系统中有很多不确定的随机参数，解析方法的应用受到了很大局限性，很难采用数学规划或启发式算法进行准确分析。常用离散系统仿真技术，对库存系统全局或局部变量进行分析和优化，例如库存系统规划、库存成本分析、库存控制策略分析等。

1.3.3 物流系统仿真软件出现前后物流系统优化方法

在有物流系统仿真软件之前，物流系统方案的设计和物流系统瓶颈的解决一般需要以下几步（如图1-2中左图所示）：首先是技术人员、一线工人以及专家学者等到物流节点（如自动化立体仓库、物流配送中心）的运营现场调研；其次是根据现场的运营情况分析系统的瓶颈并初步给出系统改进方案，然后让现实的物流节点停止业务，配合实施这个方案；最后如果瓶颈没有解决，需要继续现场调研，继续寻找系统瓶颈及解决方案，这样周而复始直到解决问题为止。

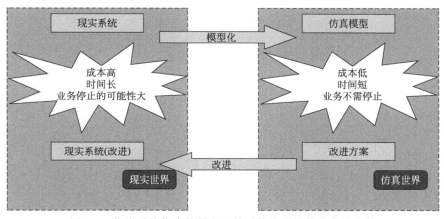

图1-2　物流系统仿真软件出现前后物流系统优化方法比较

从上述过程可见，在有物流系统仿真软件之前，物流系统的优化成本高、时间长、物流节点业务停止的可能性大。

物流系统仿真软件出现之后，物流系统的优化一般需要以下几步（如图1-2中右图所示）：首先是物流系统的现场调研，绘制系统结构布局图，分析物流动线，统计物流设备设施数量和各种运行参数等；其次是在仿真软件上根据上一步采集的各种信息建立物流系统仿真模型，输入各种仿真数据（如订单的到达规律，设备的运行速度等），运行模型并分析统计结果；然后根据统计结果分析系统瓶颈，根据系统瓶颈提出解决方案，并在仿真模型中实施解决方案，如果没有解决系统瓶颈，需要周而复始继续寻找较优的解决方案；最后把该较优的解决方案在现实的物流系统中实施，解决现实的物流节点的问题。

从上述过程可见，在有了物流系统仿真软件之后，物流系统的优化成本变低，时间变短，物流节点业务不需要停止。

综上可知，对物流系统进行仿真，可实现在不组装实际系统的前提下，对现有系统进行分析。与直接对现实系统进行实验相比，仿真模型具有许多优点。

1.3.4 物流系统仿真解决的问题

① 引进新设备时的事先评价问题以及人员、设备的配置问题，例如有以下内容。

a. 引进何种设备？

b. 多高性能的设备？

c. 引进设备后的场地规划和人员怎样配置才能合理？

d. 引进设备后瓶颈口能否解消？其他地方是否成为新的瓶颈口？

② 场地布局的评价问题；工厂、仓库的规划设计；工厂、仓库的容量/库存问题，例如有以下内容。

a. 需要扩建多大面积的仓库？

b. 如何合理地配置新建配送中心的设备和人员？

c. 已经有两套以上的方案，但怎样才能比较这些方案？

③ 作业工程计划的改善问题；几乎所有涉及时间、空间和效率的关系问题，例如有以下内容。

a. 已有定性的认识，但如何才能进行定量分析？

b. 如何在定量分析的基础上进行改进、评估？

c. 作业方式选择的定量标准是什么？

第2章 Flexsim软件应用基础

2.1 Flexsim 综述

2.1.1 Flexsim 介绍

Flexsim 是一款功能强大的分析工具，可以帮助用户通过设计和运行系统做出更明智的决策。与现实系统相比，使用 Flexsim 可以创建真实系统的 3D 计算机模型，研究计算机模型比研究实际系统可以节省更多时间与成本。作为"如何-怎样"分析工具，面对众多方案，Flexsim 可以提供大量的回馈信息，帮助用户快速从中找到最佳方案。通过 Flexsim3D 虚拟动画以及输出的成绩报告，可以轻松地发现问题，并且在有限的时间内找到解决方案。

一般模拟软件可分成结构型（hierarchical）和分散型（discrete manufacturing）两大类型，Flexsim 属于分散型模拟软件。它是由美国的 Flexsim Software Production 公司出品的一款商业化离散事件系统仿真软件。Flexsim 采用面向对象技术，并具有三维显示功能。建模快捷方便和显示能力强大是该软件的重要特点。该软件提供了原始数据拟合、输入建模、图形化的模型构建、虚拟现实显示、运行模型进行仿真试验、对结果进行优化、生成 3D 动画影像文件等功能，也提供了与其他工具软件的接口。图 2-1 是 Flexsim 软件的功能结构图。

Flexsim 仿真软件的特点主要体现在采用面向对象技术、突出 3D 显示效果、建模和调试简单开放方便、模型的扩展性强、易于和其他软件配合使用等方面。

2.1.2 Flexsim 仿真软件的特点

（1）基于面向对象技术建模

Flexsim 中所有用来建立模型的资源都是对象，包括模型、表格、记录、GUI 等。同时，用户可以根据自己行业和领域特点，扩展对象，构建自己的对象库。面向对象的建模技

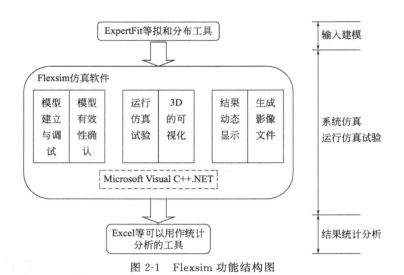

图 2-1 Flexsim 功能结构图

术使得 Flexsim 的建模过程生产线化，对象可以重复利用，从而减少了建模人员的重复劳动。

（2）突出的 3D 图形显示功能

Flexsim 是基于 OpenGl 开发的，也支持 3ds、wrl、dxf 和 stl 等文件格式，三维效果非常好，用户可以建立逼真的模型，从而可以帮助用户对模型有一个直观的认识，并进行模型的验证。用户可以在仿真环境下很容易地操控 3D 模型，从不同角度放大或缩小来观测。

（3）建模和调试方便

Flexsim 提供使用者一个简洁的编排方式，通过拖曳的方式轻松地建构出图形化模式，功能齐全。元件库已详细分类为树状结构、通过 2D 图形化之模式建立，能自动产生 3D 实体化及 VR 虚拟实境之模式。建模的工作简单快捷，不需要编写程序。

（4）建模的扩展性强

Flexsim 支持建立用户定制对象，融合了 C++ 编程。用户完全可以将其当作一个 C++ 的开发平台来开发一定的仿真应用程序。它是迄今为止世界上唯一一个在图形建模环境中集成了 C++IDE 和编译器的仿真软件，这个软件环境，C++ 不但能够直接用来定义模型，而且不会在编译中出现任何问题。这样，就不再需要传统的动态链接库和用户定义变量的复杂链接。

（5）开放性好

提供了与外部软件的接口，可以通过 ODBC 与外部数据库相连，通过 socket 接口与外部硬件设备相连，与 Excel、Visio 等软件配合使用。

Flexsim 应用包括：①物流行业资产项目评估；②物流行业有规律地运行模型，测试生产计划；③物流行业更改提案评估；④物流行业更改管理。

Flexsim 仿真系统已被广泛应用在例如交通路线规划、交通流量控制分析、生产能力仿真与分析、港口、机场、物流中心设计等多个领域。自从系统推出以来，已有上千家企业在使用 Flexsim。物流行业使用 Flexsim 平台的收益主要体现在以下几个方面：①评估装备与流程设计的多种可能性；②提高物流公司与资源的运行效率；③减少库存；④缩短制造物流行业产品上市时间；⑤提高生产线产量；⑥优化资本投资；⑦在一个小的增长阶段内，模型能被建立和测试，大大简化了模型构造，提供了识别逻辑错误的能力，使得模型更可靠；⑧在运行时，模型能在任何时候改变，更改能被立即合并，引导更快速地建立模型。

2.2 Flexsim 仿真环境及关键技术

2.2.1 Flexsim 仿真环境

2.2.1.1 Flexsim 主界面

Flexsim 主界面如图 2-2 所示。

Flexsim 主界面由菜单栏、工具栏、实体对象库、模型视图、仿真控制栏 5 部分构成。

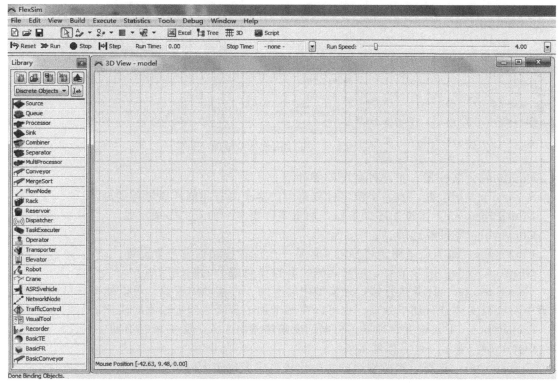

图 2-2　Flexsim 主界面

2.2.1.2 Flexsim 实体对象库

Flexsim 实体可在对象库面板中找到，这些实体栅格被分为几组，默认状态下显示最常用的实体。

Flexsim 的实体对象库如图 2-3 所示。

以下实体从离散对象（Discrete Objects）和流体对象（Fluid Objects）两个方面进行介绍。

（1）离散对象

Source：零件生成器，根据零件的生成序列生成零件。

Queue：缓冲器，临时存放零件的地方。

Processor：单道工序加工器，根据零件的类型来加工零件。

Sink：零件吸收器，零件加工工序全部完成后吸收零件。

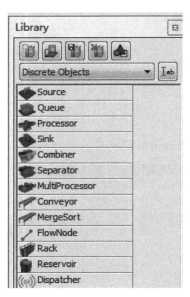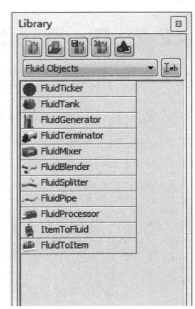

图 2-3 Flexsim 实体对象库

Combiner：装配器，把部件装配到零件上。
Separator：衍生器，由一个源零件复制生产多个具有相同性质零件的副本。
MultiProcessor：多道工序加工器，加工零件要多个加工工序来完成。
Conveyor：零件输送带。
FlowNode：流节点，用于将临时实体从一个位置移动到另一个位置。
NetworkNode：网络节点，定义运输机和操作员遵循的路径网络。
TaskExecuter：任务执行器，是模型中共享的、可移动的资源，可以使操作员用来给定步骤中对临时实体进行加工处理，也可以在两个加工步骤之间运输临时实体。
Dispatcher：工人调度管理器，根据调度策略派出工人，无需求时召回工人。
Operator：表示一个具体的工人。
Transporter：铲车，当要搬运的物件比较多或者比较大时需要铲车。
Elevator：升降机，上下运输移动零件。
Robot：机器人手，加工零件或者在搬运距离很近缓冲器里面零件的时候使用。
VisualTool：以文字的形式显示分析结果。
Recorder：以表或图的形式显示结果。
ASRSvehicle：堆垛机，专门设计用来与货架一起工作。
Crane：起重机，完成输送任务，用来模拟有轨梁导引的起重机，如门式、桥式和悬臂式起重机。
BasicFR：固定实体，定义将临时实体拉入到站点并继续发送实体的逻辑。
MergeSort：分类输送机，实现零件的分类输入和输出。
Rack：货架，储存零件。
Reservoir：储液罐，储存液体。
BasicTE：任务执行器，进行碰撞检测和执行偏移行进。
BasicConveyor：基本传送带，是可以允许临时实体随时随地移进或移出、可根据用户定义的逻辑移动的一种运输机。

TrafficControl：交通控制器，控制一个交通网络上给定区域的交通。

(2) 流体对象

FluidTicker：时钟，将时间分成小的、相同间隔的单位"tick"，建模者可以定义每个 tick 的长度。

FluidTank：流体存储箱，是一个简单的流体实体，可以同时接收和发送物质。

FluidGenerator：流体发生器，提供无限制的流体供应，可以使流体发生器以固定速率进行填充或者在完全变空之后进行一定时间的填充。

FluidTerminator：流体吸收器，用来销毁模型中加工过的物质，将没有转换成临时实体的流体物质移出模型。

FluidMixer：流体混合器，用于将不同的产品合成一种新产品。

FluidBlender：流体混合管，用来根据用户设定的百分比（非固定量），混合来自于不同的输入端口的物质，流体混合管常用于管内混合，管内混合不需要成批地完成。

FluidSplitter：分解管，根据建模者制订的百分比将物质输送至多个输出端口。

FluidPipe：输送管，用来模拟物质在两个实体之间移动所花费的时间。

FluidProcessor：流体处理器，用来模拟连续接收和输出流体物质的加工步骤（如连接蒸煮器）。

ItemToFluid：流体转换器，是流体实体和离散实体相互转换的工具之一，它接收临时实体，然后将其转换成流体物质。

FluidToItem：实体转换器，是流体实体和离散实体相互转换的工具之一，它接收流体，然后将其转换成临时实体，输送至下游实体中。

2.2.1.3 菜单栏

(1) File（文件）菜单

File 菜单见图 2-4（a）。

New Model（新建模型）：创建一个新的仿真模型。

Open Model…（打开模型……）：打开一个 Flexsim 模型文件（扩展名为 .fsm）。

Recent Models（最近创建的模型）：点击此处可以看到最近创建的仿真模型。

Save…（保存……）：保存当前模型文件（扩展名为 .fsm）。

Save Model As…（模型另存为……）：将仿真模型保存为扩展名为 .fsm 的文件。

Global Preferences（全局设置）：此选项可以打开全局设置窗口，通过此窗口进行选择设置，配置文本亮度等属性，见图 2-4（b）。

Model Settings（模型设置）：对数值精确度、传送带角度、样条线张力、随机数流量及相关单位进行设置（新增）。

System（系统设置）：用来手动装载媒体，断开任何链接到 DLL 切换节点的 DLL。

Exit（退出）：在不进行任何保存的情况下关闭 Flexsim。

(2) Edit（编辑）菜单

Edit 菜单见图 2-5。

Undo（撤销）：撤销对模型做的最后一次改变。

Redo（重复）：恢复对模型的上次操作。

Lock Splines（锁定样条线）：锁定当前模型中所有网络路径的样条线。

Unlock Splines（撤销锁定样条线）：解除对网络路径的锁定。

Set Spline Tension（设定样条线张力）：设定模型中的样条线张力。

Set Number Precision（设定数值精确度）：设定数值精确度。

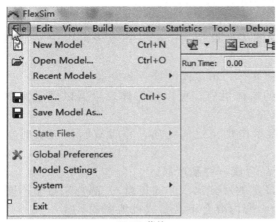
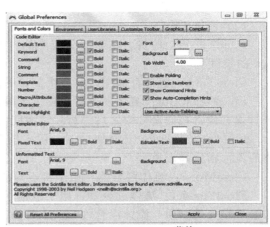

(a) File 菜单　　　　　　　　　　　　　　(b) Global Preferences 菜单

图 2-4　File 菜单和 Global Preferences 菜单

Resize and Rotate Objects（实体大小和旋转）：可以使实体轴显示在俯瞰图和透视图中，从而用来设计实体的尺寸和旋转实体。

Set Conveyor Angle（设置传送带角度）：设置传送带的角度，传送带角度决定了传送带回执的弯曲程度。

Find/Replace in Tree（查找和替换）：打开查找和替换对话框。

（3）View（视图）菜单

View 菜单见图 2-6。

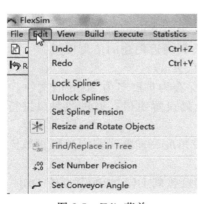
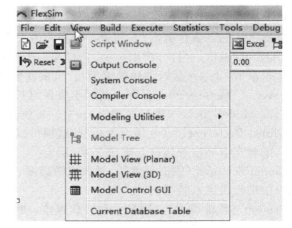

图 2-5　Edit 菜单　　　　　　　　图 2-6　View 菜单

Script Window（脚本窗口）：可以打开脚本窗口，此窗口是用来手动执行 Flexsim 脚本命令的窗口。

Output Console（输出控制台）：打开一个显示输出信息的视窗，可以使用 pt（）、pr（）、pd（）、pf（）等命令在输出控制台里打印自己的信息。

System Console（系统控制台）：打开一个视窗打印出程序引擎状态的相关信息。

Compiler Console（编译器控制台）：打开一个视窗，模型编译时，相关信息在此视窗里被打印。

Modeling Utilities（建模应用）：查找模型应用选项的导航窗口，包括实体库、视图设置、编辑实体、查找实体、树导航等。

Model Tree（模型树）：可以打开一个显示模型文件夹的树视图。

Model View (Planar) 模型视图（平面）：打开 Planar Model View（平面模型视图）以 2D 方式显示模型。

Model View（3D）：模型视图以 3D 方式显示模型。

Gurrent Database Table（数据库表）：打开一个视窗，显示当前激活的数据表，这些表可由命令 dbopen()、dbchangetable()、dbsqlquery() 打开或者查询。

（4）Build（创建）菜单

Build 菜单见图 2-7。

Build FlexScript（创建脚本代码）：编写所有 Flexsim 脚本代码。

Compile Model（编译模型）：编译所偶遇的 C++代码。

Compile Entire Session（编译会话文件）：在主目录树中编译所有 C++代码。

Open Visual Studio（打开 VS）：打开微软 C++。

Make All Code C++/Make All Code Flexscript（将所有代码设为 C++/Flexscript）：所有代码的路径有两种，C++代码或者 Flexscript 代码。

（5）Execute（执行）菜单

Execute 菜单见图 2-8。

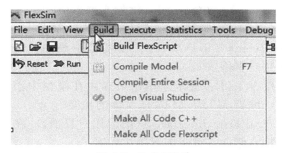

图 2-7　Bulid 菜单

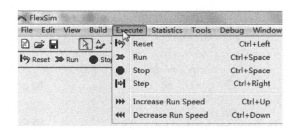

图 2-8　Execute 菜单

Reset（重置模型）：与选择仿真运行控制面板上的"重置"按钮相同。

Run（运行模型）：与选择仿真运行控制面板上的"运行"按钮相同。

Stop（停止模型）：与选择仿真运行控制面板上的"停止"按钮相同。

Step（步进一个事件）：与选择仿真运行控制面板上的"逐步"按钮相同。

Increase Run Speed（提高运行速度）：提高模型的仿真运行速度。

Decrease Run Speed（降低运行速度）：降低模型的仿真运行速度。

（6）Statistics（统计）菜单

Statistics 菜单见图 2-9。

Object Graph Data（实体图形数据）：对用不同颜色的方框代表的实体进行相关操作。

Selected Objects On（选定实体打开）：打开所有选定实体（用红色方框框住指示）的本地统计。

Selected Objects Off（选定实体关闭）：关闭所有选定实体（用红色方框框住指示）的

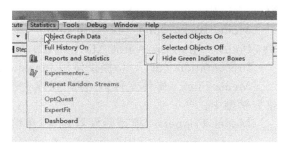

图 2-9　Statistics 菜单

本地统计。

Hide Green Indicator Boxes（隐藏绿色指示框）：此选项被选中，实体周围用来指示统计收集的绿色方框将被隐藏。

Full History On（全局打开）：如果此选项被选中，那些实体将开始在其不断更新过程中记录它们的临时实体数和停留时间信息。

Reports and Statistics（报告与统计）：打开报告与统计对话框。

Experimenter（实验控制器）：打开仿真实验控制输入窗口，单击主窗口右下的实验控制器按钮也可以实现此功能。

Repeat Random Streams（重复随机数流）：在每次重置和运行模型的时候重复随机数流。

OptQuest（优化编辑器）：打开优化编辑器，按照用户设定的限制条件，为用户定义的一系列决策变量寻找最优值，以最大或最小化用户定义的目标函数。

ExpertFit（打开 ExpertFit 软件）：打开由 Averill Law 和 Associates 公司开发的 ExpertFit 软件，ExpertFit 是一个用来确定输入数据的最佳匹配的统计概率分布的程序。

Dashboard（实验控制器）：打开仿真实验控制输入窗口，对模型执行多种运行、多种方案的分析。

(7) Tools（工具）菜单

Tools 菜单见图 2-10。

Global Tables（全局表）：添加或删除全局表。

Time Tables（时间表）：添加或删除时间表。

User Events（用户事件）：在模型中添加、删除、编辑用户事件。

MTBF MTTR：此子菜单用来提供在模型中添加、删除、编辑 MTBF MTTR 实体的功能。

Graphical User Interfaces（图形用户界面）：在模型中添加、删除、编辑图形用户界面。

Global Task Sequences（全局任务序列）：此子菜单用来在模型中添加、删除、编辑用户任务序列。

Flowitem Bin（临时实体箱）：与点击工具条中的"临时实体"按钮相同。

Global Variables（全局变量）：打开全局变量窗口，可以通过此窗口向模型中添加变量，模型中的任何实体均可使用这些变量。

图 2-10　Tools 菜单

Tracked Variables（追踪变量）：打开追踪变量窗口。

Model Background（模型背景）：可以打开背景绘制向导，如可以添加背景图片（*.bmp,*.jpg）或 AutoCAD（*.dxf, *.dwg）。

Presentation（演示）：提供使用 Flexsim 创建演示效果的功能。

Media Files（媒体文件）：打开媒体文件窗口，可以使用此窗口添加 3D 图形或图片预载到模型中。

Model Triggers（模型触发器）：打开相关模型触发器的几个选项。

User Commands（用户命令）：在模型中添加、删除、编辑自定义命令。

Excel：与点击工具条中的"Excel"按钮相同。

Visio：打开 Visio 导入窗口。

(8) Debug 菜单

Debug 菜单见图 2-11。

Breakpoints（断点）：打开断点窗口，关于这个窗口和断点的更多信息，请查看 Step Debugging（分布调试）。

Flexscript Code Profile（代码分析器）：此窗口罗列了模型中定义的所有脚本函数，按照模型执行所花费的时间进行排序。

Event List（事件列表）：暂挂事件（触发器将要发生的事件）的分类列表。

Event Log（事件列表）：触发器已经发生的事件分类列表。

(9) Window（窗口）菜单

Window 菜单见图 2-12。

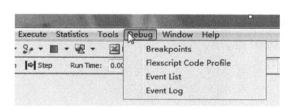

图 2-11　Dedug 菜单

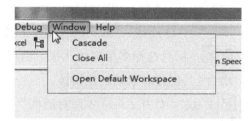

图 2-12　Window 菜单

Cascade（重叠视窗）：重叠当前打开的视窗以便容易选择。

Close All（全部关闭）：关闭 Flexsim 中当前所有的激活视窗。

Open Default Workspace（打开默认工作区）：关闭所有 Flexsim 中当前打开的窗口，然后在全局设置窗口中，打开环境选项卡默认工作区。

(10) Help（帮助）菜单

Help 菜单见图 2-13。

Getting Started（开始起步）：打开 Flexsim 的帮助文档的"开始"部分。

Users Manual（用户手册）：打开 Flexsim 的用户手册。

Commands（命令）：打开命令集。

Attribute Hints（属性提示）：此窗口的列表显示所有的 Flexsim 属性和它们的含义。

Flexsim Web Site（Flexsim 网页）：此选项可以在浏览器中打开 Flexsim 网页。

Flexsim Community Forum（Flexsim 论坛）：此选项可以在浏览器中打开 Flexsim 用户论坛网页。

Flexsim Downloads（Flexsim 下载）：此选项可以在浏览器中打开 Flexsim 下载网页。

图 2-13　Help 菜单

Sample Models（模型例库）：打开模型例库对话框。

License Activation（许可证激活）：此选项可以打开许可证激活对话框。

About Flexsim（关于 Flexsim）：打开一个有关 Flexsim 的信息，显示当前运行的 Flexsim 版本信息、此 Flexsim 的注册用户信息、显卡信息以及联系信息。

2.2.1.4 工具栏

Flexsim 界面的工具栏如图 2-14 所示。

图 2-14 Flexsim 界面的工具栏

New：建立一个新的模型。

Open：打开一个先前保存的模型（文件扩展名为 .fsm）。

Save：保存当前模型。

（A 连接）：连接同类实体。

（Q 连接）：取消同类实体的连接。

：同时选择多个实体，按 Shift 键或 Ctrl 键。

：创建和取消创建实体。

Excel：打开 Excel 界面对话框。

Tree：打开模型的树视图。

3D：打开模型的 3D 视图视窗。

Script：打开脚本编辑器。

2.2.1.5 Flexsim 的仿真时间控件

Flexsim 的仿真时间控件见图 2-15。

图 2-15 Flexsim 的仿真时间控件

Reset：仿真模型整体复位，例如调用各个对象的复位函数，清空缓冲区，数据表格 (Global Table, Time Table) 参数设置。

Run：仿真模型运行。

Stop：仿真模型运行结束，调用各个对象的 OnFinish 函数，按"Run"后不可以继续运行模型。

Step：仿真模型步进，它是按事件步进的。

Run Time：仿真模型转换在实际环境中运行的真正时间。

Stop Time：Stop Time 是设定的仿真模型运行总时间。

Run Speed：仿真运行的速度。

2.2.2 Flexsim 中鼠标操作及键盘交互

（1）鼠标操作

① 移动实体　要在模型中移动实体，则用鼠标左键点住该实体，并拖动至需要的位置；还可以右键点击并拖动鼠标来旋转此实体；也可以使用鼠标滚轮，或同时按住鼠标左右键点

住该实体并拖动鼠标,可沿 z 轴方向上下移动该实体。

② 移动视窗 要移动模型的视景观察点,可用鼠标左键点击视窗的一个空白区,并拖动鼠标;要旋转模型视点时,用右键点击空白区并拖动鼠标;要放大或缩小视图时,使用鼠标滚轮或同时按住鼠标左右键并拖动鼠标。

③ 连接端口 按住键盘上不同字母,单击一个实体并拖动至第二个实体。如果在单击和拖动过程中按住 A 键,则将在第一个实体上生成一个输出端口,同时在第二个实体上生成一个输入端口,这两个新的端口将自动连接;如果按住 S 键,则将在这两个实体上各生成一个中间端口,并连接这两个新的端口;当按住 Q 键或 W 键时,输入、输出端口之间或中间端口之间的连接被断开,端口被删除。

(2) 键盘交互

在正投影或透视视图中工作时,可以使用若干快捷键来建立、定制和获取模型信息。图 2-16 显示了键盘布局,以下快捷键在与 Flexsim 交互中具有特定的含义。

图 2-16 键盘布局

注:必须在正投影或透视视图是激活视窗的情况下,快捷键才能正常工作。在按下任何键之前,应首先点击视窗的标题栏使得视窗激活。否则,快捷键只有在试第二次时才会生效。

① A、J 键:情景敏感连接 A 键用来连接某些类型的两个实体。按住 A 键点击此实体,按住鼠标左键不放,拖动到另一个实体,在那个实体上释放鼠标按钮。通常 A 键连接是一个实体的输出端口到另一实体的输入端口。对于网络节点,A 键将其连接到作为移动物的任务执行器,或连接到作为移动路径关口的固定资源,或者连接到作为移动路径的其他网络节点上。如果习惯使用左手,也可以用 J 键。如果用 A 键连接两个实体,但是没有看见任何变化,首先去查看确认视图设定有没有隐藏连接。如果仍没有变化,则可能是那些实体不支持 A 键连接。

② Q、U 键:断开情景敏感连接 Q 键用来断开某些类型的两个实体的连接。按住 Q 键点击实体,按下鼠标左键不放,拖动到另一个实体,在其上释放鼠标按钮。通常使用 Q 键来断开一个实体的输出端口到另一个实体的输入端口之间的连接。对于网络节点来说,Q 键断开一个网络节点与作为移动物的任务执行器,或者与作为移动网关的固定资源之间的连接,并设定一条移动路径的单行线连接为"无连接"(红色)。如果习惯使用左手,也可以用 U 键。

③ S、K 键:中间端口连接 S 键用来连接两个实体的中间端口。中间端口的使用是为了引用目的,采用 centerobject () 命令可对其进行引用。按下 S 键点击一个实体,按住鼠标键不放,拖动到另一个实体,然后释放鼠标按钮。如习惯使用左手,也可用 K 键。

④ W、I 键:断开中间端口连接 W 键用来断开两个实体的中间端口连接。按下 W 键点击一个实体,按住鼠标键不放,拖动到另一个实体,然后释放鼠标按钮。如习惯使用左手,也可以用 I 键。

⑤ D 键:情景敏感连接 D 键是第二个用来进行上下文敏感连接的键。网络节点和交

通控制器都采用 D 连接。

⑥ E 键：断开情景敏感连接　E 键是第二个用来断开上下文敏感连接的键。网络节点采用 E 连接。

⑦ X 键：情景敏感点击/切换　X 键用来根据实体类型改变一个实体或者实体的视图信息。使用方法：按下 X 键点击实体。网络节点将让整个网络在不同的显示模式间切换。X 键也在网络路径上创建新的样条节点。货架也将在不同的显示模式间切换。输送机将重新布置下游输送机位置以使输送机末端齐平。

⑧ B 键：情景敏感点击/切换　B 键是用来根据实体的类型来改变实体或实体视图信息的附加键。使用方法：按住 B 键点击实体。网络节点将使整个网络在不同的显示模式之间切换。交通控制器也使用 B 键。

⑨ V 键：查看导入/输出端口的连接　V 键用来查看一个实体的输入/输出端口连接。按住 V 键点击实体，同时按住 V 键和鼠标左键。如果先释放鼠标按钮，则相关信息消失，但如果先释放 V 键，则会持续显示相关信息。

⑩ C 键：查看中间端口连接　C 键用来查看一个实体的中间端口连接。按住 C 键点击实体，同时按住 C 键和鼠标左键。如果先释放鼠标按钮，则相关信息消失，但如果先释放 C 键，则会持续显示相关信息。

2.3　Flexsim 建模的相关概念

Flexsim 是一款在物流领域应用十分广泛的仿真软件。要完全掌握好 Flexsim，并将其用到工作、学习和科研当中，理解该软件的一些重要概念和思想是很重要的。

2.3.1　面向对象的思想

相对于目前的一些仿真软件（如 Witness，eM-Plant 等），Flexsim 是采用面向对象思想和技术开发的，其本身更是用 C++语言实现。严格地说，该仿真软件包括了两部分：仿真软件和后台支持环境 VC++.NET。由于 C++是一种面向对象的语言，所以使用 Flexsim 软件，从用户用于系统建模，或是做一些二次开发，这些工作都是面向对象思想的体现。可以这样说，没有领会面向对象的思想，就不能完全发挥 Flexsim 软件本身的特点，也就不能用其实现用户的目的。使用 Flexsim 软件的用户需要对 C++语言有一定程度的熟悉。本节主要是解释 Flexsim 中所特有的一些面向对象思想，而不涉及面向对象语言的解释（关于 C++语言的知识请查看相关书籍）。

对象（Object）的概念在 Flexsim 软件中无处不在，我们先直观地感受一下。软件的运行界面左边是一个常用的对象库。库中的各种部件就是有特定功能的对象，这些对象是软件本身自带的，使用这些基本的部件对象，用户可以完成大多数的仿真工作。我们使用 Processor 来解释一下对象的概念：日常所见的任何具体事物都可看作是对象，这里 Processor 就是一种设备，它的作用就是对经过它的物件进行一些加工，即改变物件的状态。这里我们可以将其当作现实中的设备，如机床等。

这里我们借用 C++程序设计语言中的对象的概念。对象是类的实例，类是对现实对象的抽象。类中包含了对象的数据（相当于现实对象的状态），以及对象的方法（相当于现实对象用来处理外界所给信息的方法）。对象封装了属性和方法，进一步到 Flexsim 中，对于软件中可用的库对象，它们本身有自己的属性（如颜色、尺寸、位置等），还有处理物件的方法。在使用软件的过程中，我们完全可以以人们平时的思维方式来思考，而无须过多抽象化，这也就是面向对象方法的优点。

2.3.2 Flexsim 的对象层次结构

面向对象方法的一个优点是类与类之间可以有继承关系，对象的继承性给我们提供了更大的柔性来扩展我们自己的对象，即衍生出新的对象。在 Flexsim 中，我们可以充分利用继承性来开发我们自己的对象，而软件本身也给用户提供了这样的机制。Flexsim 本身的库对象是高度抽象化的，具有很强的通用性，几乎涵盖了仿真中可能遇到的所有对象。这些对象之间有一定的继承关系，它们之间存在着逻辑关系。图 2-17 是对象的层次结构。

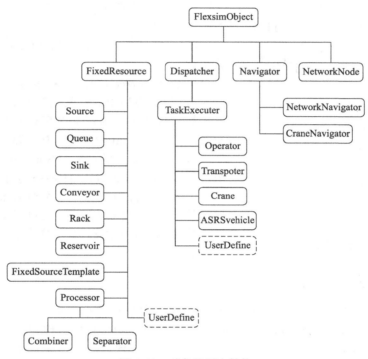

图 2-17 对象的层次结构

图 2-17 也可看作类的派生关系图，从中我们可以对 Flexsim 中各种对象的逻辑关系一目了然。对象库中的对象分为两种，一种是从 FixedResource（固定实体）中派生下来的，另一种是 TaskExecuter（任务执行器）中派生下来的。通过分析我们不难发现，从 FixedResource 中派生来的对象有一个共同的特点：其本身是不会运动的，它们的作用只是产生或消除物件、存储物件、加工物件等；从 TaskExecuter 中派生的对象，其本身是可以运动的，其作用是将物件从一个地点运送到另一个地点。

当现有的库对象不能满足用户的需要时，用户就需要创建自己的对象。Flexsim 为用户提供了这样一种机制——用户可以定制自己的库对象。在对象层次图中，我们看到有两个虚线框，这表示用户可以从 FixedResource 和 TaskExecuter 中派生出自己的对象。Flexsim 的早期版本中从这两个类中派生新的对象比较复杂，最新的版本中增加了 BasicFR 和 BasicTE 类，使用户的开发工作更容易。后面的章节中将具体介绍怎样来实现一个新对象的定制。

2.3.3 节点和树

在介绍树结构之前，先来了解 Flexsim 中节点（node）的概念。

节点是树结构的最基本的组成单元，它们组成了链接的层次。所有的节点都有一个文本缓冲区，用来保存节点的名字。节点可以是其他节点的容器，可以是用来定义一个对象属性的关键字，或是拥有一个数据项。属于一个节点的数据项类型可能是：数值（number）、字符串（string）、对象（Object）或指针（pointer）。

用户可以在对象的树结构中任意地操作节点，例如增加节点、删除节点、改变节点所包含的值等。含有对象数据（Object）的节点可能包含有节点的子列表。含有对象数据的节点称之为对象节点。当单击一个对象节点时，会看到在节点的左边有一个大于号（>）。单击">"将打开对象数据的树分支。如果一个节点包含子节点，可以按下"+"按钮来展开。如果一个节点包含对象数据，可以按下">"来展开。

图 2-18 展示了一个队列（Queue）展开的对象数据树。

树结构（tree）是一种很常用的数据结构。Flexsim 仿真模型中的对象或对象中的属性和方法节点等都是树结构；用户甚至可以直接在树结构中操作对象。在 Flexsim 中有两个主要的对象类型：模型（Model）或仿真对象（Simulation Object）、视图对象（View Object）。两种类型都有对象数据树，包含了属性和行为控件。一个对象节点的对象数据树中的节点可以作为属性、变量或成员函数。也有只是作为简单的容器来包含节点以达到组织的目的。

图 2-18　对象数据树

2.3.4　任务序列

任务序列（Task Sequences）是 Flexsim 仿真软件中的核心机制。各种复杂仿真的实现很大程度取决于怎样实现任务序列。前面介绍了 Flexsim 中有两种对象，一种是派生至 FixedResource 的静态对象（即对象本身不运动）；另一种是派生至 TaskExecuter 的动态对象（即对象本身可运动）。如果用户建立的系统模型全部使用了静态对象，那么就不需要任务序列的机制，但是这种情况几乎没有。使用动态对象搬运物件，对象怎样运动，实现什么样的功能等，这就需要任务序列来控制。

任务序列是由 TaskExecuter 执行的一组命令序列。这里 TaskExecuter 涵盖了所有派生自它的动态对象，如 Operators、Transpoters、Crane、ASRSvehicle、Robots、Elevators 以及其他可运动的对象。图 2-19 表示一个任务序列，该任务序列由多个任务组成。

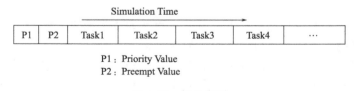

图 2-19　任务序列

Flexsim 中为用户提供了功能齐备的任务类型。常用的任务序列有：TASKTYPE＿TRAVEL、TASKTYPE＿LOAD、TASKTYPE＿UNLOAD、TASKTYPE＿TRAVELTOLOC 等。不同的任务序列有不同的设置参数，用户可以根据需要在使用的时候查询帮助文档。

(1) 默认任务序列

FixedResource 为了将物件 (item) 移至下一个站点 (station), 有一个创建任务序列的默认机制。FixedResource 对象的参数对话框中有一个通用的 "Flow" 选项页, 选择其中的 "Use Transport" 复选框, 这样就可创建默认的任务序列。对于 Processor 对象, 还可以自动创建对 Setup time/Process time/Repair operation 的任务序列。

当仿真运行时, 这些自动创建的任务序列就会传递给与其中心端口相连的动态对象来执行, 这里用一个简单的例子说明。假设用户选择了 Queue 对象参数对话框的 "Flow" 选项页中的 "Use Transport" 复选框, 当系统运行时, 产生了如图 2-20 所示的任务序列。

| P1 | P2 | Travel | Load | Break | Travel | Unload |

图 2-20　默认任务序列

当 Operator 收到该任务序列时, 顺序地执行任务序列中的每个任务, 执行过程如下: Operator 先移动到 Queue 处 (Travel); 接着拿起物件 (Load); 然后移动到下一个站点处 (Travel); 最后放下物件 (Unload)。

在仿真运行的任意时刻, 一个 TaskExecuter 只能执行一个任务序列, 而此时 FixedResource 可能创建了许多任务序列, 这些未执行的任务序列被放置在缓存队列中等待执行。

(2) 协同作业的任务序列

协同作业的情况有很多, 比如叉车作业需要一个司机来操控, 或者一件物品需要两个人来同时搬运等。在 Flexsim 中叉车、人都是可运动对象, 要实现协同作业的任务序列相对于只对一个对象创建任务序列要复杂许多。我们以叉车和司机的协同工作为例来说明怎样实现协同作业的任务序列。

先来分解任务的执行过程: ①人运动到叉车上 (Travel); ②人进入驾驶室 (这里是叉车的动作) (Load); ③叉车运动到指定地点 (Travel); ④叉车装载货物 (Load); ⑤叉车运动到卸载点 (Travel); ⑥卸载货物 (Unload)。图 2-21 是叉车和人的任务序列。

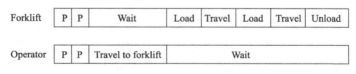

图 2-21　协同任务序列

从图 2-21 中可以看出, 叉车在人到达之后才执行任务, 人进入叉车之后就随着叉车一起完成叉车的任务。人的任务序列中只有一个任务, 其他时间不做任何事情。

(3) 对象 Dispatcher 及任务序列的分配规则

现在考虑一种较为复杂的情况: 有两个 Queue 对象用于存放物件, 三个 Operator 对象用于搬运物件; 三个 Operator 是自由的, 没有被分配给固定的 Queue, 那么怎样来有效地调用这三个 Operator 呢? 此时就要用到 Dispatcher 对象。

Dispatcher 用来控制 1 组 Transporter 或 Operator。任务序列从一个静态对象发送到 Dispatcher, 然后 Dispatcher 来调配这些任务序列分配给与其输出端口相连的动态对象。动态对象接收到任务序列后执行相应的命令序列。

Dispatcher 对象的功能就是将任务序列进行队列存储和发送任务序列。根据用户建模的逻辑, 任务序列可以被排队等待或是立即传送给相应的对象。Dispatcher 的参数设置对话框只有两项，当接收到一个任务序列时，调用"Pass To"函数。顾名思义，该函数将任务序列发送给接收对象；如果该函数返回值是 0，即该任务序列不能被立即分配，则根据"QueueStrategy"定义的规则将任务序列放入队列中等候。QueueStrategy 函数返回任务序列的相关值，然后根据优先级来确定任务序列在队列中的位置。高优先级的任务序列放在队列的前面，低优先级的放在队列的后面。如果优先级相同，则根据队列的先进先出（FIFO）原则来处理。用户可以根据需要，动态地改变任务序列的优先级。

当将队列中的任务序列进行排序时，Dispatcher 执行队列策略函数，遍历取得已有任务序列的优先级值，与最新的任务序列优先级值比较，根据比较的结果重新进行队列排序。

在 Flexsim 对象层次图中，我们发现 Dispatcher 是所有 TaskExecuter 的父类，也就是说所有的 TaskExecuter 也是 Dispatcher。这就意味着 Operator 或 Transporter 也可以担当 Dispatcher 的角色来分配任务序列，或者是自己执行任务序列。

2.4 Flexsim 仿真模型建立

2.4.1 Flexsim 仿真模型的基本组成

① 对象（Objects）　Flexsim 采用对象对实际过程中的各元素建模。
② 连接（Connections）　Flexsim 中通过对象之间的连接定义模型的流程。
③ 方法（Methods）　对象中的方法定义了模型中各对象所需要完成的作业。

2.4.2 Flexsim 建模的基本步骤

（1）构建模型布局

将仿真所需要的对象模型从对象库中拖拽到仿真视图窗口中的适当位置，如图 2-22 所示。

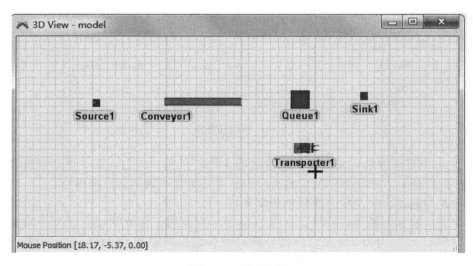

图 2-22　模型布局

（2）定义物流流程

根据连接类型，按下"A"或"S"键的同时，用鼠标从一个对象拖到另一个对象上以连接二者，如图 2-23 所示。

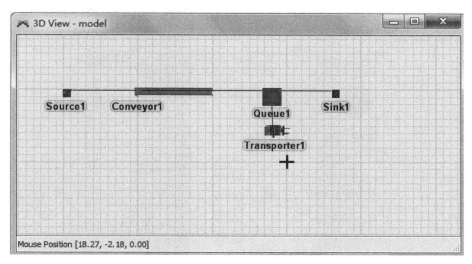

图 2-23 物流流程

连接两个对象端口所需按键如下。

"A"键：用来将对象 1 的输出端口连接到对象 2 的输入端口上（同类实体之间的连接，包括固定-固定、移动-移动）。

"Q"键：用来取消对象 1 的输出端口与对象 2 的输入端口之间的连接。

"S"键：用来连接对象 1 与对象 2 的中心端口（仅用于中心端口之间的连接，固定-移动）。

"W"键：用来取消对象 1 与对象 2 的中心端口的连接。

① 各类端口连接的显示位置　输出端口显示在对象的右上角，输入端口显示在对象的左上角，中心端口显示在对象底部中心，如图 2-24 所示。

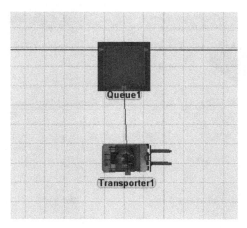

图 2-24 对象连接

② 查看对象的端口连接　对象属性窗口 General 选项卡、可调整端口的编号顺序，如图 2-25 所示。

(3) 编辑对象参数

双击对象可以打开对象的参数对话框，如图 2-26、图 2-27 所示。

对象属性对话框中包括：实体设置（如图 2-3 中 Source、Queue）、临时实体流设置（Flow）、触发事件（Triggers）、标签（Labels）、常规（General）、统计（Statistics）。

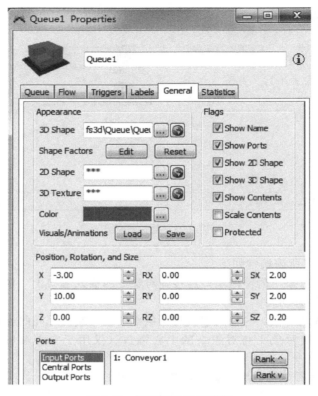

图 2-25　调整端口编号顺序

图 2-26　设置参数对话框

图 2-27 对象属性对话框

(4) 编译运行仿真

编译运行仿真栏见图 2-28。

图 2-28 编译运行仿真栏

 ：重置模型。

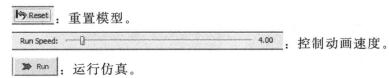：控制动画速度。

 ：运行仿真。

(5) 分析仿真结果

① 仿真之前通过菜单 Statistics（图 2-29）选择统计对象。

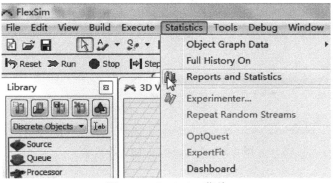

图 2-29 Statistics 菜单

② 仿真时在对象属性对话框 Statistics 选项卡中可实时察看相应对象的统计数据和图表。

③ 点击 Statistics 下的 Reports and Statistics，可生成标准统计报告和状态统计报告。State 选项卡、Transporter 的运转状态分别见图 2-30、图 2-31。

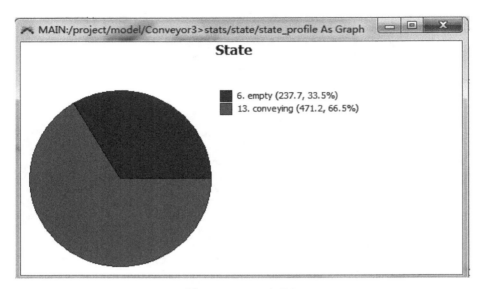

图 2-30　State 选项卡

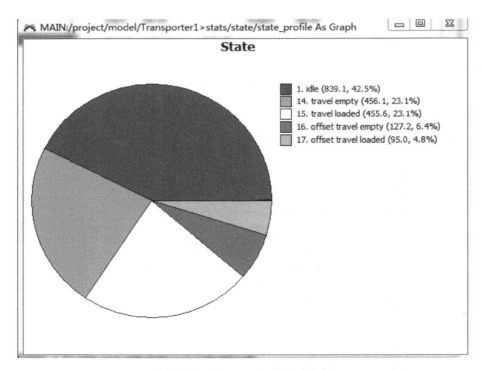

图 2-31　Transporter 的运转状态

2.4.3 建模步骤示例

下面通过一个多产品单阶段制造系统仿真的实例来具体说明 Flexsim 仿真建模的基本步骤。

本实例为三种产品离开一个生产线进行检验的过程。三种不同类型的临时实体将按照正态分布间隔到达。临时实体的类型在类型 1、2、3 三个类型之间均匀分布。当临时实体到达时，它们将进入暂存区并等待检验。用三个检验台来检验，第一个用于检验类型 1，第二个检验类型 2，第三个检验类型 3。检验后的临时实体放到输送机上，在输送机终端重新送到吸收器中。

产品到达检测车间的时间服从均值为 20，方差为 2 的正态分布；

到达检测车间的产品类别（1，2，3）服从均匀分布；

缓存区容量为 25 件产品；

传送带传输速度为 2m/s；

检验时间：exponential（0，30，1），s。

步骤 1　构建模型布局

根据以上描述，从实体库里拖出 1 个发生器，1 个暂存区，3 个处理器，3 条传送带和 1 个吸收器放到正投影视图中，如图 2-32 所示。

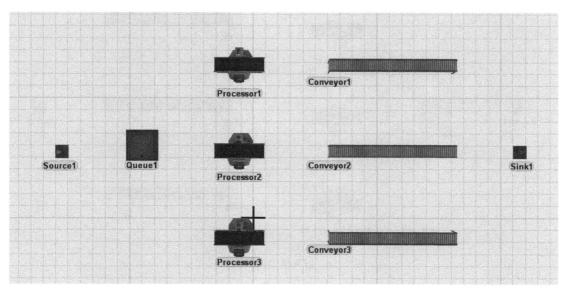

图 2-32　构建模型布局

步骤 2　定义物流流程

根据临时实体的路径连接端口，固定实体之间的连接用 A，移动实体与固定实体的连接用 S。本实验都是 A 连接，连接过程是：按住"A"键，然后用鼠标左键点击发生器并拖曳到处理器，再释放鼠标键。拖曳时将看到一条黄线，释放时变为黑线，如图 2-33 所示。

连接发生器（Source1）到对应的暂存区，连接暂存区（Queue1）到每个处理器（Processor1～3），连接每个处理器到对应的传送带（Conveyor1～3），连接每个传送带到吸收器（Sink1），这样就完成了连接过程。完成连接后，所得到的模型布局如图 2-34 所示。

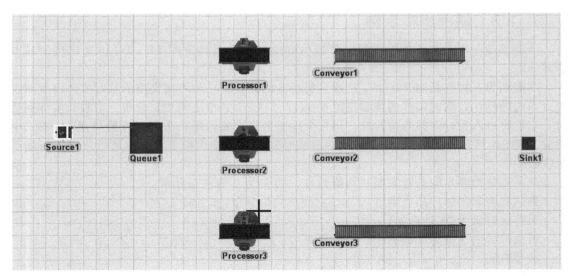

图 2-33 定义发生器与暂存区的流程

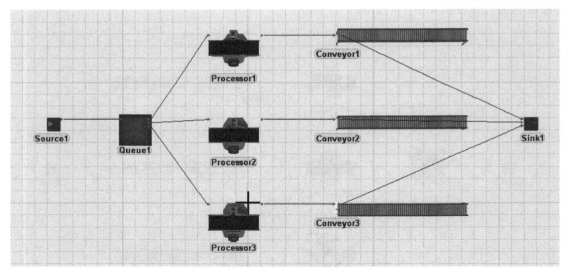

图 2-34 仿真模型的物流流程

步骤 3 编辑对象参数

根据对实体行为特性的要求改变不同实体的参数。首先从发生器开始设置，最后到吸收器结束。

(1) 发生器的参数设置

① 产品到达时间间隔的参数设置。双击 Source1 打开参数设置对话框，单击 Source 选项卡，在 Inter-Arrival Time（到达时间间隔）的下拉列表中选择 Statistical Distribution（统计分布），设置为正态分布，normal (20, 2, 1)，如图 2-35 所示。

② 产品类型和颜色的设置。在 Source1 的参数设置对话框中，单击 Triggers（触发器）选项卡，在 OnExit（离开触发）的下拉列表中，选择 Set the Itemtype and Color（设置临时实体类型和颜色），将 Item Type（临时实体类型）设置为均匀分布，duniform (1, 3)，设置结果如图 2-36 所示。

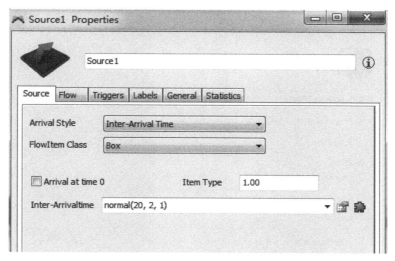

图 2-35　发生器的 Source 的选项卡

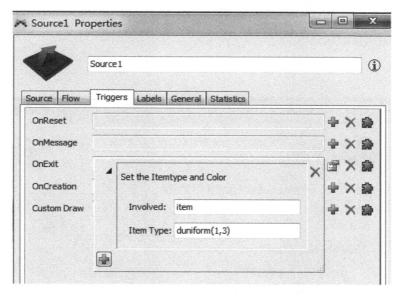

图 2-36　发生器的 Triggers 选项卡

(2) 暂存区 Queue1 的参数设置

① 暂存区 Queue1 容量的参数设置。双击 Queue1 打开参数设置对话框，单击 Queue 选项卡，将 Maximum Content（最大容量）设置为 25。设置结果如图 2-37 所示。

产品到达暂存区之后，需要在暂存区进行分货，然后送到对应的处理器，实现方法如下：Flow（临时实体流）选项卡中，在 Send To Port（发送至端口）下拉列表中有一个 Values By Case（根据返回值选择不同的输出端口）选项，选择后会出现 Case1 Port1，意思是如果是类型 1 产品送至端口 1，当有多种产品时，选择 ➕ 符号，按要求进行操作即可。

② 暂存区 Queue1 输出端口设置。在 Queue1 参数设置对话框中，单击 Flow 选项卡，在 Send To Port（发送至端口）下拉列表中选择 Values By Case（根据返回值选择不同的输出端口），如图 2-38 所示。

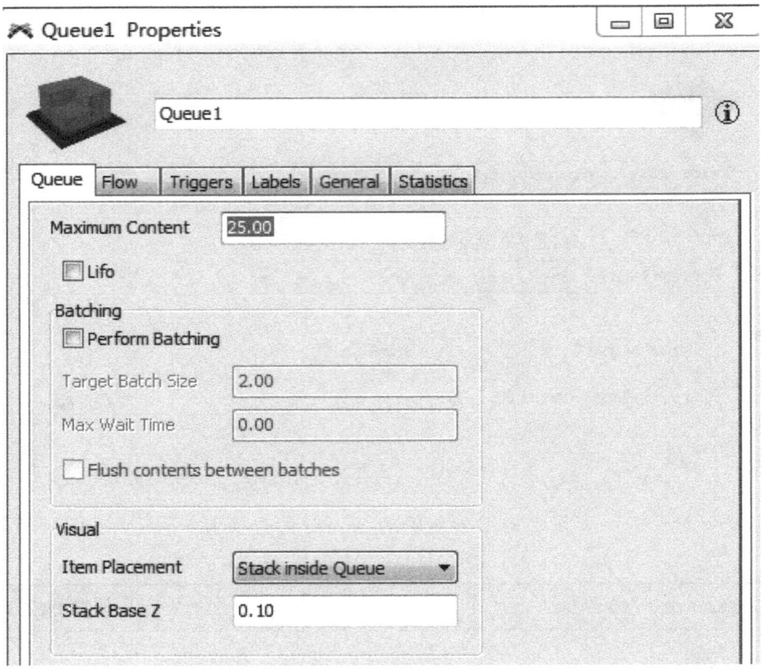

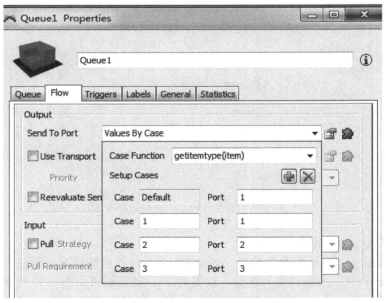

图 2-37　暂存区的 Queue 选项卡

图 2-38　暂存区的 Flow 选项卡

(3) 处理器的参数设置

处理器 Processor1 处理时间参数的设置。双击 Processor1 打开参数设置对话框，单击 Processor 选项卡，在 Process Time（处理时间）的下拉列表中选择 Statistical Distribution （统计分布），设置为指数分布，exponential（0，30，1），设置结果如图 2-39 所示。三个处理器（Processor1～3）进行同样设置。

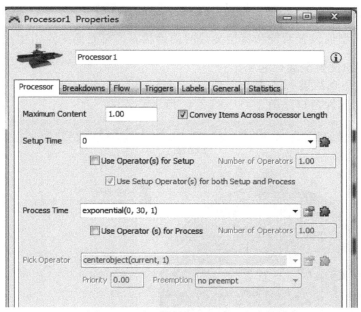

图 2-39 处理器的 Processor 选项卡

(4) 传送带的参数设置

传送带 Conveyor1 速度的参数设置。双击 Conveyor1 打开参数设置对话框，单击 Conveyor 选项卡，Speed（速度）设置为 2。设置结果如图 2-40 所示。

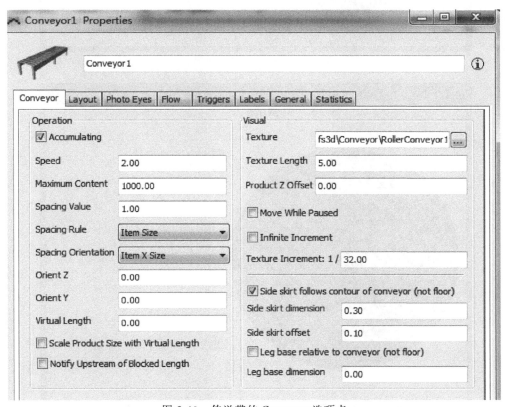

图 2-40 传送带的 Conveyor 选项卡

步骤4 编译运行仿真

为了在运行模型前设置系统和模型参数的初始状态,总是要先点击主视窗底部的 Reset 键。按 Run 按钮使模型运行起来。

步骤5 分析仿真结果

三个处理器的属性窗口如图 2-41~图 2-43 所示。

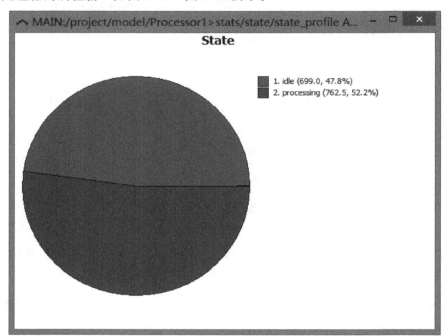

图 2-41 Processor1 运转状态

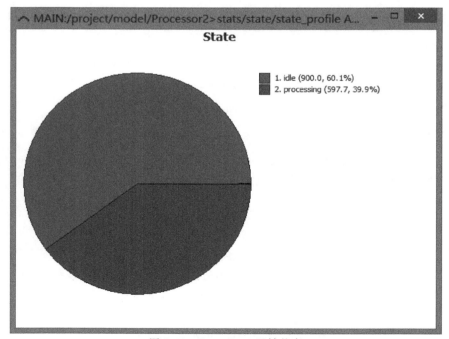

图 2-42 Processor2 运转状态

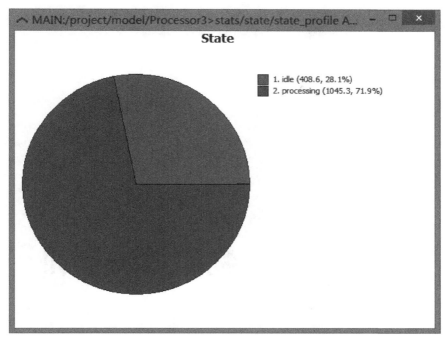

图 2-43 Processor3 运转状态

2.4.4 实训练习

（1）暂存区 1 处如果有三个人参与搬运货物到处理器上，每个人负责搬运一种货物，如何设置？

（2）如果用分配器调度人员搬运货物到处理器上，如何设置？需要几个人？

（3）两种方案哪个好？

第3章

物流系统实训

本章讲述物流系统的仿真和设计方法,包括配货系统仿真、排队系统仿真、离散型流水作业线系统仿真、自动分拣系统仿真、生产库存系统仿真、自动仓储系统仿真,在学习基本知识的基础上,可以对实际问题进行建模仿真,提出有效的解决办法,为后面的物流系统综合仿真(自动化立体仓库和现代物流配送中心)做必要的基础准备。

3.1 配货系统建模仿真与优化

3.1.1 实训知识准备

3.1.1.1 配货概述

配货作业(assorting)是指把拣取分类完成的货品经过配货检查过程后,装入容器和做好标示,再运到发货准备区,待装车后发送。

配货作业是配送中心区别于传统仓储作业的明显特征。配送中心作为顺应市场经济发展而产生的新型流通组织,虽然也从事传统储存业的基本业务,但由于增加了配货业务,极大地增强了其自身的灵活性、竞争力和生存力。变进货储存为按需要组货,变单纯的发货为配组送货,提高了仓库利用率,增加了车辆配载率,使空置、闲置的资源得到了全面的利用。

3.1.1.2 配货作业流程

配货作业流程包括印贴标签、货物分类、出货检查、捆包包装,当一系列作业完成之后再将货物运至发货准备区,之后进行堆码和配货信息处理,当信息处理完成之后将货物配载装车,然后进行配货信息记录,该作业的流程如图3-1所示。

一般标签都是附着在物品的外部或附着在物品包装容器的外部,用来说明物品的材料构成、产地、重量、生产日期、质量保证期、产地、厂家联系方式、产品标准号、条形码、相关的许可证、使用方法等商品重要的信息。

货物分类之前是否印贴标签，要看分货方式，有些方式不印贴标签，而是包装好再贴标签。配货印贴标签的作用是保证分货的准确、快速或识别货物的流向，所以标签信息主要体现这件货物要发送给哪一位客户（或门店）、哪一条线路、哪个区域等，以便分货识别。所以标签上要有客户（或门店）名称或代码、目的地等内容，有些配送中心的印贴标签内容还包括客户的订单号。配货过程中条码扫描的应用见图3-2。

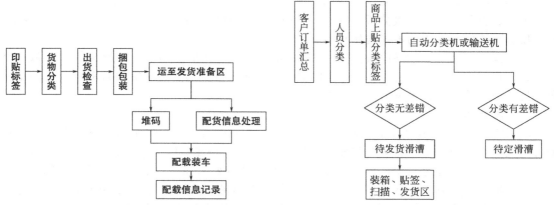

图 3-1　配货作业流程图　　　　　图 3-2　配货过程中条码扫描的应用

3.1.1.3　配货作业的内容

配货主要包括分货和配装两个方面：分货是指根据出货单上的内容说明，按照出货的优先顺序、储位区域号、配送车辆趟次号、门店、先进先出等出货原则和方法，把需要出货的商品整理出来，经复核人确认无误后，放置到暂存区，准备装货上车的工作；配装是指集中不同客户的配送货物，进行搭配装载，以充分利用运能、运力的工作。

（1）分货作业

分货作业是在拣货作业完成之后，将所拣选的货品根据不同的客户或配送路线进行分类，对其中需要经过流通加工的商品拣选集中后，先按流通加工方式分类，分别进行加工处理，再按送货要求分类出货的过程。分货作业包括人工分货和自动分货两种方式。

① 人工分货　指所有分货作业过程全部由人根据订单、拣货单来进行，作业由人、货架、集货设备（货箱、托盘等）配合完成，不借助任何电脑或自动化的辅助设备。

② 自动分货　自动分货是利用自动分类机来完成分货工作的一种方式。自动分货系统一般应用于自动化仓库，适用于多品种、业务量大且业务稳定的场合。自动分类机的分货步骤如下：首先将有关货物及分类信息通过信息输入装置输入自动控制系统；其次自动识别装置对输入的货物信息进行识别；最后自动分类机根据识别结果将货物分类后送至不同的分类系统。自动分类机包含以下六个装置。

a. 搬运输送机　搬运输送机有传送带输送机、滚筒输送机、整列输送机、垂直输送机四种类型。

b. 移动装置　移动装置也称导入口、进入站，其作用是把搬运来的物品及时取出并移送到自动分类机本体上，通常有直线形和环形两种。

c. 分类装置　分类装置是自动分类机的主体，按其分出货物的方式可分为四种，即推出式、浮起送出式、倾斜滑下式、传送带送出式。

d. 排出装置　排出装置是为了尽早将各货物搬离自动分类机并避免与下批货物相碰撞

的装置。

  e. 输入装置 输入装置是在自动分类机分类之前,把分类物的信息输入控制系统的装置。其输入方法或设备常有:键入式、条码及激光扫描器、光学读取器、声音输入装置、反向记忆、主计算机、体积测量器、重量器。

  f. 控制装置 控制装置是根据分类物的信息,对分类机上的货物进行分类控制的装置。其控制方式有两种:磁气记忆式和脉冲发信式。

  上述六项装置相互配合使用。在选择自动分类机时,最好从以下五个主要方面来衡量:物品数量、物品形状、重量分析、容器尺寸分析、易损坏品分析,如超薄、超重、易变形、易破损、不能倾覆的货物不能使用自动分类机。

  ③ 旋转货架分货 指利用旋转货架完成分货工作,其步骤如下:将旋转货架的每一格位当成客户的出货框;作业人员在计算机中输入各客户的代号;旋转货架自动将货架转至作业人员面前,让其将批量拣取的物品放入进行分类。

  (2) 配装作业

  ① 配装的含义及遵循原则 配装(goods matching)指配送中心按存货客户的指令,根据目的地、发货数量、线路等对待发货的物品进行配车并装车的活动。其中 GB/T 22126—2008《物流中心作业通用规范》关于配装流程及规范的要求如下:根据订单情况,制订配装作业和车辆调度计划,有效组织人力、物力和运输车辆,保证发货物品能够及时配齐并装车;根据订单与物品类别,规定可以混装或者不可混装的物品;装车物品的堆码、加固要求;配送单证流程及物品转移交接程序。

  详细指由于不同客户需要的货物不仅品种、规格不一,且数量差异很大(如某一个客户的商品数量过少,无法装满一个车辆),配送中心就把同一条线路上不同客户的货物组合、配装在同一辆载货车上,或者把不同线路但同一区域的多家客户的货物混载于同一辆车上进行配送。

  在进行配装的过程中要遵循配装原则即轻重搭配、大小搭配、性质搭配、一次积载、合理堆码、不许超限、载荷均匀、防撞防污等要求。

  • 轻重搭配:将重货置于底部,轻货置于上部,避免重货压坏轻货,并使货物重心下移,从而保证运输安全。

  • 大小搭配:到达同一地点的同一批配送货物,其包装的外部尺寸有大小,为了充分利用车厢的内容积,可采取不同尺寸大小货物在同一层或上下层的合理搭配,以减少厢内留有的空隙。

  • 性质搭配:拼装在一个车厢内的货物,其化学属性、物理属性不能互相抵触。由于在交运时托运人已经包装好,且承运人又不得任意开封,因此,厢内货物因性质抵触而发生损坏,由托运人负责,由此造成承运人损失者,托运人应负赔偿责任。

  • 一次积载:到达同一地点的适合配装的货物应尽可能一次积载。

  • 合理堆码:根据车厢的尺寸、容积、货物外包装的尺寸来确定合理的堆码。

  • 不许超限:积载时不允许超过车辆所允许的最大载重量、最大长度宽度和高度。

  • 载荷均匀:积载时车厢内货物重量应分布均匀,不能出现明显的左右不均或者前后不均。

  • 防撞防污:应防止车厢内货物之间碰撞、沾污。

  ② 配装的方法 在配装的过程中为了避免造成车辆损坏,通常用吨位满载率来衡量,即吨位满载率=实际完成周转量/在运行承载质量,配送运输车辆的吨位满载率尽量保持在80%~100%,但是不能超过100%,以免造成车辆损坏。

  对于重质货物来讲,不管如何拼装基本都能够达到100%的满载率,在配装过程中比较困难的是如何将重质货物和轻质货物混装或者将不同规格包装的轻质货物混装,以达到容积和载重量都得到充分利用。

需要指出的是,要使车辆的配装合理,应该在订单生成和分拣、包装时就有所安排,配送中心通过建立一定的模型并按照模型编写出软件,利用软件进行配装的计算,可以取得良好的效果。

一般来讲,车辆的配装按照运载特性,遵从以上原则,为了尽可能地提高满载率,具体方法有:

a. 研究各类车厢的装载标准以及不同货物和不同包装提及的合理装载顺序,努力提高装载技术和操作水平,力求装足车辆核定吨位;

b. 根据客户所需的货物品种和数量,调配适宜的车型承运,要求配送中心保持合理的车型结构;

c. 凡是可以拼装的尽可能拼装,注意做好不同客户货物的标记工作,以防差错。

3.1.1.4 捆包包装

配货作业中的包装主要是指运输包装,其主要作用是为了保护货物并将多个零散包装物品放入大小合适的箱子中,以实现整箱集中装卸、成组化搬运等,同时减少搬运次数,降低货损,提高配送效率。另外,包装也是产品信息的载体,通过在外包装上印贴标签或书写产品名称、原料成分、重量、生产日期、生产厂家、产品条形代码、储运说明、客户名称、订单号等,可以便于客户和配送人员识别产品,进行货物的正确装运与交接。通过扫描包装上的条形码还可以进行货物跟踪。

配送的包装要求结构坚固、标志清晰、价格低廉,重点在于搬移管理、保护商品和信息传递。包装的设计不仅要考虑配送过程的要求,例如方便配送人员识别、提高运输效率、方便装卸等;而且要考虑终端用户的要求,例如方便客户接收时的清点,尽量做到简洁、单纯、轻薄、标准、节约等包装合理化的要求。

3.1.1.5 配货检查

配货检查最原始的做法是纯人工进行,即将货品一个个点数并逐一核对出货单,进而查验配货的品质及状态情况。就状态及品质检验而言,纯人工方式逐项或抽样检查确有其必要性,但对于货物号码及数量核对来说,效率太低且存在错误。因此,目前在数量及号码检查的方式上有许多改进,常用的方法有商品条形码检查法、声音输入检查法和重量计算检查法。

(1) 商品条形码检查法

条形码是随货物移动的,检查时用条形码扫描器阅读条形码内容,计算机再自动把扫描信息与发货单对比,从而检查商品数量和号码是否有误。商品条形码检查相对于人工检查效率高而且出错率低。

(2) 声音输入检查法

声音输入检查法是一项较新的技术,当作业员发声读出商品名称、代码和数量后,计算机接收声音并自动判识,转换成资料信息与发货单进行对比,从而判断是否有误。此方法的优点在于作业员只需用嘴读取资料,手脚可做其他工作,自由度较高,检查效率高。但要求作业人员发音准,且每次发音字数有限,否则会造成计算机识别困难,进而产生错误。

(3) 重量计算检查法

重量计算检查法是把货单上的货品重量自动相加起来,再与货品的总重量相对比,检查发货是否正确。重量计算检查法可以省去事后检查工作,而且效率及正确率极高。

3.1.1.6 配货作业管理

配货作业的好坏直接影响后续送货作业的质量，在一定程度上代表了一个配送中心的实力和声誉，但另一方面配货又是一件复杂、工作量大的工作，尤其是在多用户、多品种的情况下更是如此。所以配货作业管理十分重要，其基本任务就是保证配送业务中所需的商品品种、规格、数量在指定的时间内组配齐全并形成装载方案。

配货作业分为拣选式配货和分货式配货。

(1) 拣选式配货

① 人工拣选配货　配货作业由人来进行，人、货架、集货设备（货箱、托盘等）配合完成配货作业，在实施时，由人一次巡回或分段巡回于各货架之间，按订单拣货，直至配齐。

② 人工加手推作业车拣选配货　配货作业人员推车一次巡回或分段巡回于货架之间，按订单进行分拣，直至配齐。借助于半机械化的手推车作业，拣选作业量大、单品或单件较重、体积较大的货物，可以减轻配货作业人员的劳动强度。

③ 机动作业车拣选配货　配货人员乘车为一个客户或多个客户拣选配货，车辆上分放着各个客户的拣选容器，拣选的货物直接放入容器，每次拣选配货作业完成后，将容器内的货物放到指定的货位，或直接装卸到配送车辆上。

④ 传动输送带拣选配货　配货人员只在附近几个货位进行拣选配货，传动带不停地运转，拣选配货作业人员按指令将货物取出放到传动输送带上，或放到输送带上的容器内。

⑤ 拣选机械拣选配货　自动分拣机或由人操作的叉车、分拣台车巡回于一般高层货架间进行拣选，或在高层重力式货架一端拣选。

采用拣选式配货法，能够保证配货的准确无误，对某个客户来讲可以不受其他因素制约进行快速配货，可以按客户要求的时间，调整配货的先后顺序，利于配送中心开展即时配送，增强对用户的保险能力，而且配好的货可以不经分放直接装到送货车上，有利于简化工序、提高效率。其适用范围如下：客户数量不多，但需要的种类较多，且每种商品需求数量差异较大；不同客户间需求的产品种类有较大的差异；客户临时的紧急需求；客户需求的大件商品。

拣选式配货法主要优点是机动灵活，既可以采取机械化水平较高的工具作业，也可以实施人工操作。拣选工具可以是专门配置设计的车辆、传送设备，也可以是一般作业车辆（汽车、手推车），甚至可以用人力进行拣选，因此这种方法易于实行。尤其是在配送工作开展初期或小型配送中心，客户不多且技术装备较差的情况，使用这种方法既简便又快捷。

(2) 分货式配货

① 人工分货配货　在货物体积较小、重量较轻的情况下，人工从普通货架或重力式货架上一次取出若干个客户共同需求的某种货物，然后巡回于各客户配货货位之间，将货物按客户订单上的数量进行分放。

② 人工加手推作业车分货配货　配货人员利用手推车至一个存货点将各客户共同需要的某种货物取出，利用手推车的机动性可在较大的范围内巡回分放配货。

③ 机动作业车分货配货　用台车平板作业车一次取出数量较多、体积和重量较大的商品，然后由配货人员驾车巡回分放配货。

④ 传动输送带加人工分货配货　传动输送带的一端和货物储存点相接，另一端同客户的配货货位相接。传动输送带运行过程中，一端集中取出各客户共同需要的货物，置于输送带上输送到各客户货位，另一端配货作业人员取下该货位客户所需的货物。

⑤ 分货机自动分货配货　分货机在一端取出多客户共同需求的货物，随着分货机上输送带运行，按计算机预先设定的指令，在与分支机构连接处自动打开出口，将货物送到分支机构，分支机构的终点是客户集货货位。

⑥ 回转货架分货配货　回转货架可以看成若干个分货机的组合，当货物不多又适于回转货架储存时，可在回转货架出货处，一边从货架取货，一边向几个客户货位分货，直至配货完毕。

采用分货式配货法（即批量拣货），可以提高配货速度，节省配货的劳动消耗，提高劳动效率。尤其当客户数量很多时，反复拣选会使工作异常重复和烦琐，采用分货作业就可避免。实行分货配货作业时，还需要注意分货配货作业适用的范围：客户数量多，且需求的商品种类有限，每种商品的需求数量也不大；各客户之间需求的商品种类差别不大；客户配送时间的要求没有严格限制；客户有比较稳定的需求计划；需要搬运的货物体积不大。

这种方式计划性较强，若干用户的需求集中后才开始分货，直至最后一种共同需要的货物分放完毕，各用户需求的配货才同时完成，之后可同时开始对各用户的送货作业。这种方式有利于考虑车辆的合理调配、合理使用和规划配送路线，和拣选式配货相比，可综合考虑、统筹安排，实现规模效益。专业性强的配送中心，易形成稳定的用户和需求，货物种类也有限；另商业连锁、服务业连锁、巨型企业内部供应配送，都宜于采用此种方式。

3.1.2　学习目的

① 学习配货作业流程以及配货作业管理。
② 学习分配器的使用。
③ 学习如何使用全局表来更新合成器的装盘列表。

3.1.3　完成时间

100min。

3.1.4　问题描述与系统参数

生产线生产 5 种不同类型的产品，5 种不同类型的临时实体，临时实体在到达的过程中实体按照正态分布时间到达（均值 20，方差 2），临时实体类型在类型 1~5 五个类型之间服从均匀分布；之后 5 种产品被送到检测车间的暂存区，然后由 3 名操作员组成的小组协助搬运产品到检测装置上，并先预置产品（预置时使用操作员），预置时间 6s，预置结束后进入检测过程，检测时间 16s；当检测完成后通过各自的传送带将产品运输出去（传送带速度 2m/s），在传送带末端按照客户订单来进行装盘，5 个客户订单以及客户到达时间表如表 3-1、表 3-2 所示；当货物被装盘之后，装盘后的产品先放入暂存区（容量为 25，批量为 2），然后产品被叉车以 2m/s 的速度放到仓储中心的货架上（货架 8 层，8 列）。

表 3-1　客户到达时间表

	ArrivalTime	ItemName	ItemType	Quantity
Customer1	0	A	1	2
Customer2	1500	B	2	1
Customer3	1800	C	3	3
Customer4	2550	D	4	2
Customer5	3600	E	5	3

表 3-2　客户订单表

	Customer1	Customer2	Customer3	Customer4	Customer5
Prod1	4	4	4	4	4
Prod2	4	5	6	5	3
Prod3	5	4	3	4	5
Prod4	6	4	5	4	5
Prod5	5	6	4	5	4

3.1.5　建模步骤

3.1.5.1　模型总体布局

模型的总体布局如图 3-3 所示。

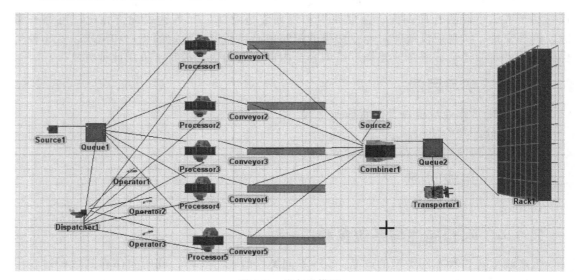

图 3-3　总布局模型

3.1.5.2　实体参数设置

（1）第一个发生器的设置

第一个发生器的具体设置如下。

双击 Source1 打开参数设置页面，单击 Triggers（触发器），在 OnExit（离开触发）的下拉列表中，选择 Set the Itemtype and Color（设置临时实体类型和颜色），将 Item Type（临时实体类型）设置为均匀分布，duniform（1，5），设置如图 3-4 所示。

产品在到达的过程中服从正态分布（均值 20，标准差 2），临时实体到达的过程中服从正态分布（均值 20，标准差 2），设置如下：单击 Source 选项卡，在 Inter-Arrivaltime 的下拉菜单中选择 Statistical Distribution，设置 normal（20，2，1），结果如图 3-5 所示。

（2）第一个暂存区的设置

5 种产品从暂存区由 3 个操作员组成的小组协助搬运产品，并且送到检测装置上，其中使用操作员的参数设置如图 3-6 所示。具体设置为：双击 Queue1 打开参数设置页面，单击 Flow（临时实体流）选项卡，选中 Use Transport（使用运输工具）复选框。

图 3-4 发生器设置

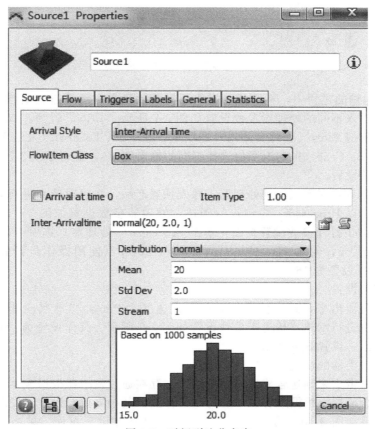

图 3-5 时间到达分布表

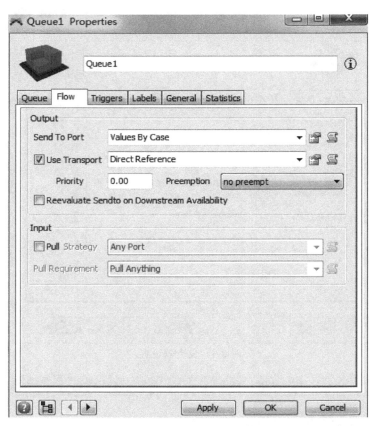

图 3-6　暂存区使用操作员的设置

5 种货物在运输的过程中，不同货物进入不同的处理器，然后进行货物的预置和处理。其中不同的货物进入不同的处理器参数设置如图 3-7 所示。具体设置为：双击 Queue1 打开参数设置页面，单击 Flow（临时实体流）选项卡，在 Send To Port（发送至端口）下拉菜单中选择 Values By Case（根据返回值选择不同的输出端口），进行如图 3-7 所示的设置。

（3）处理器的设置

货物由操作员从暂存区搬运到处理器，并先预置产品，之后对产品进行处理。5 个处理器参数设置相同，以 Processor1 为例进行阐述。处理器参数设置如图 3-8 所示。具体设置为：双击 Processor1 打开参数设置页面，单击 Processor（处理器）选项卡，将 Setup Time（预置时间）设置为 6，勾选 Use Operator(s) for Setup（使用操作员预置），将 Process Time（处理时间）设置为 16。

（4）传送带的设置

当货物从处理器出来，到达传送带时传送带速度为 2m/s。5 个传送带参数设置相同，以 Conveyor1 为例进行阐述。传送带参数设置如图 3-9 所示。具体设置为：双击 Conveyor1 打开参数设置页面，设置 Speed 为 2。

（5）第二个发生器的设置

当货物从传送带出来到达合成器时，合成器上存在通过发生器根据顾客的到达时间发出的托盘，并且在合成器上根据顾客订单进行装盘作业。其中需要对发生器发出的托盘进行参数设置，设置结果如图 3-10 所示，双击 Source2 打开参数设置页面，单击 Source 选项卡，在 FlowItem Class（临时实体种类）下拉菜单中选择 Pallet（托盘）。

图 3-7　暂存区分货设置

图 3-8　处理器参数设置

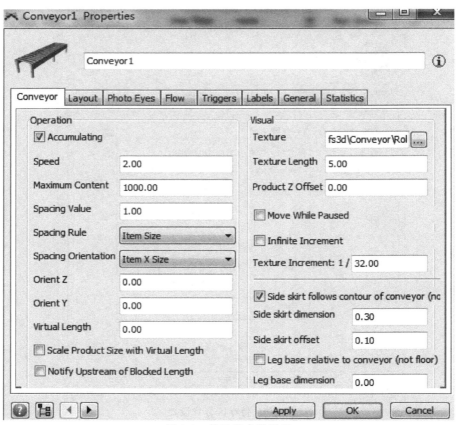

图 3-9 传送带参数设置

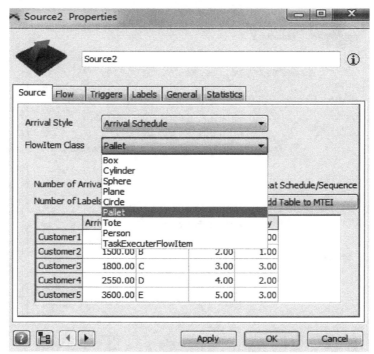

图 3-10 产生托盘参数设置

顾客到达时间参数设置如图 3-11 所示，具体设置如下。双击 Source2 打开参数设置页面，单击 Source 选项卡，在 Arrival Style（到达方式）下拉菜单中选择 Arrival Schedule（按时间到达），将 Number of Arrivals（到达次数）设置为 5，单击 Refresh Arrivals（更新到达列表）按钮，出现客户到达时间表，然后根据表 3-1 填入相应的数据。

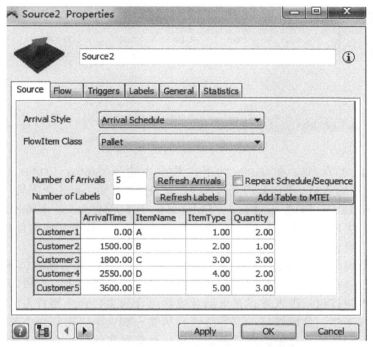

图 3-11　顾客到达时间参数设置

（6）全局表的设置

合成器根据客户订单对货物进行装盘，其中全局表的设置步骤如图 3-12、图 3-13 所示。

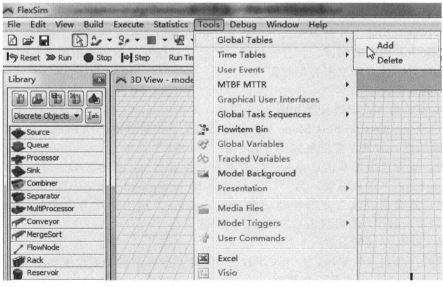

图 3-12　添加全局表设置

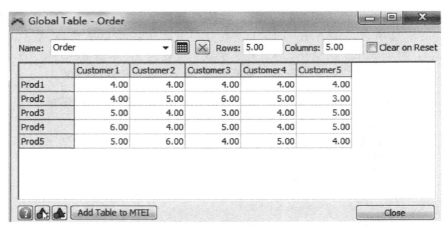

图 3-13 客户订单表设置

单击菜单栏上的 Tools，在 Tools 的下拉菜单中选择 Global Tables（全局表），单击 Global Tables 选项中的 Add，添加新的全局表。根据表 3-1 可知，有 5 种产品，5 个客户，所以设置全局表时，将 Rows（行）设置为 5，Columns（列）设置为 5，全局表命名为"order"，然后单击空白处，生成全局表。最后，根据客户订单表 3-2，往全局表内添加具体的数据。

（7）合成器的设置

合成器用来把模型中的多个临时实体组合在一起。它可以将临时实体永久合成在一起，也可以将它们打包，在以后某个时间点上还可以再将它们分离出来。合成器按照客户订单进行装盘，组合方式为打包，进入方式是更新合成器组合列表。合成器首先从它的第一个输入端口接收一个临时实体。合成器将一直等待直到从输入端口 1 接收到一个临时实体，才允许其他临时实体进入。然后，它根据组合列表收集一批临时实体。组合列表指定了合成器每一批次从其他每个输入端口接收的临时实体的数量。组合列表的第一行是从输入端口 2 接收的临时实体数量，第二行对应输入端口 3，依此类推。当连接实体到合成器的输入端口时，组合列表会自动更新。

合成器有三种操作模式：装盘、合并与分批。在装盘模式下，合成器将从输入端口 2 与更高序号的输入端口接收到的所有临时实体全部移入到由输入端口 1 接收的临时实体中，然后释放此容器临时实体。在合并模式下，除了从输入端口 1 接收到的那个临时实体，合成器将破坏掉其余所有的临时实体。在分批模式下，合成器仅在收集到本批次的临时实体并完成了预置和处理时间后，释放所有临时实体。

本次案例具体设置如下。

① 合成器装盘方式参数设置如图 3-14 所示，双击 Combiner1 打开参数设置页面，单击 Combiner 选项卡，在 Combine Mode（合成器模式）下拉菜单中选择 Pack（包装）。

② 合成器进入方式参数设置如图 3-15、图 3-16 所示。

全局表设置完成后，双击 Combiner1 打开参数设置页面，单击 Triggers（触发器）选项卡，设置 OnEntry（进入触发）为"Update Combiner Component List"，即更新合成器组件列表，然后将全局表改为之前新建的全局表 order，方法为：双击"tablename"（表名称），会出现"order"，然后双击"order"，即修改成功。

（8）第二个暂存区的设置

装盘后的产品放入暂存区，并用叉车放到货架上，暂存区的参数设置如图 3-17、图 3-18 所示。双击 Queue2 打开参数设置页面，单击 Queue 选项卡，将 Maximum Content（最大容量）设置为 25；单击 Flow（临时实体流）选项卡，勾选 Use Transport（使用运输工具）。

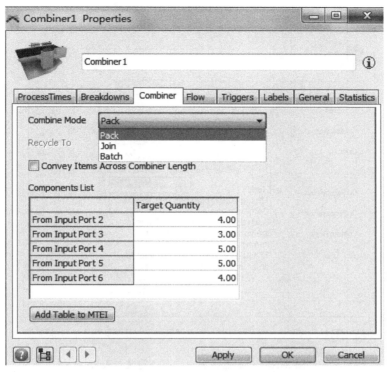

图 3-14 合成器装盘方式参数设置

图 3-15 合成器进入方式参数设置

图 3-16　合成器按客户订单进行装盘设置

图 3-17　暂存区容量设置

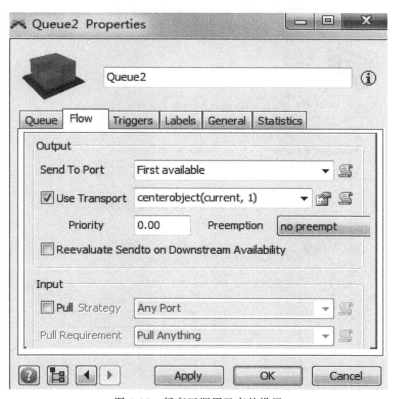

图 3-18　暂存区调用叉车的设置

(9) 货架的设置

仓储中心的货架为 8 层，8 列，其参数设置如图 3-19 所示。

双击 Rack1 打开参数设置页面，单击 SizeTable（尺寸表格）选项卡，将 Number of Bays（列数）设置为 8，Width of Bays（列宽）设置为 2，Number of Levels（行数）设置为 8，Height of Levels（行高）设置为 1，然后单击 Apply Basic Settings（应用基本设置）。

3.1.5.3　总的运行模型图

总的运行模型图见图 3-20。

3.1.6　仿真结果分析与改进

(1) 仿真结果分析

① 操作员的运行结果分析　操作员 1、操作员 2、操作员 3 的运行结果分析如图 3-21～图 3-23 所示。根据图中分析可知，操作员 1 和操作员 2 的利用率在 60%～65% 之间，而操作员 3 的利用率为 23.2%，处于没有工作状态的时间较长，造成人力成本的浪费，此处需要减少操作员的个数，提高搬运效率，节约人力成本。

② 货架的运行结果分析　对总体运行结果分析，其中根据表 3-1 客户到达时间表中每个客户对货物的需求量可知，货架上一共有 11 盘货。分析如下：根据客户的订单及客户的到达时间表 3-1 可知，顾客 1 所需要数量为 2，即 2 个托盘。这 2 个托盘均按照 4 个产品 1、4 个产品 2、5 个产品 3、6 个产品 4 以及 5 个产品 5 进行装货。顾客 2 到顾客 5 以同样的方式进行分析。因此在运行终止时，货架上托盘的数量为 11 个。双击 Rack1 打开参数设置页面，

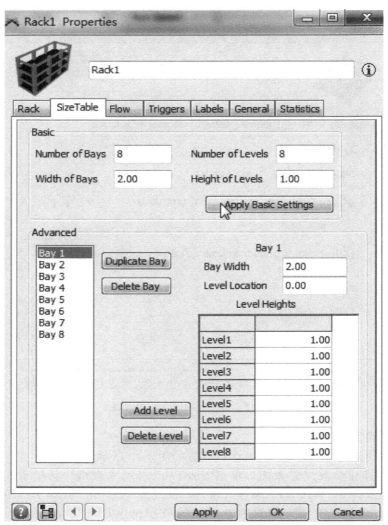

图 3-19 货架参数设置

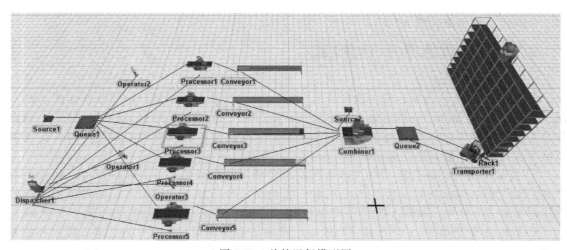

图 3-20 总的运行模型图

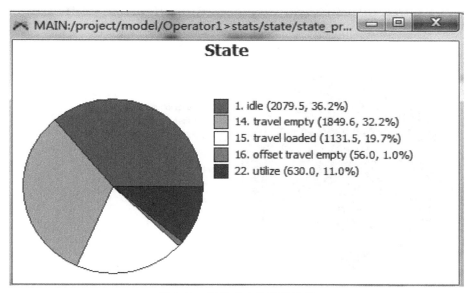

图 3-21 操作员 1 的运行结果

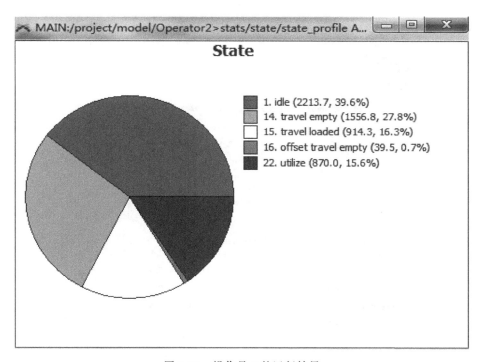

图 3-22 操作员 2 的运行结果

单击 Statistics 选项卡，可以看到模型运行结束后货架的一些相关统计量，如图 3-24 所示。Input 为 11，表示货架被放入了 11 盘货；Current 为 11，表示当前货架上有 11 盘货；Minimum 为 1，表示模型运行过程中货架上货物最少的时候是 1 盘；Maximum 为 11，表示模型运行过程中货架上货物最多的时候是 11 盘；Average 为 4.75，表示货架上的平均货物量为 4.75 盘。

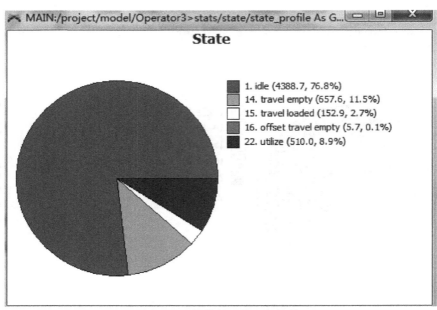

图 3-23　操作员 3 的运行结果

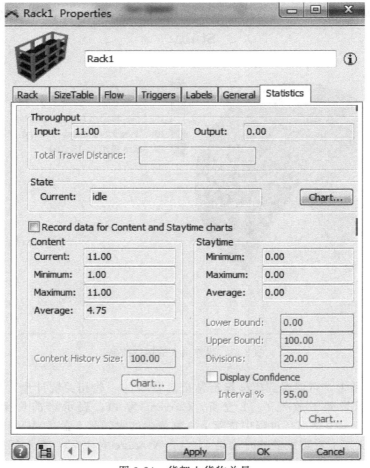

图 3-24　货架上货物总量

(2) 仿真模型的优化

上述结果分析可知，操作员的数量较多，造成搬货效率降低，人力资源的浪费，成本增加。为此通过减少操作员的个数，对模型进行优化。操作员的数量由 3 个降低到 2 个，两位操作员的运行结果分析如图 3-25、图 3-26 所示。由图分析可知，当操作员数量减少 1 个后，搬货效率不仅没有降低，反而提高了，尤其是操作员 1 提高了将近 10%。

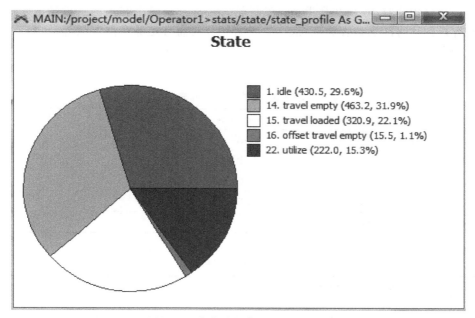

图 3-25 优化后操作员 1 运行结果

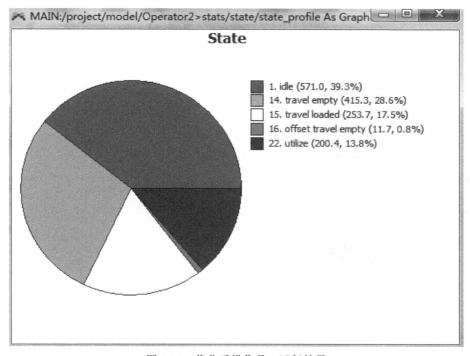

图 3-26 优化后操作员 2 运行结果

3.1.7 实训练习

（1）总结配货系统的作业流程。

（2）如果一个操作员可以同时搬运两个相同的实体如何实现，此时需要多少名操作员较为合适？

（3）一个分销商有10种产品类型，发货给5个客户；每个客户的订单情况不同，客户订单以及客户到达时间表如表3-3、表3-4所示；分销商有足够产品，只等订单到达；产品被放置在托盘上，然后进入暂存区，用叉车放到货架上。根据描述建立Flexsim模型并进行仿真优化。

表 3-3 客户到达时间表

	ArrivalTime	ItemName	ItemType	Quantity
Customer1	0	A	1	3
Customer2	1000	B	2	4
Customer3	2000	C	3	4
Customer4	3000	D	4	6
Customer5	4000	E	5	6

表 3-4 客户订单表

	Customer1	Customer2	Customer3	Customer4	Customer5
Prod1	1	2	3	1	4
Prod2	2	0	1	2	1
Prod3	0	1	0	1	2
Prod4	1	2	1	3	2
Prod5	3	3	3	0	1
Prod6	2	4	0	2	0
Prod7	0	0	2	2	3
Prod8	2	3	3	3	0
Prod9	1	2	4	1	2
Prod10	1	1	3	0	0

① 做出布局图。
② 写出参数设置。
③ 进行仿真结果分析。

3.2 排队系统仿真

3.2.1 实训知识准备

3.2.1.1 排队系统概述

排队是我们在日常生活中经常遇到的现象，如顾客到商店买物品，病人到医院看病就常常要排队。一般来说，当某个时刻要求服务的数量超过服务机构的容量时，就会出现排队现象。这种现象远不只在个人日常生活中出现，要求服务的可以是人，也可以是物。例如在计算机网络系统中，要求传输数据的是各个网络结点，这里的服务机构是网络传输机构，而要求服务的就是等待传输一数据的网络结点。此外，电话局的占线问题，车站、码头等交通枢纽的车船堵塞和疏导，故障机器的停机待修，水库的存储调节等都属于排队现象。在各种排队系统中，顾客到达的时刻与接受服务的时间都是不确定的，随着不同时机与条件而变化，因此排队系统在某一时刻的状态也是随机的，排队现象几乎是不可避免的。

（1）排队系统的基本参数

排队系统典型的形式如图3-27所示，系统本身包括了顾客总体、排队队列和服务台3部分。顾客源中的顾客不断到达该系统，并形成队列等待服务，直到服务结束离开，或重返顾客源，或永久离开该系统。排队系统是一个顾客不断到来、排队及服务与离去的动态过程。

图 3-27　排队系统的简单形式描述

这类系统中，最主要的实体就是顾客与服务台（或称服务员）。而在动态随机服务的过程中，还会发生许多客观的现象，为了对排队系统有一个清晰确切的描述，需要对其对应的有关概念分别作一介绍。

1）顾客与顾客源　"顾客"一词在这里是指任何一种需要系统对其服务的实体。顾客可以是人，也可以是零件、机器等物。

顾客源又称为顾客总体，是指潜在的顾客总数，它分为有限与无限两类。有限顾客源中的顾客个数是确切或有限的，如一个维修工人负责维修3台机器，则这3台机器就是一个有限的总体。

在具有较大潜在顾客的系统中，顾客源一般假定为无限的，即不是确切的或有限的个数或没有办法来预知可能到来的顾客总体。如进入超市的顾客或要求电信局提供通话服务的顾客，即可假定为无限总体，而事实上这些顾客总体虽然很大但仍是有限的。定义其为无限主要是为了简化模型。

之所以区分有限顾客源与无限顾客源，主要是因为这两类系统中，顾客到达率（即每单位时间到达顾客的平均数）的计算是不同的。无限顾客源模型中，到达率不受已经进入系统等待或正接受服务的顾客数的影响。而对于有限顾客源模型，到达率往往取决于正在服务或正在等待服务的顾客数。

2）到达模式　到达模式描述了顾客按照怎样的规律到达系统，它一般用顾客相继到达的时间间隔来描述。根据时间间隔的确定与否，达到模式可分为确定性到达与随机性到达。

确定性到达模式指顾客有规则地按照一定的间隔时间到达。这些间隔时间是预先确定的或者是固定的。等距到达模式就是一个常见的确定性到达模式，它表示每隔一个固定的时间段就有一个顾客到达。

随机性到达模式指顾客相继到达的时间间隔是随机的、不确定的。它一般用概率分布来描述，常见的随机性到达模式有以下几种。

① 泊松到达模式　泊松分布是一种很重要的概率分布，出现在许多典型的系统中，如商店顾客的到来、机器到达维修点等均近似于泊松到达模式。

② 爱尔朗到达模式　这种到达模式常用于典型的电话系统。

a. 一般独立到达模式　也称任意分布的到达模式，指到达间隔时间相互独立，分布函数是任意分布的到达模式。这种分布往往可以用一个离散的概率分布加以描述。

b. 超指数到达模式　主要用于概率分布的标准差大于平均值的情况下。

c. 成批到达模式　与到达时间间隔的分布无关，只是在每一到达时刻到达的顾客个数不是一个，而是一批。

3) 服务机构　服务机构描述了同一时刻有多少服务台可以提供服务，服务台之间的布置关系是什么样的。服务机构不同，则排队系统的结构也不相同。根据服务机构与队列的形成形式不同，常见且比较基本的排队系统的结构一般有以下几种：单队列单服务台结构，多队列单服务台结构，多个服务台串联且每个服务台前有一个队列的结构，多个服务台并联且共同拥有一个队列的机构，多个服务台并联且每个服务台前有一个队列的结构。一个较为复杂的排队系统其结构往往是由以上几种基本结构组合而成的。

服务机构有两个重要的属性，分别为服务时间和排队规则。

① 服务时间　服务台为顾客服务的时间可以是确定的，也可以是随机的。后者更为常见，即服务时间往往不是一个常量，而是受许多因素影响而变化的，这样对这些服务过程的描述就要借助于概率函数。总的来说，服务时间的分布有以下几种。

a. 定长分布：这是最简单的情形，所有顾客被服务的时间均为某一常数。

b. 指数分布：当服务时间完全随机的时候，可以用指数分布来表示它。

c. 爱尔朗分布：它用来描述服务时间的标准差小于平均值的情况。

d. 超指数分布：与爱尔朗分布相对应，用来描述服务时间的标准差大于平均值的情况。

e. 一般服务分布：用于服务时间是相互独立但具有相同分布的随机情况，上述分布均是一般分布的特例。

f. 正态分布：在服务时间近似于常数的情况下，多种随机因素的影响使得服务时间围绕此常数值上下波动，一般用正态分布来描述服务时间。

g. 服务时间依赖于队长的情况：即排队顾客越多，服务速度越快，服务时间越短。

② 排队规则　排队规则是指顾客在队列中的逻辑次序，以及确定服务员有空时哪一个顾客被选择去服务的规则，即顾客按什么样的次序与规则接受服务。

常见的排队规则有以下几类。

a. 损失制　若顾客来到时，系统的所有服务机构均非空，则顾客自动离去，不再回来。

b. 等待制　顾客来多时，系统所有的服务台均非空，则顾客就形成队列等待服务，常用的规则如下：先进先出（FIFO），即按到达次序接受服务，先到先服务；后进先出（LIFO），与先进先出服务相反，后到先服务；随机服务（SIRO），服务台空闲时，从等待队列中任选一个顾客进行服务，队列中每一个顾客被选中的概率相等；按优先级服务（PR），当顾客有着不同的接受服务优先级时，有两种情况，一是服务台空闲时，队列中优先级最高的顾客先接受服务，二是当有一个优先级高于当前顾客的顾客到来时优先接受服务；最短处理时间先服务（SPT），服务台空闲时，首先选择需要最短服务时间的顾客来进行服务。

c. 混合制　它是损失制和等待制的综合类型，具体包括以下三种。

a) 限制队长的排队规则：设系统存在最大允许队长 N，顾客到达时，若队长小于 N，则加入排队，否则自动离去；

b) 限制等待时间的排队规则：设顾客排队等待的最长时间为 T，则当顾客排队等待时间大于 T 时，顾客自动离去；

c) 限制逗留时间的排队规则：逗留时间包括等待时间与服务时间，若逗留时间大于最长允许逗留时间，则顾客自动离去。

(2) 排队系统的性能指标

排队系统中，除了损失制，排队现象是不可避免的。这是由顾客到达的速率大于服务台进行服务的速率造成的。但是，排队越长则意味着系统服务质量越差，或者说系统效率越低。而盲目增加服务台，虽然队长可以减少，但却有可能造成服务台有太多的空闲时间，设备利用率太低。排队系统研究的实质就是要解决上述问题，即合理地解决顾客等待时间与服务台空闲时间的矛盾，使得系统服务质量与设备利用率都达到较高的标准。

排队系统常用的性能指标如下几项。

① 服务台的利用率 ρ　其公式如下：

$$\rho = 平均服务时间 / 平均到达时间间隔 = \lambda/\mu$$

式中，λ 为平均到达速率；μ 为平均服务速率（即单位时间内被服务的顾客数）。

通常情况下，$\rho < 1$。这是其他性能指标存在的前提条件。

② 平均等待时间 W_q　其公式如下：

$$W_q = \lim_{n \to \infty} \sum_{i=1}^{n} \frac{D_i}{n}$$

式中，D_i 为第 i 个顾客的等待时间；n 为已接受服务的顾客数。

③ 平均逗留时间 W　其公式如下：

$$W = \lim_{n \to \infty} \sum_{i=1}^{n} \frac{W_i}{n} = \lim_{n \to \infty} \sum_{i=1}^{n} (D_i + S_i)/n$$

式中，W_i 为第 i 个顾客在系统中的逗留时间，它等于该顾客排队等待时间 D_i 和接受服务时间 S_i 之和。

④ 平均队长 L_q　其公式如下：

$$L_q = \lim_{t \to \infty} \int_0^T L_q(t) \mathrm{d}t / T$$

式中，$L_q(t)$ 为 t 时刻的队列长度；T 为系统运行时间。

⑤ 系统中平均顾客数 L　其公式如下：

$$L = \lim_{T \to \infty} \int_0^T L(t) \mathrm{d}t / T = \lim_{T \to \infty} \int_0^T [L_q(t) + S(t)] \mathrm{d}t / T$$

式中，$L(t)$ 为 t 时刻系统中的顾客数；$S(t)$ 为 t 时刻系统中正在接受服务的顾客数。

⑥ 忙期（闲期）　忙期是指服务台全部处于非空闲状态的时间段，否则成为非忙期。而闲期指服务台全部处于空闲状态的时间段。对于单服务台来说，忙期与闲期交替出现。

除以上常见的性能指标外，具体的排队系统还可以根据系统本身的要求，采用其他体现系统性能的指标，如最长队列、顾客在系统中最长的逗留时间等。

3.2.1.2 排队系统的分类

(1) 单服务台排队系统

单服务台结构是排队系统中的最简单的结构形式，在该类系统中有一级服务台，这一级中也只有一个服务台。它的结构如图3-28所示。

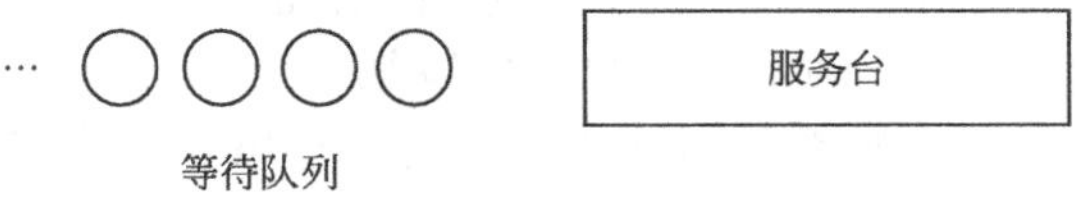

图 3-28　单服务台排队系统结构

(2) 单级多服务台排队系统

单级多服务台结构也是经常遇到的一类排队系统形式，它又可分为所有服务台只有一个排队以及每个服务台都有排队的两种不同情况，分别如图 3-29 中的（a）与（b）所示。这里每个服务台的服务时间可以有相同分布或参数，也可以有不同参数甚至不同的分布。在第一种排队形式中，无论哪个服务台空闲则有顾客进入服务台，当两个或两个以上服务台空闲时，则可按规则选择进入其中的一个服务台。在第二种排队形式中，首先确定该顾客选择哪个服务台，然后根据选择的服务台是"忙"或"闲"决定是接受并开始服务，还是在该服务台前的队列中等待服务。

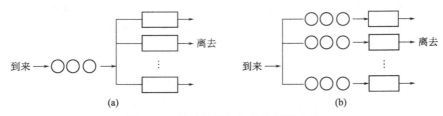

图 3-29　单级多服务台排队系统结构

（3）多级多服务台排队系统

多级多服务台排队系统是排队系统的一类常见形式。图 3-30 表示了一个典型的多级多服务台排队系统，服务台共有 3 级，分级分别由 2 台、3 台和 1 台组成，每级服务台前有一排队，顾客进入系统后逐级进入服务台，逐级服务。如没有空闲的服务台则逐级排队等待，当最后一级服务结束后顾客离开系统。

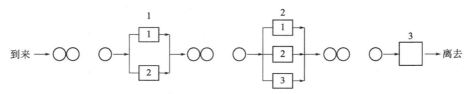

图 3-30　多级多服务台排队系统结构

3.2.1.3　排队系统的手工仿真案例

一个拥有一个出纳台的小杂货铺，顾客相隔 1～8min 随机到达出纳台，每个到达间隔时间的可能取值具有相同的发生概率，如表 3-5 所示。服务时间在 1～8min 间变化。下面通过仿真 10 名顾客的到达和接受服务来分析该系统。

（1）模型基本介绍

① 仿真初始条件　系统中没有顾客，即排队的队列中没有顾客等待，服务台无服务对象。

② 仿真开始　以第一名顾客到达时刻为仿真的起始点。

③ 模型　实体：顾客、服务员；状态：系统中的顾客数、服务员忙闲；事件：到达事件、离开事件（完成服务）；活动：服务。

（2）确定输入数据的特征

① 顾客到达间隔时间为 1～8min，均匀分布到达，如表 3-5 所示。

表 3-5　到达间隔时间分布

到达间隔时间/min	概率	累计概率	随机数区间
1	0.125	0.125	001～125
2	0.125	0.250	126～250
3	0.125	0.375	251～375

续表

到达间隔时间/min	概率	累计概率	随机数区间
4	0.125	0.500	376～500
5	0.125	0.625	501～625
6	0.125	0.750	626～750
7	0.125	0.875	751～875
8	0.125	1.000	876～1000

② 为了产生到达出纳台的时间，需要一组均匀分布的随机数，这些随机数在 0～1 之间均匀分布。相邻的随机数是相互独立的。

由于表 3-5 中的概率值精度为 3 位，那么 3 位的随机数就可以满足要求。必须列出 9 个随机数以便产生到达间隔时间。为什么仅需要 9 个数呢？因为第一名顾客是假定在 0 时刻到达的，所以只需要为 10 名顾客产生 9 个到达时间间隔。同样，对于表 3-7，两位的随机数足够了。

表 3-5 和表 3-7 的最右边两列是用来生成随机到达和随机服务时间的，每个表的第三列包含了该分布的累计概率。最右边一列包含了随机数字的分配。在表 3-5 中，首先分配的随机数字是 001～125，这里三位数有 1000 个（001～1000）。到达间隔的时间为 1min 的概率是 0.125，所以在 1000 个随机数字中有 125 个被分配到这种情况。10 名顾客的到达间隔时间的产生是由表 3-6 列出 9 个三位数字值并将其与表 3-5 的随机数字分配比较得到的。

到达间隔时间的确定如表 3-6 所示。注意，第一个随机数字是 913。为了得到相应的到达间隔时间，对照表 3-5，在表 3-5 中根据随机数所在范围，找到其对应的到达时间间隔。表的第四列表示随机数分配，913 位于 876～1000 之间，根据该表的第一列可知，876～1000 对应的到达时间间隔为 8min。

到达事件的产生如表 3-6 所示。

表 3-6 到达间隔时间的确定

顾客	随机数字	到达间隔时间/min	顾客	随机数字	到达间隔时间/min
1	—	—	6	309	3
2	913	8	7	922	8
3	727	6	8	753	7
4	015	1	9	235	2
5	948	8	10	302	3

③ 服务时间如表 3-7 所示。

表 3-7 服务时间分布

服务时间/min	概率	累计概率	随机数区间
1	0.10	0.10	01～10
2	0.20	0.30	11～30
3	0.30	0.60	31～60
4	0.25	0.85	61～85
5	0.10	0.95	86～95
6	0.05	1.00	96～100

④ 服务时间的产生如表 3-8 所示。

表 3-8 服务时间确定

顾客	随机数字	服务时间/min	顾客	随机数字	服务时间/min
1	84	4	6	79	4
2	10	1	7	91	5
3	74	4	8	67	4
4	53	3	9	89	5
5	17	2	10	38	3

(3) 构造仿真表及重复运行结果

构造仿真表及重复运行结果如表 3-9 所示。手工仿真的本质是仿真表格。这些仿真表格是为了解决遇到的问题而专门设计的。采用的方法是：增加栏目以回答所提出的问题。第一步是填写第一名顾客所在的单元以初始化表格。第一名顾客假定在 0 时刻到达，服务马上开始并在 4 时刻结束，第一名顾客在系统中逗留 4min。在第一名顾客以后，表中后续的各行都基于前一顾客的到达间隔时间、服务时间以及服务结束时间的随机数。例如，第二名顾客在 8 时刻到达，服务到 8 时刻才开始，第二名顾客无须等待，服务时间为 1min。这样，第二名顾客在系统中停留 1min，但是服务员的空闲时间为 4min。跳到第四名顾客，顾客在 15 时刻到达，但服务不是马上开始而是直到 18 时刻才开始，因为服务台（出纳员）在该时刻之前一直繁忙。这一过程继续到第十名顾客。最右边增加的两列用来收集性能统计量度，比如每名顾客在系统中的时间以及服务台从前一顾客离去后的空闲时间（如果有的话）等。为了计算总统计量，表中列出了服务时间、逗留时间、服务员空闲的时间以及顾客在队列中等待的时间的总数。

表 3-9 仿真表   min

顾客	到达时间间隔	到达时刻	服务开始时刻	服务时间	等待时间	服务结束时间	逗留时间	服务员空闲时间
1	—	0	0	4	0	4	4	0
2	8	8	8	1	0	9	1	4
3	6	14	14	4	0	18	4	5
4	1	15	18	3	3	21	6	0
5	8	23	23	2	0	25	2	2
6	3	26	26	4	0	30	4	1
7	8	34	34	5	0	39	5	4
8	7	41	41	4	0	45	4	2
9	2	43	45	5	2	50	7	0
10	3	46	50	3	4	53	7	0
∑				35	9		44	18

(4) 仿真结果计算

计算顾客的平均等待时间、顾客的等待概率、服务员空闲的概率、平均服务时间。

① 全部顾客的平均等待时间为 0.9min，依据以下方法计算：

$$平均等待时间 = \frac{顾客在队列中等待的总时间}{总顾客数} = \frac{9}{10} = 0.9(\min)$$

② 顾客必须在队中等待的概率为 0.3，依据以下方法计算：

$$概率（等待）= \frac{等待的顾客数}{总顾客数} = \frac{3}{10} = 0.3$$

③ 服务员空闲的概率为 0.34，依据以下方法计算：

$$服务员空闲的概率 = \frac{服务员空闲的总时间}{仿真的总运行时间} = \frac{18}{53} = 0.34$$

服务员忙碌的概率为：1－0.34＝0.66

④ 平均服务时间为 3.5min，依据以下方法计算：

平均服务时间 $=\dfrac{\text{总服务时间}}{\text{总顾客数}}=\dfrac{35}{10}=3.5(\min)$

这个结果可和服务时间分布的均值进行比较：

$$T_s = E[t_s] = \sum_{i=0}^{\infty} t_s P(t_s)$$

分布的期望值可得期望服务时间为：$1\times 0.10+2\times 0.20+3\times 0.30+4\times 0.25+5\times 0.1+6\times 0.05=3.2$（min），期望服务时间稍小于仿真的平均服务时间，随着仿真时间增加，将越接近于均值 $E[t_s]$。

⑤ 平均到达间隔时间为 5.1min，依据以下方法计算：

平均到达间隔时间 $=\dfrac{\text{所用到达间隔时间总和}}{\text{到达数}-1}=\dfrac{46}{9}=5.1(\min)$

分母减 1 是因为第一个到达时间规定出现在 0 时刻，这个结果和离散均匀分布求得的均值（期望到达间隔时间）相比较，这个均匀分布的端点为 $a=1$ 和 $b=8$，于是均值为：

$$T_w = E[t_w] = \dfrac{a+b}{2} = 4.5(\min)$$

期望到达间隔时间稍低于仿真的平均值，同样在更长的时间的仿真中，到达间隔时间的均值应接近于理论均值。

⑥ 在队列的排队顾客的平均等待时间为 3min，依据以下方法计算：

平均等待时间 $=\dfrac{\text{顾客在队列中等待的总时间}}{\text{等待的顾客总数}}=\dfrac{9}{3}=3(\min)$

⑦ 顾客在系统中逗留的平均时间为 4.4min，依据以下方法计算：

顾客在系统中逗留的平均时间 $=\dfrac{\text{顾客在系统中逗留的总时间}}{\text{顾客总数}}=\dfrac{44}{10}=4.4(\min)$

决策者会对这一类结果满意。但如果增加仿真时间，会使结果更加准确。但是，即便是这样的结果，也能给许多试验性的推断提供依据。大约半数的顾客必须等待，但是平均等待时间并不太长。服务台没有不适当的空闲时间。关于本结果更可信的说法可能取决于在等待的成本和增加服务台的成本之间取得平衡。

3.2.2　学习目的

① 掌握排队系统的基本知识，包括其过程、类型和特点。
② 采用手工仿真的方法计算系统繁忙程度。
③ 学习用 Flexsim 对实际排队问题进行仿真。
④ 比较手工仿真和 Flexsim 仿真，总结各自的优缺点。

3.2.3　完成时间

100min。

3.2.4　建模步骤

（1）建立仿真布局图

根据模型要求，建立如图 3-31 所示的仿真布局图。

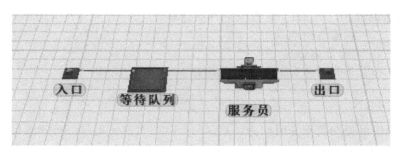

图 3-31 计算机仿真布局图

(2) 设置参数

根据表 3-5~表 3-8,该模型参数设置如图 3-32、图 3-33 所示。

(3) 运行仿真

运行完成后,仿真自动停止,时刻为 53 (min),如图 3-34 所示。

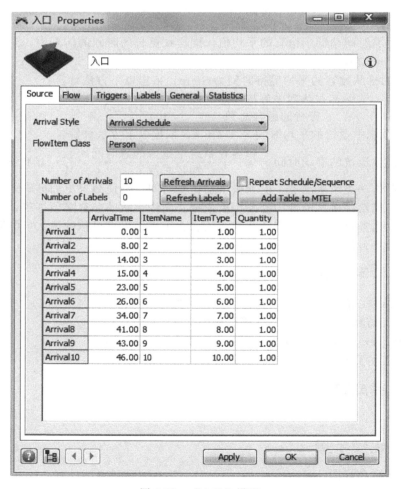

图 3-32 "入口"设置

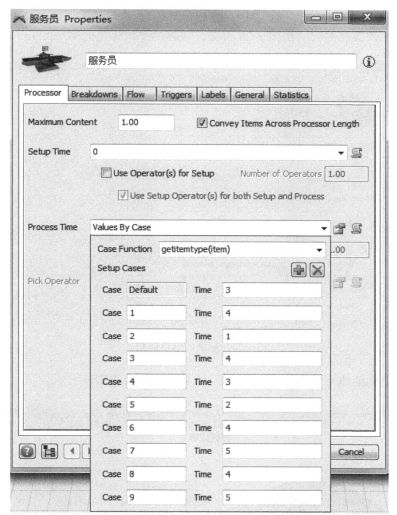

图 3-33 "服务员"设置

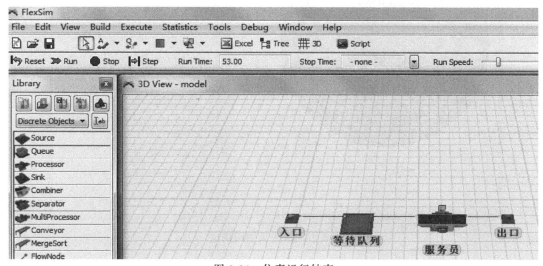

图 3-34 仿真运行结束

(4) 统计数据

① 顾客的平均等待时间　由图 3-35 可知，顾客的平均等待时间＝0.9min。

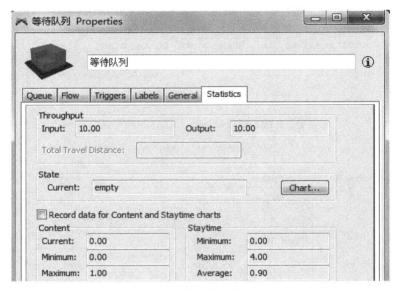

图 3-35　顾客的等待队列

② 服务员空闲的概率　由图 3-36 可知，服务员空闲的概率＝0.34。

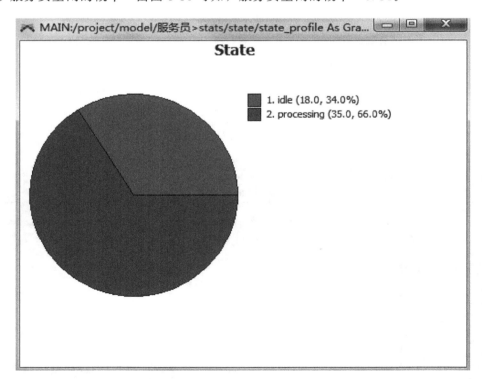

图 3-36　服务员空闲概率

③ 平均服务时间　由图 3-37 可知，平均服务时间＝3.5min。

图 3-37 服务员工作状态

3.2.5 仿真结果分析与改进

通过前文分析结果,可以得到表 3-10。

表 3-10 两种仿真方法对比分析

项目	顾客的平均等待时间/min	服务员空闲的概率	平均服务时间/min
手工仿真	0.9	0.34	3.5
计算机仿真	0.9	0.34	3.5

通过对手工仿真与计算机仿真的结果比较,发现两者的仿真结果一致,计算机仿真具有可行性。

3.2.6 实训练习

(1) 模型基本介绍

一个汽车加油站有一个 A 加油工作台。加油站被占用时,汽车排队等待。仿真的目的是分析系统中车辆平均排队时间和加油工作台的利用率。

系统状态通过一组变量来描述。$Q(t)$ 为在 t 时刻等待服务的汽车数;$A(t)$ 表示在 t 时刻 A 台忙或闲(1 或 0)。

(2) 确定输入数据的特征

① 汽车随机到达,到达间隔时间分布如表 3-11 所示。

表 3-11 到达间隔时间分布

到达间隔时间/min	概率	累计概率	随机数区间
1	0.25	0.25	01～25
2	0.40	0.65	26～65
3	0.20	0.85	66～85
4	0.15	1.00	86～00

② 汽车在 A 工作台的加油时间分布如表 3-12 所示。

表 3-12　A 工作台的加油时间分布

服务时间/min	概率	累计概率	随机数
2	0.30	0.30	01～30
3	0.28	0.58	31～58
4	0.25	0.83	59～83
5	0.17	1.00	84～00

③ 构造仿真表及重复运行结果如表 3-13 所示。

表 3-13　仿真表

顾客编号	到达随机数	到达间隔	到达时钟时间	服务随机数	开始服务时间	服务时间	完成服务时间	排队时间
1								
2								
3								
4								
5								
6								
7								
8								
9								
10								
11								
12								
13								
14								
15								
16								
17								
18								
19								
20								
Σ								

④ 仿真结果计算。

a. 计算全部加油车辆的平均排队时间。

b. 计算加油车辆的平均被服务时间。

c. 计算 A 工作台的使用率。

(3) 改进方案

① 模型基本介绍　由于平均每辆车的排队等待时间是 12.96min，现增加一个 B 工作台，即加油站有两台工作台，A 台距入口近，B 台距出口近，如 A、B 都空闲，A 优先被占用；都忙，汽车排队等待。仿真的目的是分析系统中车辆平均排队时间和加油工作台的利用率。

系统状态通过一组变量来描述。$Q(t)$ 为在 t 时刻等待服务的汽车数；$A(t)$ 表示在 t 时刻

A 台忙或闲（1 或 0）；$B(t)$ 表示在 t 时刻 B 台忙或闲（1 或 0）。

② 确定输入数据的特征

a. 汽车随机到达，到达间隔时间分布如表 3-11 所示。

b. 汽车在 A、B 工作台的加油时间分布如表 3-14 所示。

表 3-14　A、B 工作台的加油时间分布

A 服务分布时间/min				B 服务分布时间/min			
服务时间	概率	累计概率	随机数	服务时间	概率	累计概率	随机数
2	0.30	0.30	01～30	3	0.35	0.35	01～35
3	0.28	0.58	31～58	4	0.25	0.60	36～60
4	0.25	0.83	59～83	5	0.20	0.80	61～80
5	0.17	1.00	84～00	6	0.20	1.00	81～00

c. 构造仿真表及重复运行结果如表 3-15 所示。

表 3-15　汽车加油站模拟表（都为空时，优先给 A）　　　　　　　　min

顾客编号	到达随机数	到达间隔	到达时间	服务随机数	A			B			排队时间
					开始服务时间	服务时间	完成服务时间	开始服务时间	服务时间	完成服务时间	
1											
2											
3											
4											
5											
6											
7											
8											
9											
10											
11											
12											
13											
14											
15											
16											
17											
18											
19											
20											
Σ											

d. 仿真结果计算。
ⅰ. 计算全部加油车辆的平均排队时间。
ⅱ. 计算加油车辆的平均被服务时间。
ⅲ. 计算 A 工作台的使用率。
ⅳ. 计算 B 工作台的使用率。
(4) 仿真方法：计算机仿真（Flexsim）
① 写出仿真步骤。
② 建立仿真模型。
③ 进行仿真结果分析与总结。

3.3 生产线产品入库与出库仿真

3.3.1 实训知识准备

3.3.1.1 产品的入库作业

入库作业是指对物品做实体上的接受，包括车上将其卸下、核对该物品的数量及状态、将必要信息书面化等。

(1) 入库作业计划分析

① 进货作业计划分析的内容　掌握大致的到货日期、物品名称、物品数量、车辆形式；尽可能准确预测车辆到达时间；配合车位信息协调车辆出入。

② 入库作业计划应考虑的因素　进货对象及供应厂商总数；商品种类及数量；进货车种与车辆台数；每一车的卸货时间；商品的形状、特性等；入库场地人员数；配合储存作业的处理方式；每一时刻的进货车数调查。

(2) 物品编号

如何让后续作业能够迅速正确地进行，并使货品品质及作业水准也能得到妥善维持，在入库作业时就将货品做好清楚有效的编号，是一项不可缺少的手续。编号就是将货品按其分类内容进行有次序的编排，用简单的文字、符号或数字代替货品的名称、类别及其他有关信息的一种方式。

(3) 货物分类

① 货物分类的原则　分类应按照统一的标准，自大分类至小分类应依同一原理区分，要合乎逻辑；分类必须根据企业本身的需要，来选择适用的分类形式；分类必须有系统地展开，逐次细分，方能层次分明；分类应相互排斥，当产品已归于某类，绝不可能再分至其他类；分类必须具有完整性、普遍性，分类系统应能包罗万象，适用于广大的地区和类别，使所有物料均能清楚归类；分类应具有不变性，即货品一经确定其类别后，便不可任意变更，以免造成混乱；分类应有伸缩性，以便随时可增添新货品或新产品；分类必须确切实用，绝不可停留于空想。

② 货物分类的方式主要根据的特征　为适应货物储存保管需要，而按照货物特性分类；为配合货物使用而按照货物使用目的、方法及程序分类，如需要流通加工者划分为一类，直接原材料划分为一类，间接原材料划分为一类；为适应货物采购的便利，而按照交易行业分类；为便利货物账务处理，按照会计科目分类，如价值很高者划分为一类，价值低廉者划分为一类；按照货物状态分类，如货物的内容、形状、尺寸等；按照信息分类，如送往的目的地、顾客等。

(4) 货物验收检查

所谓货物的验收即是对产品质量和数量进行检查。按照验收标准，对质量进行物理、化学和外形等方面的检查。在数量验收时一方面核对货物号码，另一方面按订购合同进行长短、大小和重量的检查。货物验收检查是入库作业中特别重要的一个环节，对入库品资料的掌握特别重要，如进货日期、进货单号码、卖主、送货车的名称及型号，货到时间、卸货时间，容器的型号、尺寸和数量，每个容器中的货品数量、总质量，目的地的进货检查和存储，以及损坏数量和应补货数量等。

(5) 记录

按照各公司的进货表，有效地收集并记录入库资料。

3.3.1.2 产品出库作业

将拣选的商品按订单或配送路线进行分类，再进行出货检查，做好相应的包装、标识和贴标签工作，根据门店或行车路线等将物品送到出货暂存区，最后装车配送。

(1) 分货作业

拣货作业完毕后，再将物品按客户类别或配送路线类别做分类的工作，就是分货。

(2) 出库检查作业

出库检查作业包括将拣取物品依客户、车次对象等产品号码及数量进行核对，以及检验产品状态及品质。在拣货作业后的物品检查，因耗费时间及人力，在效率上经常也是个大问题，出货检查属于要确认拣货作业是否产生错误的处理作业，所以如果能先找出让拣货作业不会发生错误的方法，就能免除事后检查的需要，或只对少量易出错物品做检查。

(3) 包装

① 销售包装 指货品的个别包装，为了提高货品的商品价值及为美观或保护货品，考虑使用适当的材料或容器对货品加以包装。

② 内包装 指货物包装的内层，即考虑水、湿气、光热、冲击等对物品的影响，而使用适当的材料或容器对物品加以包装。

③ 外包装 指货物包装的外层，即将物品装入箱、袋、木桶、罐等容器，或在无容器之状态下，将货物加以捆绑、施加记号及做打包符号等。要注意，外装容器的规格也是影响物流效率的重要因素，因其尺寸与栈板、搬运设备尺寸是否搭配直接关系到进出货作业的运行速率，而且荷重、耐冲、抗压能力也关系到货品损坏程度，内装及外装又可统称为运输（工业）包装，对于运输货物的包装，通常不求装潢美观，只求坚固耐用，以免货物经长距离辗转运输而遭受损失。

3.3.2 学习目的

① 学习如何使用发生器模拟生产线生产不同类型产品；
② 学习如何配置传送机布局参数；
③ 学习使用堆垛机及其参数设置；
④ 学习入库、出库流程的定义（A、S连接）；
⑤ 学习使用货架参数的设置；
⑥ 学习使用吸收器模拟货车。

3.3.3 完成时间

100min。

3.3.4 问题描述与系统参数

① 两条生产线生产两种不同类型的产品,两种不同类型的产品将按照正态分布时间间隔到达(均值 20,方差 5);产品 1 用红色标识,产品 2 用紫色标识。

② 然后两种产品被送到暂存区 1 和暂存区 2,每个暂存区的产品由一名操作员协助搬运产品到检测装置上,并先预置产品(预置时使用操作员),预置时间 2s,预置结束后进入检测过程,检测时间 6s。

③ 检测完成后通过各自的传送带将产品运输出去(传送带速度 2m/s),在传送带末端由堆垛机放到两排货架上;要求货物从第一行、第一列开始放置,最小停留时间服从指数分布[位置参数是 0,尺度参数 2000(平均时间)]。

④ 从货架取出的货物由传送带送到客户的货车上。

3.3.5 建模步骤

3.3.5.1 模型布局

根据问题描述,从实体库里拖出两个发生器、两个暂存区、两个处理器、四条传送带、四排货架、两台堆垛机、两名操作员和一个吸收器放到正投影视图中,按照问题描述进行布局,如图 3-38 所示。

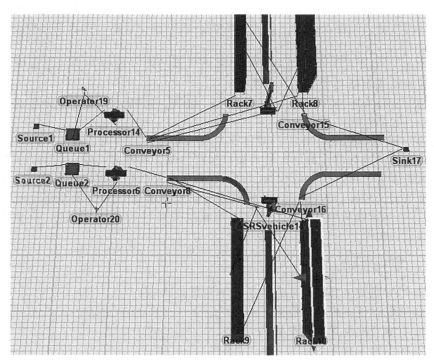

图 3-38 模型布局图

根据临时实体的路径连接端口,固定实体之间的连接用 A,移动实体与固定实体的连接用 S。本实验都是 A 连接,连接过程是:按住"A"键,然后用鼠标左键点击发生器并拖曳到处理器,再释放鼠标键。拖曳时将看到一条黄线,释放时变为黑线。因为 A 连接具有方向,所以在入库时,应该是传送带至货架,在出库时,应该是货架至传送带。而且要注意的是,传送带和货架都要使用到堆垛机,所以堆垛机与它们进行 S 连接。

3.3.5.2 参数设置

(1) 发生器 Source1 的参数设置

① 产品到达时间间隔的参数设置 双击 Source1 打开参数设置对话框,单击 Source 选项卡,在 Inter-Arrival Time(到达时间间隔)的下拉列表中选择 Statistical Distribution (统计分布),选择 normal,设置为正态分布,normal(0,20,5),如图 3-39 所示。

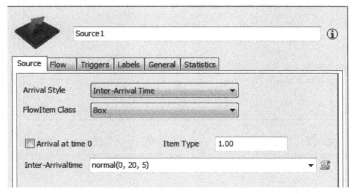

图 3-39 产品到达

② 产品的颜色设置 在 Source1 的参数设置对话框中,单击 Triggers(触发器)选项卡,在 OnExit(离开触发)的下拉列表中,选择 Set item's color(设置临时实体颜色),选择 colorred(红色),并对另一个发生器进行同样设置,将颜色设置为 colorpurple(紫色),设置结果如图 3-40 所示。

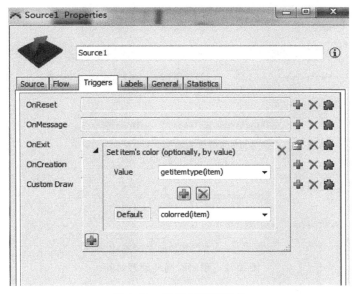

图 3-40 产品类型和颜色

(2) 暂存区 Queue1 的参数设置

双击 Queue1 打开参数设置对话框,单击 Flow(临时实体流)选项卡,选择 Use Transport(使用运输工具),并对另一个暂存区进行相同设置。设置结果如图 3-41 所示。

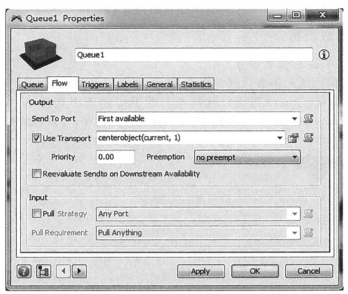

图 3-41　使用操作员

（3）处理器的参数设置

处理器 Processor14 处理时间参数的设置：双击 Processor14 打开参数设置对话框，单击 Processor 选项卡，将 Setup Time（预置时间）设置为 2，并选择 Use Operator（s）for Setup（预置时使用操作员），然后将 Process Time（处理时间）设置为 6，并对另一个处理器进行同样设置。设置结果如图 3-42 所示。

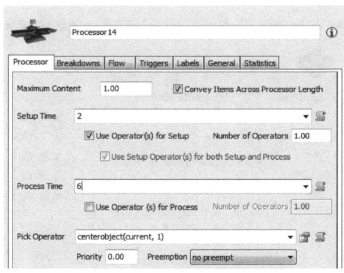

图 3-42　预制时间和处理时间

（4）传送带的参数设置

① 传送带的速度参数设置　双击 Conveyor5 打开参数设置对话框，单击 Conveyor 选项卡，将 Speed（速度）设置为 2，并对其他传送带进行同样设置。设置结果如图 3-43 所示。

② 传送带使用运输工具和产品到达随机端口的参数设置　在 Conveyor5 参数设置对话框中，单击 Flow（临时实体流）选项卡，在 Send To Port（发送至端口）下拉列表中选择

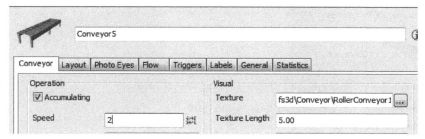

图 3-43　传输速度

Random Port（随机端口），选择 Use Transport（使用运输工具），并对另一端输入的传送带进行相同设置。设置结果如图 3-44 所示。

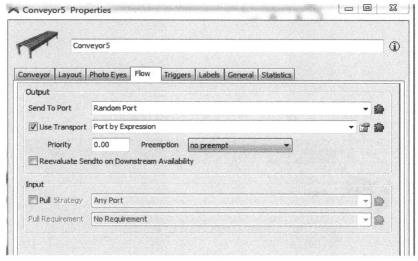

图 3-44　产品被堆垛机运送到货架上

③ 传送带布局方法　在产品入库中，根据案例模型的要求，需要对传送带进行布局，实现方法如下。在传送带 Layout 的选项卡下，左侧框内表示传送带的一段，可以单击 Add 进行增加，右侧表示这一段传送带的属性，在 Section Name 后可以设置这一段传送带的名称，Type 表示形状，其下拉列表中有两种形式，分别为 Straight（笔直的）和 Curved（弯曲的）。当选择 Straight 时，可以对其 Length（长度）和 Rise（上升高度）进行设置；当选择 Curved 时，可以对传送带的 Angle（弯曲角度）、Radius（弯曲的半径）和 Rise（上升高度）进行设置。

此次案例的传送带布局参数具体设置如下。双击 Conveyor5 打开参数设置对话框，单击 Layout（布局）选项卡，在 Conveyor Section Editor（传送带部分编辑）下选择 Add，下面编辑框中就会多出一个 section，在右边进行相关设置，将 Type 设置为 Curved（弯曲的），Angle（角度）设置为 90，Radius（半径）设置为 5，设置结果如图 3-45 所示。

(5) 货架的参数设置

双击 Rack7 打开参数设置对话框，单击 Rack 选项卡，在 Place in Bay（放置到列）的下拉列表中选择 First Available Bay（第一个可用列），在 Place in Level（放置层）的下拉列表中选择 First Available Level（第一个可用层），在 Minimum Dwell Time（最小停留时间）的下拉列表中选择 Statistical Distribution（统计分布），设置为指数分布，exponential (0, 2000, 1)，对其他三个货架进行相同的设置，设置结果如图 3-46 所示。

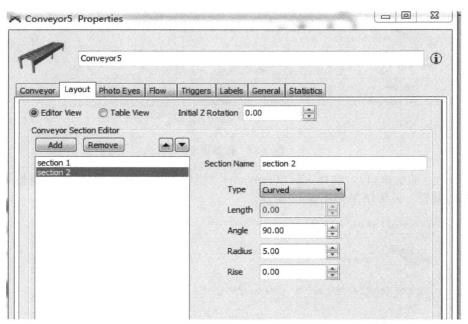

图 3-45 传送带形状的参数设置

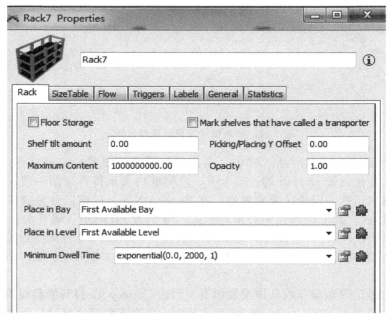

图 3-46 最少停留时间

双击 Rack7 打开参数设置对话框,单击 Flow(临时实体流)选项卡,选择 Use Transport(使用工具),对其他三个货架进行相同的设置,设置结果如图 3-47 所示。

3.3.5.3 运行仿真

为了在运行模型前设置系统和模型参数的初始状态,总是要先点击主视窗底部的 Reset 键。按 Run 按钮使模型运行起来。

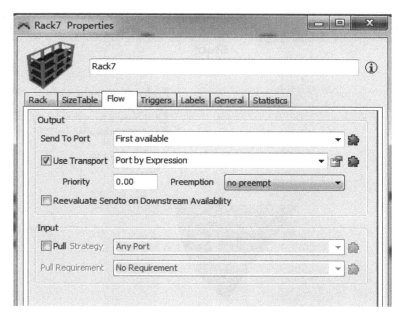

图 3-47　使用工具设置

3.3.6　仿真结果分析与改进

（1）仿真结果分析

运行一段时间后，实体属性如图 3-48、图 3-49 所示。

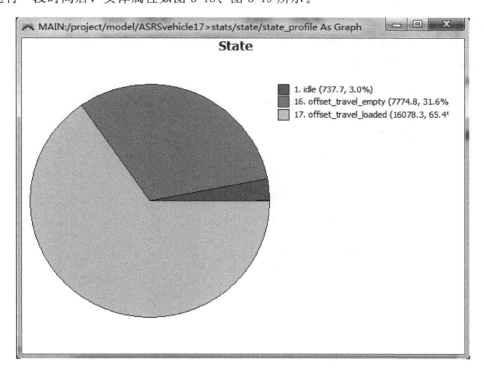

图 3-48　堆垛机 Statistics 属性的 State 选项卡

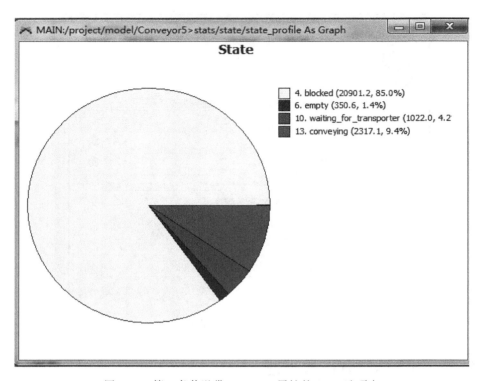

图 3-49　第一条传送带 Statistics 属性的 State 选项卡

(2) 仿真模型优化

由图 3-48、图 3-49 可知，运行一段时间后，输入端的传送带发生阻塞，而且堆垛机（产品搬运设备）处于高负荷运转状态，一刻不停地在运转，利用率接近 100%。由此，可以通过降低产品到达时间间隔来进行优化。发生器的 Source 选项卡如图 3-50 所示。

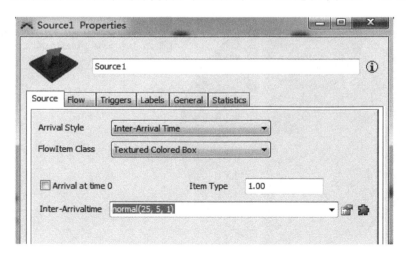

图 3-50　发生器的 Source 选项卡

优化后的结果如图 3-51、图 3-52 所示。

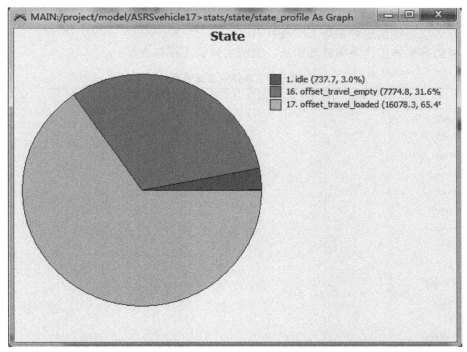

图 3-51　堆垛机 Statistics 属性的 State 选项卡

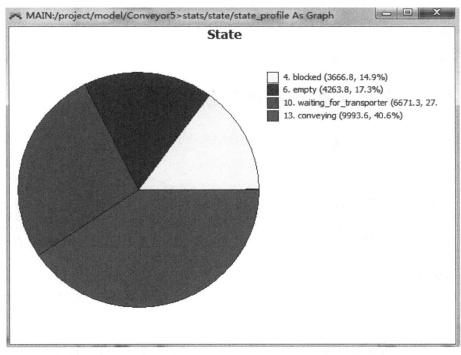

图 3-52　第一条传送带 Statistics 属性的 State 选项卡

3.3.7　实训练习

（1）如果只有一个发生器，如何设置产生两种不同的产品，并且产品颜色为红色和紫色？

(2) 将吸收器模拟成货车怎么实现？

(3) 将所有实体工作强度整理出来，完成实体状态报告表 3-16。

表 3-16 实体状态报告表

	idle	processing	empty	collecting	releasing
Source1					
Source2					
Queue3					
Queue4					
Processor5					
Conveyor7					
Conveyor8					
Rack9					
Rack10					
ASRSvehicle11					
Rack12					
Rack13					
ASRSvehicle14					
Conveyor15					
Conveyor16					
Sink17					
Operator18					
Operator19					

3.4 多产品单阶段制造系统仿真

3.4.1 实训知识准备

3.4.1.1 生产物流系统的概述

当前，物流主要应用于两个领域：一是流通物流，也称之为社会物流、大物流，属于宏观物流范畴，宏观物流系统的重要性在于可以很大程度地影响国民经济效益；二是生产物流，主要指企业物流，属于微观物流范畴，包括采购物流、生产物流、销售物流直至回收物流、废弃物回收物流整个过程的物料流动。

从企业的原材料、外购件购进入库起，直到企业成品库的成品发送为止，这一全过程的物流活动称为生产物流。它包括从原材料和协作件的采购供应开始，经过生产过程中半成品的存放、装卸、输送和成品包装，到流通部门的入库验收、分类、储存、配送，最后送到客户手中的全过程，以及贯穿于物流全过程的信息传递。

生产物流是指企业在生产工艺中的物流活动，是与整个生产工艺过程伴生的，实际上已构成了生产工艺过程的一部分。生产物流的概念从不同的角度可以有不同的定义。

(1) 从生产工艺角度分析

生产物流是指企业在生产工艺过程中的物流活动，即物料不断离开上一工序进入下一工序，不断发生搬上搬下、向前运动、暂时停滞等活动。其流程为：原材料、燃料、外购件等物料从企业仓库或企业的"门口"开始，进入生产线的开始端，再进入生产加工过程并借助一定的运输装置，一个一个环节地"流"，在"流"的过程中，本身被加工，同时产生一些废料和余料，直到生产加工终结，再"流"至仓库。

(2) 从物流范围分析

企业生产系统中物料的边界起源于原材料、外购件的投入，止于成品仓库。它贯穿生产全过程，横跨整个企业，其流经的范围是全厂性的、全过程的。物料投入生产后即形成物流，并随时间进程不断改变自己的形态和场所位置。

(3) 从物流属性分析

生产物流是生产所需物料在空间和时间上的运动过程，是生产系统的动态表现，换言之，物料（原材料、辅助材料、零配件、在制品、成品）经历生产系统各个生产阶段或工序的全部运动过程就是生产物流。

所谓生产物流是指从工厂的原材料购进、车间生产、半成品与成品的周转直至成品库中成品发送的全过程中的物流活动。因此，生产物流起源于原材料、外购件的投入，止于成品仓库，贯穿于整个生产过程，在整个制造系统中循环反复流动。生产物流担负运输、储存、装卸物料等任务。生产物流系统可以保障生产制造的顺利进行。随着科技技术的进步和管理理论的成熟，生产制造过程中的自动化、柔性化程度越来越高，生产规模越来越大，对生产物流系统的要求也越来越高。

对现代生产物流系统进行仿真，其目的是通过仿真了解物料运输、存储动态过程的各种统计、动态性能。如各种设备的处理能力配套是否满足实际，运输设备的利用率是否合理，输送路线是否通畅，物料流经系统的周期是否过长等。但由于现代生产物流系统具有突出的离散性、随机性的特点，因此人们希望通过对现代物流系统的计算机辅助设计及仿真的研究，把凭经验的猜测从物流系统设计中去除，能使物流合理化，进而提高企业生产效率。

3.4.1.2 生产物流系统仿真特点

企业的生产过程实质上是每一个生产加工过程"串"起来时出现的物流活动。合理组织生产物流活动，使生产过程始终处于最佳状态，是保证企业获得良好经济效果的重要前提之一。要想合理组织生产物流，就要了解生产物流的以下特性。

(1) 连续性

它是指物料总是处于不停的流动中，包括空间上的连续性和时间上的流畅性。空间上的连续性要求生产过程各个环节在空间布置上合理紧凑，使物料的流程尽可能短，没有迂回现象。时间上的流畅性要求物料在生产过程的各个环节的运动，自始至终处于连续流畅状态，没有或很少有不必要的停顿与等待现象。

(2) 比例性

它是指生产过程的各个工艺阶段之间、各工序之间在生产能力上要保持一定的比例以适应产品制造的要求。比例关系表现在各生产环节的工人数、设备数、生产速率、开动班次等因素之间的相匀协调和适应，所以，比例是相对的、动态的。

(3) 节奏性

它是指在生产过程的各个阶段，从来料加工到产品入库，都能保持有节奏的均衡进行。它要求在相同的时间间隔内生产大致相同数量或递增数量的产品，避免前松后紧的现象。

(4) 柔性

它是指生产过程的组织形式要灵活，能及时适应市场的变化，满足市场发生的新的需求。我们通常称柔性为适应性，即生产物流系统对生产工艺流程变动的反应程度。

加工生产线是典型的离散事件系统。从系统工程角度出发，离散型加工生产线的生产过程可以被看作是一个"输入—转换—输出"系统，系统输入就是一切需求资源或生产要素，经过有机的转换过程，输出特定产品或服务，这个转换过程就是企业生产系统。一般将离散型生产线的构成要素划分为：①人力，人员技能、人力资源利用、人员情绪等；②物力，物料、半成品、产品、周转箱、设备、仪器、文件资料、工具、工装等；③环境，生产线现场的通道、地面及其标识，各类管线、门窗、墙面、通风、照明等；④信息，在制品数量、产品合格率或废品率、生产计划数量、生产成本、时间等。

离散事件系统的时间是连续变化的，而系统的状态仅在一些离散的时刻上由于随机事件的驱动而发生变化。由于状态是离散变化的，而引发状态变化的事件是随机发生的，离散事件系统的模型很难用数学方程来描述。因此，根据生产线和装配线各自的主流产品信息、车间空间信息、设备信息和布置设计的要求，进行生产线设备布局设计，然后利用对象类库建立生产系统仿真模型。

生产线规划设计与布局主要是确定生产线的规模、构成和布局，包括加工设备的类型和数量的选择与布局、物流系统的选择与设计、有关辅助设备的确定、系统布局设计等。这些任务之间是相互关联的，其中物流系统的设计是核心，因为其设备的类型和运输方法决定了系统布局形式，并对控制系统体系结构和系统控制策略的设计产生重要的影响。仿真模型是对问题的直观描述。在生产规划设计与布局的基础上，根据仿真实验框架利用已建好的类库，采用"重用"技术和层次结构，从类库中直接选取并拖动对象放到屏幕的相应位置上，通过连接这些对象，即建立对象之间的输入输出连接关系和它们内部的连接关系，就可以构建一个系统的仿真模型，从而实现生产线面向生产物流系统仿真建模。

3.4.2 学习目的

① 学习生产物流系统的相关知识。
② 掌握离散加工生产线上产品检测的仿真方法。

3.4.3 完成时间

100min。

3.4.4 问题描述与系统参数

某工厂加工三种类型产品，这三类产品分别从工厂其他车间到达该车间。这个车间有三台机床，每台机床可以加工一种特定的产品类型。一旦产品在相应的机床上完成加工，所有产品都必须送到一个公用的检验台进行质量检测。质量合格的产品就会被送到下一个车间，质量不合格的产品则必须送回相应的机床进行再加工。

产品到达，平均每5s到达一个产品，到达间隔时间服从指数分布；产品加工，平均加工时间10s，加工时间服从指数分布；产品检测，固定时间4s；产品合格率，80%；暂存区容量，10000.00；仿真时间，50000.00s。

3.4.5 建模步骤

3.4.5.1 构建模型布局

根据问题描述，从实体库里拖出1个发生器（Source1），2个暂存区（Queue1和Queue2），4个处理器（Processor1～4），1条传送带（Conveyor1）和1个吸收器（Sink1）放到正投影视图中，如图3-53所示。

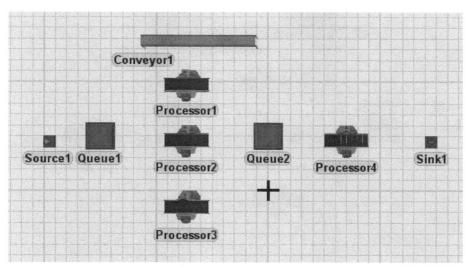

图 3-53 构建模型布局

3.4.5.2 定义物流流程

根据临时实体的路径连接端口，固定实体之间的连接用 A，移动实体与固定实体的连接用 S。本实验都是 A 连接，连接过程是：按住"A"键，然后用鼠标左键点击发生器并拖曳到暂存区，再释放鼠标键。拖曳时将看到一条黄线，释放时变为黑线，如图 3-54 所示。

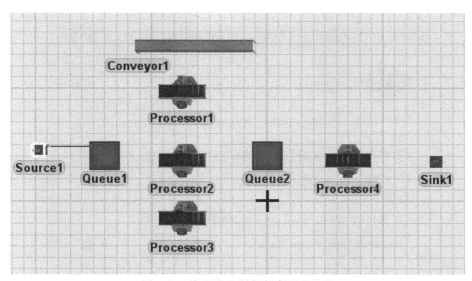

图 3-54 定义发生器与暂存区的流程

连接发生器到对应的暂存区，连接暂存区到每个处理器，连接每个处理器到暂存区，连接暂存区到对应的处理器，连接处理器到传送带和吸收器，连接传送带到第一个暂存区，这样就完成了连接过程。完成连接后，所得到的模型布局如图 3-55 所示。

3.4.5.3 编辑对象参数

根据对实体行为特性的要求改变不同实体的参数。首先从发生器开始设置，最后到吸收器结束。

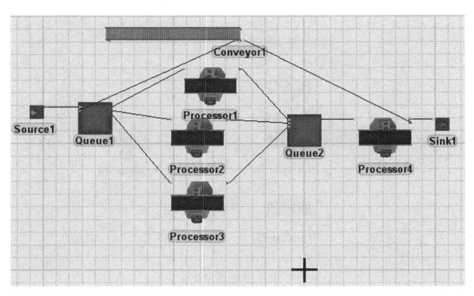

图 3-55　仿真模型的物流流程

(1) 发生器 Source1 的参数设置

① 产品到达时间间隔的参数设置　双击 Source1 打开参数设置对话框，单击 Source 选项卡，在 Inter-Arrival Time（到达时间间隔）的下拉列表中选择 Statistical Distribution（统计分布），设置为指数分布，exponential（0，5，1），如图 3-56 所示。

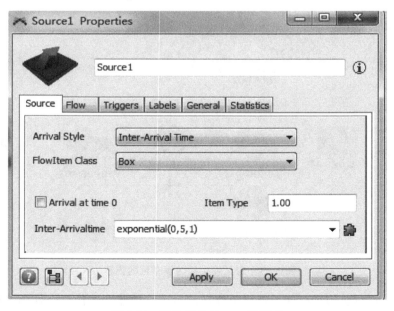

图 3-56　发生器的 Source 选项卡

② 产品类型和颜色的设置　在 Source1 的参数设置对话框中，单击 Triggers（触发器）选项卡，在 OnExit（离开触发）的下拉列表中，选择 Set Itemtype and Color（设置临时实体类型和颜色），将 Item Type（临时实体类型）设置为均匀分布，duniform（1，3），设置结果如图 3-57 所示。

图 3-57 发生器的 Source Triggers 选项卡

(2) 暂存区 Queue1 的参数设置

① 暂存区 Queue1 容量的参数设置 双击 Queue1 打开参数设置对话框，单击 Queue 选项卡，将 Maximum Content（最大容量）设置为 10000。设置结果如图 3-58 所示。

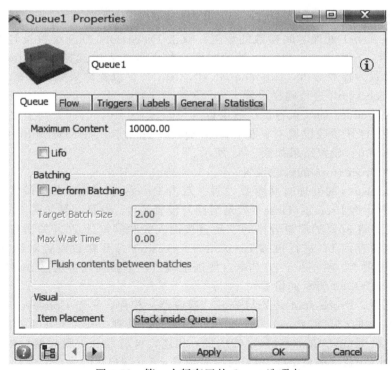

图 3-58 第一个暂存区的 Queue 选项卡

② 暂存区 Queue1 输出端口设置 在 Queue1 参数设置对话框中，单击 Flow（临时实体流）选项卡，在 Send To Port（发送至端口）下拉列表中选择 Values By Case（根据返回值

选择不同的输出端口），如图 3-59 所示。

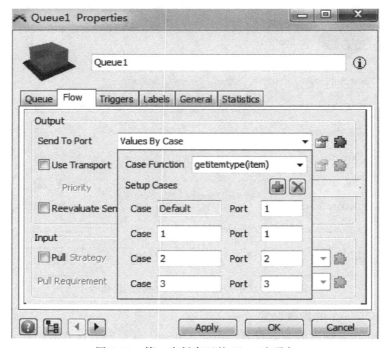

图 3-59　第一个暂存区的 Flow 选项卡

（3）前三个处理器的参数设置

处理器 Processor1 处理时间参数的设置：双击 Processor1 打开参数设置对话框，单击 Processor 选项卡，在 Process Time（处理时间）的下拉列表中选择 Statistical Distribution（统计分布），设置为指数分布，exponential（0，10，1）。设置结果如图 3-60 所示。处理器 Processor2 和 Processor3 进行同样设置。

（4）暂存区 Queue2 的最大容量参数设置

双击 Queue2 打开参数设置对话框，单击 Queue 选项卡，将 Maximum Content（最大容量）设置为 10000。设置结果如图 3-61 所示。

（5）处理器 Processor4 的参数设置

处理器 Processor4 的处理时间参数设置：双击 Processor4 打开参数设置对话框，单击 Processor 选项卡，将 Process Time（处理时间）设置为 4。设置结果如图 3-62 所示。

Processor4 要将 80% 的质量合格的产品直接送入吸收器，让 20% 的质量不合格的产品通过传送带进入暂存区 1，进行再加工。双击 Processor4 打开参数设置对话框，单击 Flow（临时实体流）选项卡，在 Send To Port（发送至端口）下拉列表中选择 By Probability（按百分比），进行如图 3-63 所示的设置。

在这种情况下，Processor4 是先与 Sink（吸收器）相连，再与 Conveyor1（传送带）相连，所以设置 80% 的产品到 Port1（端口 1），20% 的产品到 Port2（端口 2），如图 3-64 所示。若 Processor4 是先与 Conveyor1（传送带）相连，再与 Sink（吸收器）相连，则需要设置 80% 的产品到 Port2（端口 2），20% 的产品到 Port1（端口 1）。

将 20% 不合格的需要返回再加工的产品设置颜色为黑色。双击 Processor4 打开参数设置对话框，单击 Triggers（触发器）选项卡，在 OnExit（离开触发）的下拉列表中，选择 Set color（设置颜色），将 Default 设置为 colorblack（item），即为黑色，如图 3-65 所示。

第 3 章　物流系统实训

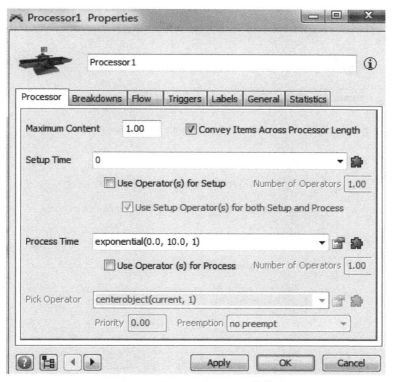

图 3-60　前三个处理器的参数设置

图 3-61　第二个暂存区的参数设置

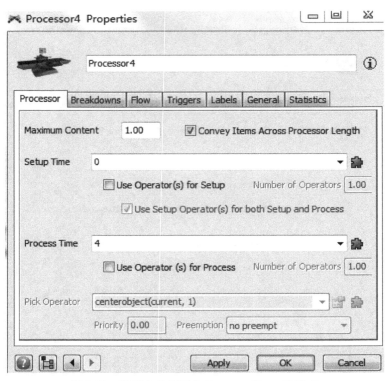

图 3-62　第四个处理器的 Process Times 选项卡

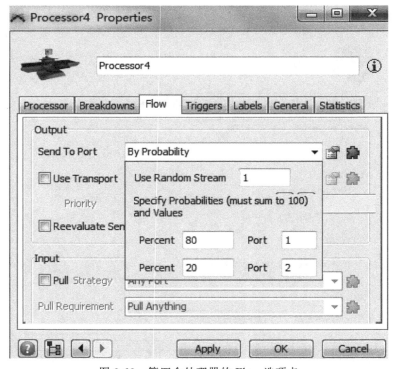

图 3-63　第四个处理器的 Flow 选项卡

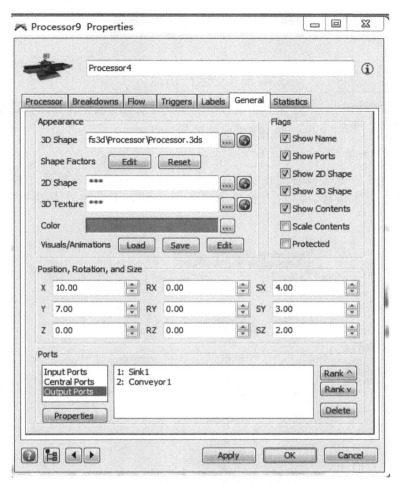

图 3-64　第四个处理器的端口查看

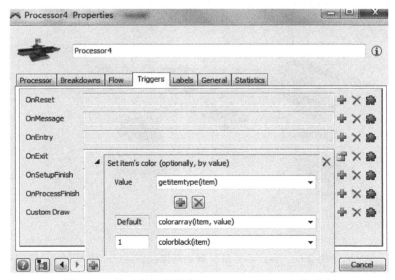

图 3-65　第四个处理器的 Processor Triggers 选项卡

（6）设置仿真时间

单击主视窗顶部的 Stop Time（停止时间）选项，弹出对话框设置时间为"50000"，如图 3-66 所示。

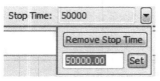

图 3-66　仿真时间设置

3.4.5.4　运行仿真

为了在运行模型前设置系统和模型参数的初始状态，总是要先点击主视窗底部的 Reset 键。

按 Run 按钮使模型运行起来。

从图 3-67、图 3-68 可以看到临时实体进入暂存区，移动到处理器，然后进入下一个暂存区，再移动到处理器，然后合格产品进入吸收器，不合格产品通过传送带返回暂存区。

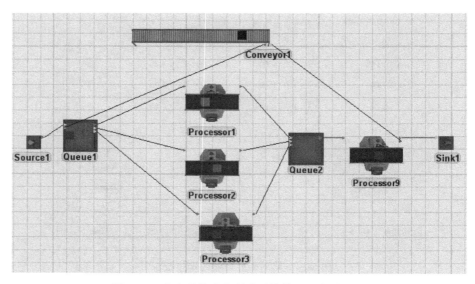

图 3-67　多产品单阶段制造系统模型运行平面图

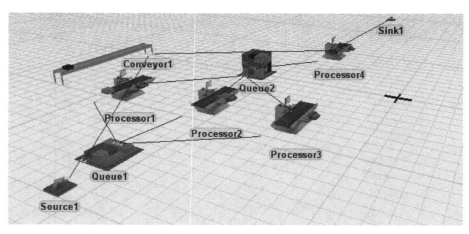

图 3-68　多产品单阶段制造系统模型运行立体图

3.4.6 仿真结果分析与改进

（1）仿真结果分析

由图 3-69 可以看出，第四个处理器（产品检验设备）处于高负荷运转状态，一刻不停地在运转，利用率接近 100%。

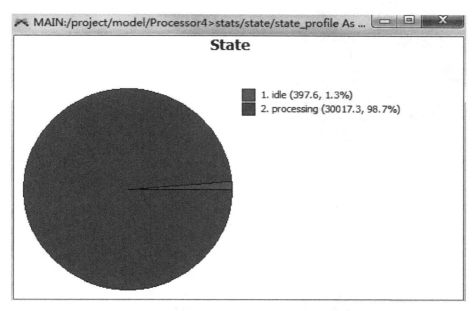

图 3-69　第四个处理器 Statistics 属性的 State 选项卡

（2）仿真结果优化

增加一个同样设置的处理器，分担产品检验作业，如图 3-70 所示。

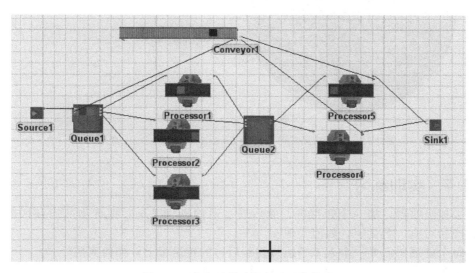

图 3-70　多产品单阶段制造系统优化

优化后的两个处理器的利用率如图 3-71 和图 3-72 所示。

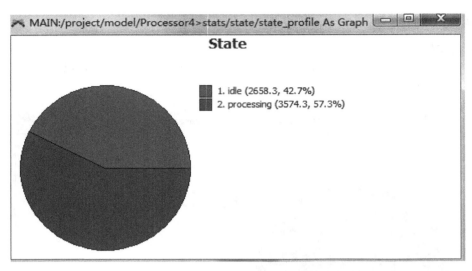

图 3-71　优化后的第四个处理器 Statistics 属性的 State 选项卡

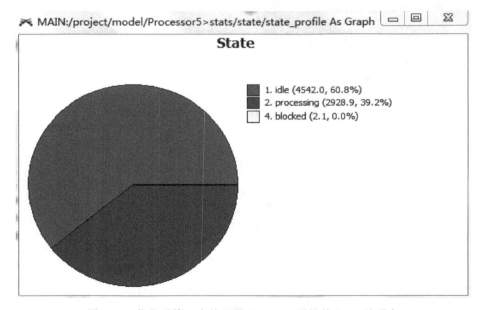

图 3-72　优化后第五个处理器 Statistics 属性的 State 选项卡

3.4.7　实训练习

（1）去掉吸收器，加一个暂存区，然后通过运输机（叉车）把货物从暂存区搬到货架上，每种产品对应一个货架，如何实现？

（2）每个处理器需要一个人来搬运货物到后边的传送带上，如何实现？

（3）叉车的利用率如何？能否找到系统瓶颈？如何解决？

（4）生产四种产品如何实现？

（5）要求用两种方法实现分货，如何解决？

3.5 条件中断与产品装盘仿真优化

3.5.1 实训知识准备

（1）堆垛综述

堆垛指物品堆积，或将物品有规律地码放，形成垛形，通常情况下采用托盘堆垛的方式。托盘是一种用来集结、堆存货物以便于装卸和搬运的水平平台。托盘是物流产业中最基本的集装单元。它随着产品在生产企业、物流企业、零售企业和用户之间的流通，它的使用贯穿着从原材料生产到产品销售的全过程。可以在托盘上堆垛各种形状的包装货物，为保证作业的安全性、稳定性，必须采用各种不同的组合堆垛方式，主要包括重叠式、纵横交错式、正反交错式以及旋转交错式4种。可以根据货物的物理属性和几何属性，结合托盘的使用要求，选取合适的堆垛方式，将货物进行有效合理的装盘堆垛。

（2）产品堆垛的常用方式

① 重叠式堆垛　逐件逐层向上重叠码高而成货垛，此垛形是机械化作业的主要垛形之一，适于中厚钢板、集装箱等商品，堆垛板材时，可缝十略行交错，以便记数。

② 纵横交错式堆垛　将长短一致，宽度排列能够与长度相等的商品，一层横放，一层竖放，纵横交错堆垛，形成方形垛。长短一致的锭材、管材、棒材、狭长的箱装材料均可用这种垛形。有些材料，如铸铁管、钢锭等，一头大、一头小，要大、小头错开。锭材底面大顶面小，可仰伏相间。化工水泥等，如包装统一，可采用"二顶三""一顶四"等方法，在同一平面内纵横交叉，然后再层层纵横交错堆垛，以求牢固。这种垛形也是机械堆垛的主要垛形之一。

③ 仰伏相间式堆垛　对于钢轨、槽钢、角钢等商品，可以一层仰放、一层伏放，仰伏相间而相扣，使堆垛稳固。也可以伏放几层，再仰放几层，或者仰伏相间组成小组再码成垛。但是，角钢和槽钢仰伏相间堆垛，如果是在露天存放，应该一头稍高，一头稍低，以利于排水。

④ 压缝式堆垛　将垛底底层排列成正方形、长方形或环形，然后起脊压缝上码。由正方形或长方形形成的垛，其纵横断面成层脊形，适于阀门、缸、建筑卫生陶瓷等用品。

⑤ 宝塔式堆垛　宝塔式堆垛与压缝式堆垛类似，但压缝式堆垛是在两件物体之间压缝上码，宝塔式堆垛则在四件物体之中心上码逐层缩小，例如电线电缆。

⑥ 通风式堆垛　需要防潮湿通风保管的商品，堆垛时每件商品和另一件商品之间都留有一定的空隙以利于通风。

⑦ 栽柱式堆垛　在货垛的两旁栽上2～3根木柱或者是钢棒，然后将材料平铺在柱中，每层或间隔几层在两侧相对应的柱子上用铁丝拉紧，以防倒塌。这种堆垛方式多用于金属材料中的长条形材料，例如圆钢、中空钢的堆垛，适宜于机械堆垛，采用较为普遍。

⑧ 衬垫式堆垛　在每层或每间隔几层商品之间夹进衬垫物，利用衬垫物使货垛的横断面平整，商品互相牵制，以加强货垛的稳固性。衬垫物需要视商品的形状而定。这种堆垛方式适用于四方、整齐的裸装商品，例如电动机。

⑨ "五五化"堆垛　"五五化"堆垛就是以5为基本计算单位，堆垛成各种总数为5的倍数的货垛，即大的商品堆垛成五五成方，小的商品堆垛成五五成包；长的商品堆垛成五五成行，短的商品堆垛成五五成堆，带眼的商品堆垛成五五成串。这种堆垛方式过目成数，清点方便，数量准确，不易于出现差错，收发快，效率高，适用于按件计量的商品。

⑩ 架式堆垛　架式堆垛是利用货架存放商品，主要用于存放零星或怕压的商品。对于

零星或怕压的商品在堆码过程中遇到的最大问题就是如何提高空间利用率。如果采用上述的堆垛方法，零星商品数量小、品种杂，而不能够集中堆码；怕压商品必须降低堆放高度，因此都不利于存储空间的充分利用。这些商品如果使用货架储存就可以提高储存空间的利用率。在库房中货架一行一行地排列，中间留有通道以便取放商品。为了进一步提高库房的面积利用率，还可以采用可移动式货架。移动式货架能够沿着两条导轨做水平方向的移动，这样就可以减少货架间的通道数量。

⑪ 托盘堆垛　托盘堆垛是近几十年来得到迅速发展的一种堆垛方法。它的特点是商品直接在托盘上存放。商品从装卸、搬运入库，直到出库运输，始终不离开托盘，这就可以大大提高机械作业的效率，减少搬倒次数。托盘堆垛的运用范围很广，包装整齐又不怕压的商品可以使用平托盘；散装或零星商品可以使用箱式托盘；怕压或形状不规则的商品，为了增加堆垛高度，可以使用立柱托盘。堆垛时四根立柱不但承受了上部重量，而且大大增加了稳定性。

随着仓库作业机械化水平的提高，托盘堆垛将应用得更加广泛。托盘不仅在仓库堆垛中被广泛使用，而且逐渐在运输中积极推广使用，这对减少装卸搬运次数、减轻劳动强度、加快商品流通中转具有显著作用。

（3）堆垛原则

物品堆垛总的要求是根据物品性质、包装形式及库房条件（如荷重定额和面积大小）而定，尽量做到合理、牢固、定量、整齐及节省。

① 安全　包括人身、物品和设备三方面的安全，堆垛时，要做到"三不倒置"，即轻重不倒置，软硬不倒置，标志不倒置；要留足"五距"，使储存物品做到"五不靠"，即四周不靠墙、柱，顶不靠顶棚和灯；要保持"三条线"，即上下垂直，左右、前后成线，使货垛稳固、整齐、美观。

② 方便　堆垛要保持物品进出库和检查盘点等作业方便，要保持走道、支道畅通，不能有阻塞现象。垛位编号要利于及时找到货物。要垛垛分清，尽量避免货垛之间相互占用货位。要垛垛成活（一货垛不被另一货垛围成"死垛"），使每垛物品有利于先进先出，快进快出，有利于盘点养护等作业。

③ 节约　节约指对仓库容量的节约，物品堆垛，必须在安全的前提下，尽量做到"三个用足"，即面积用足、高度用足、荷重定额用足，充分发挥仓库使用效能。但实际上不可能所有货垛同时都达到"三个用足"，因此，堆垛时一定要权衡得失，侧重考虑面积与高度或面积与荷重一个方面，堆垛前一定要正确选择货位，合理安排垛脚，堆垛方法和操作技术也要不断改进和提高。

3.5.2　学习目的

① 学习如何使用任务执行器的"条件中断响应"命令，来进行装载产品的分配。
② 学习如何根据客户订单进行产品的装盘。
③ 学习如何使用全局表来更新合成器的装盘列表。
④ 学习如何使用堆垛机及配置货架参数。

3.5.3　完成时间

100min。

3.5.4　问题描述与系统参数

① 临时实体以随机方式到达 3 个队列。

② 这些临时实体类型按均匀分布被分配为 1、2、3 三个类型。临时实体间隔时间为 1s。
③ 所有 3 个队列均可以接收 3 种类型的临时实体。
④ 一个运输机从 3 个队列搬运临时实体到另外 3 个队列处，这 3 个队列每个只接收一种临时实体。
⑤ 一台运输机可以同时搬运 5 个临时实体。
⑥ 运输机只能同时搬运多个相同的临时实体类型。
⑦ 然后，临时实体从这些队列到处理器进行处理，处理时间 10s，从处理器出来的产品由合成器根据客户订单装盘。

a. 客户订单如表 3-17 所示。

表 3-17　客户订单

	Customer1	Customer2	Customer3
Product1	6	6	6
Product2	6	6	6
Product3	6	6	6

b. 客户到达时间表如表 3-18 所示。

表 3-18　客户到达时间表

	Arrival Time	Item Name	Item Type	Quantity
Arrival1	0	A	1	5
Arrival2	500	B	2	5
Arrival3	1000	C	3	30

⑧ 装盘后的产品被堆垛机运到货架上，货架层数是 5，层高 2。
⑨ 货架货物按照客户到达的前后顺序依次从第一排，第一列安放。

3.5.5　建模步骤

3.5.5.1　模型布局

根据问题描述，从实体库里拖出 2 个发生器，7 个暂存区，3 个处理器，1 个合成器，2 排货架，1 个堆垛机和 1 辆叉车放到正投影视图中，并按模型要求布局好。

据临时实体的路径连接端口，固定实体之间的连接用 A，移动实体与固定实体的连接用 S。本实验都是 A 连接，连接过程是：按住"A"键，然后用鼠标左键点击发生器并拖到处理器，再释放鼠标键。拖曳时将看到一条黄线，释放时变为黑线，如图 3-73 所示。

3.5.5.2　参数设置

（1）发生器 Source1 的参数设置

① 临时实体以随机方式到达 3 个队列的参数设置　双击 Source1 打开参数设置对话框，单击 Flow（临时实体流）选项卡，在 Send To Port（发送至端口）的下拉列表中选择 Random Port（随机端口），如图 3-74 所示。

② 产品类型和颜色的设置　在 Source1 的参数设置对话框中，单击 Triggers（触发器）选项卡，在 OnExit（离开触发）的下拉列表中，选择 Set the Itemtype and color（设置临时实体类型和颜色），将 Item Type（临时实体类型）设置为均匀分布，duniform（1，3），设

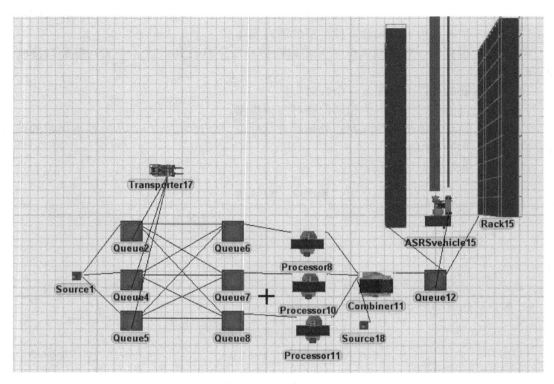

图 3-73 模型布局图

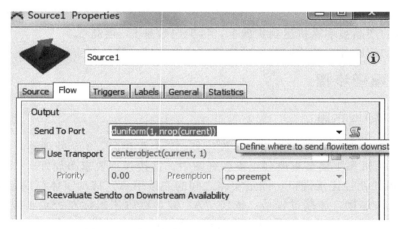

图 3-74 临时实体以随机方式到达 3 个队列

置结果如图 3-75 所示。

③ 临时实体间隔时间为 1s 的设置 在 Source1 的参数设置对话框中,单击 Source 选项卡,在 Inter-Arrival Time(到达时间间隔)对话框中直接输入 1,设置结果如图 3-76 所示。

(2) 暂存区 Queue2 的参数设置

双击 Queue2 打开参数设置对话框,单击 Flow(临时实体流)选项卡,选择 Use Transport(使用工具),对 Queue4 和 Queue5 进行相同的设置,设置结果如图 3-77 所示。

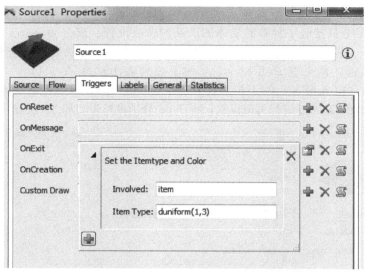

图 3-75　临时实体类型按均匀分布被分配为 1、2、3 三个类型

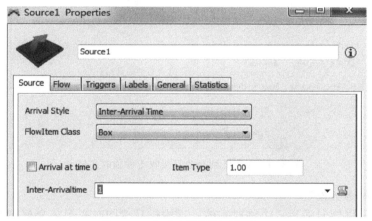

图 3-76　临时实体间隔时间为 1s

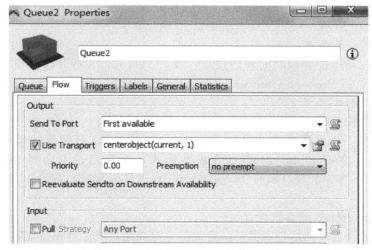

图 3-77　运输机从 3 个队列搬运临时实体到另外 3 个队列处

(3) 暂存区 Queue 6 的参数设置

这 3 个队列每个只接收 1 种临时实体的产品的参数设置。双击 Queue 6 打开参数设置对话框,单击 Flow(临时实体流)选项卡,在 Input(输入)选项卡下面选择 Pull Strategy(拉入策略)复选框,然后在 Pull Strategy 的下拉列表中选择 Any Port(任何端口),在 Pull Requirement(拉入要求)的下拉列表中选择 Specific Itemtype(特定实体类型),Type 输入为 1,对 Queue7 和 Queue8 进行类似设置,将 Type 分别设置为 2 和 3。设置结果见图 3-78。

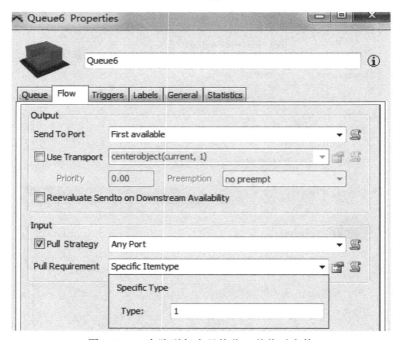

图 3-78 3 个队列每个只接收 1 种临时实体

(4) 运输机的参数设置

一台运输机可以同时搬运 5 个临时实体,运输机只能同时搬运多个相同的临时实体类型的参数设置如下。双击 Transporter17 打开参数设置对话框,单击 Transporter 选项卡,把 Capacity(实体)设置为 5,将 Break To(传递给)设置为 Same Itemtype(相同的临时实体类型),如图 3-79 所示。

(5) 处理器的参数设置

处理器 Processor8 的处理时间参数设置:双击 Processor8 打开参数设置对话框,单击 Processor 选项卡,将 Process Time(处理时间)设置为 10,其他两个处理器进行相同参数设置,设置结果如图 3-80 所示。

(6) 装盘的参数设置

根据客户订单,合成器参数设置如下:双击 Combiner11 打开参数设置对话框,单击 Combiner 选项卡,在 Combine Mode(合成器模式)下拉列表中选择 Pack(包装),在 Components List 下将 3 个端口来的 Target Quantity(目标数量)都设置为 6。设置结果如图 3-81 所示。

(7) 发生器 Source18 的参数设置

当货物从处理器出来到达合成器时,合成器上存在通过发生器根据顾客的到达时间发出的托盘数,并且在合成器上根据顾客订单进行装盘作业。

第3章 物流系统实训

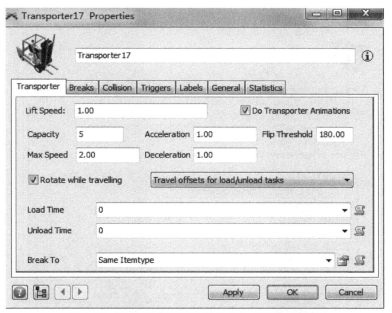

图 3-79　运输机可以同时搬运 5 个相同临时实体

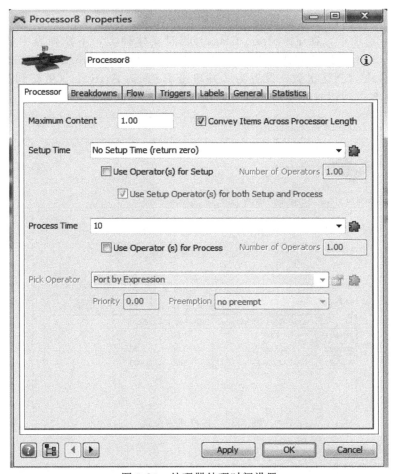

图 3-80　处理器处理时间设置

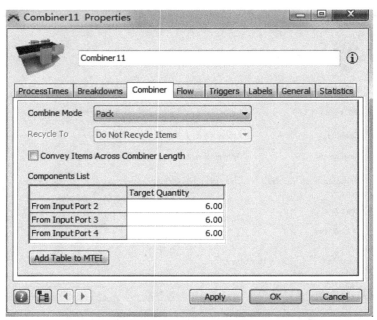

图 3-81　客户订单设置

根据客户到达时间，发生器 Source18 参数设置如下。双击 Source14 打开参数设置对话框，单击 Source 选项卡，在 FlowItem Class（临时实体种类）下拉列表中选择 Pallet（托盘），在 Arrival Style（到达方式）的下拉列表中选择 Arrival Schedule（按时间到达），把 Number of Arrivals（到达次数）设置为 3 并单击 Refresh Arrivals（更新到达列表），然后根据问题描述中客户到达时间表输入信息，结果如图 3-82 所示。

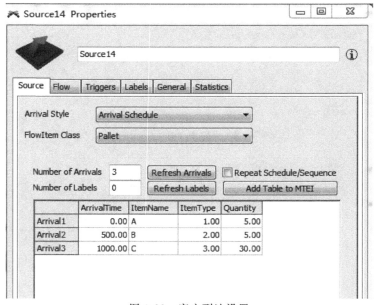

图 3-82　客户到达设置

（8）检查端口顺序

在实际产品装盘过程中，先要把托盘运送过去，然后在托盘上进行堆垛，所以在 Input

Ports（输入端口）应该把 Source18 放在最前面。具体设置为：在 Combiner 11 参数设置对话框中，单击 General（常规）选项卡，在 Ports（端口）选项组，选择 Input Ports（输入端口），可以看到合成器输入端口的连接情况，检查端口是否连接正确，设置如图 3-83 所示。

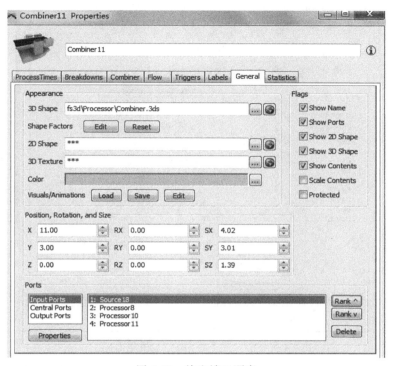

图 3-83　检查端口顺序

（9）暂存区 Queue12 的参数设置

双击 Queue12 打开参数设置对话框，单击 Flow（临时实体流）选项卡，选择 Use Transport（使用工具），设置结果如图 3-84 所示。

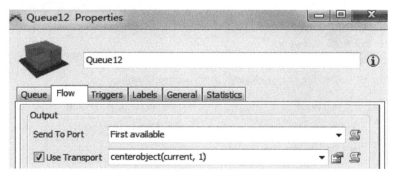

图 3-84　产品被堆垛机运到货架

（10）货架 Rack13 的参数设置

① 货架 Rack13 的参数设置　双击 Rack13 打开参数设置对话框，单击 Size Table（尺寸表）选项卡，将 Numner of Levels（层数）设置为 5，Height of Levels（层高）设置为 2，对 Rack15 进行相同的设置，设置结果如图 3-85 所示。

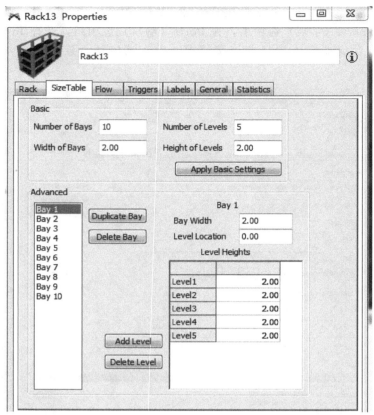

图 3-85 货架层数是 5，层高 2

② 产品放置顺序的参数设置　双击 Rack13 打开参数设置对话框，单击 Rack 选项卡，在 Place in Bay（放置到列）的下拉列表中选择 First Available Bay（第一个可用列），在 Place in Level（放置到层）的下拉列表中选择 First Available Level（第一个可用层），Rack15 进行相同的设置，如图 3-86 所示。

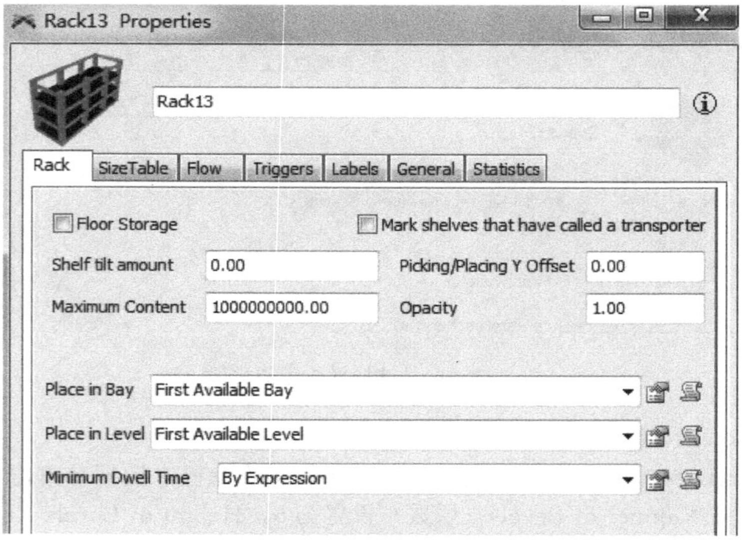

图 3-86 产品放置顺序为第一行第一列

3.5.5.3 运行

为了在运行模型前设置系统和模型参数的初始状态，总是要先点击主视窗底部的 Reset 键。按 Run 按钮使模型运行起来。

3.5.6 仿真结果分析与改进

（1）仿真结果分析

① 暂存区的运行结果分析如图 3-87 所示。由图可知，暂存区上堆满了货物。

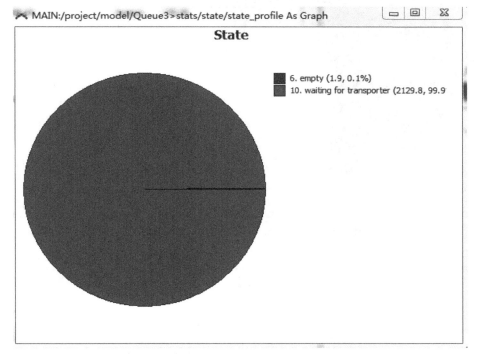

图 3-87　暂存区 3 Statistics 属性的 State 选项卡

② 处理器的运行结果分析如图 3-88 所示，处理器处于空闲状态只有 3.7%，一直处于高负荷运转状态。

③ 运输机运行结果如图 3-89 所示。

（2）仿真模型优化

由上述结果可以看出，暂存区（产品暂存设备）、处理器和运输机都处于高负荷运转状态，一刻不停地在运转，利用率接近 100%。由此，我们可以想到让临时实体间隔时间增大一点，如图 3-90 所示，然后增加一台运输机，如图 3-91 所示。优化完之后的结果如图 3-92、图 3-93 所示。

3.5.7 实训练习

（1）通过问题描述的数据表，计算总共产生多少盘货物，再观察货架上是不是有这么多货物。

（2）如何使用全局表来更新合成器的装盘列表？

(3) 货架为 8 列，列宽为 3，如何设置？
(4) 分析运输机、处理器和合成器的利用率。

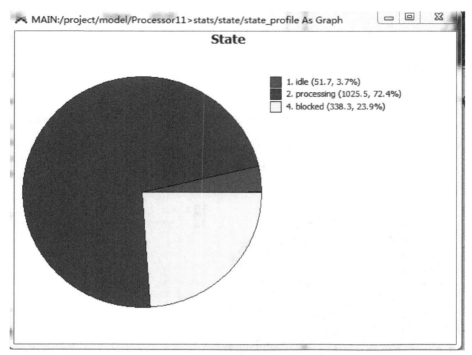

图 3-88 处理器 Statistics 属性的 State 选项卡

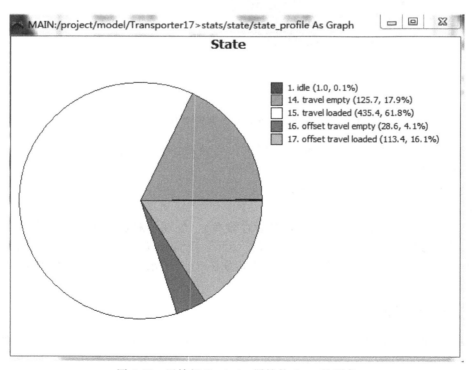

图 3-89 运输机 Statistics 属性的 State 选项卡

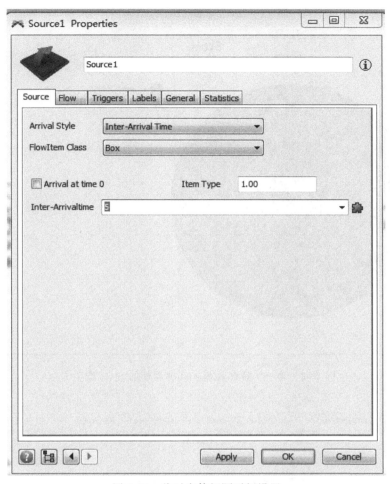

图 3-90 临时实体间隔时间设置

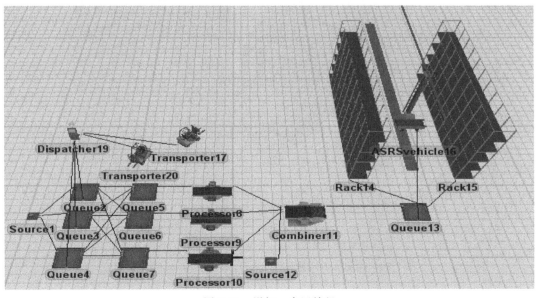

图 3-91 增加一台运输机

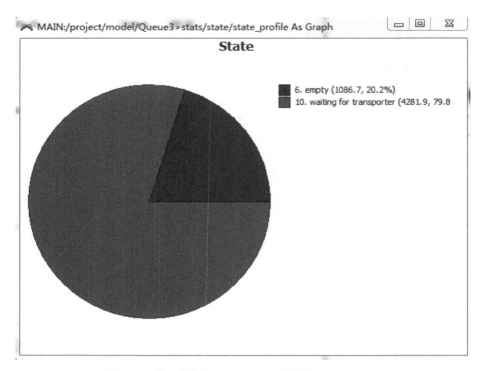

图 3-92　第一个暂存区 Statistics 属性的 State 选项卡

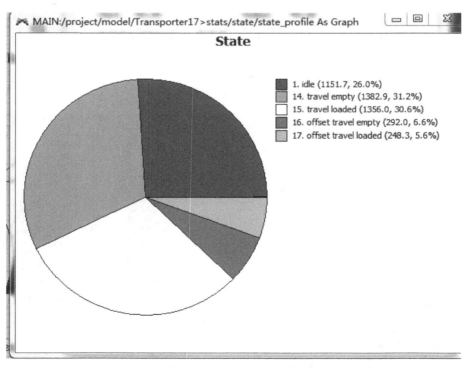

图 3-93　优化后的运输机 Statistics 属性的 State 选项卡

3.6 仓储系统建模仿真与优化

3.6.1 实训知识准备

3.6.1.1 仓储概述

仓储作业是指从商品入库到商品发送出库的整个仓储作业全过程。主要包括入库作业、在库管理和出库作业等内容。

(1) 入库作业

商品入库作业的整个过程包括商品接运、商品入库验收、办理入库手续等一系列业务活动。

① 商品接运　商品接运是指仓库对于通过铁路、水运、公路、航空等方式运达的商品，进行接收和提取的工作。接运的主要任务是准确、齐备、安全地提取和接收商品，为入库验收和检查做准备。接运的方式主要有：车站码头提货，铁路专用线接车，自动提货和库内提货。

② 商品入库验收　验收是指仓库与配送中心在物品正式入库前，按照一定的程序和手续，对到库物品进行数量和外观质量的检查，以验证它是否符合订货合同规定的一项工作。

商品验收过程中包括商品验收准备工作、核对凭证、确定验收比例、实物检验、记录及问题的处理等阶段。

验收准备包括人员、资料、器具、货位、设备等的准备，其中人员及设备准备包括准备装卸搬运机械、设备及各项检验、验收人员。器具准备包括准备相应的检验工具，并做好事前检查，以及进行收集和熟悉验收凭证及有关资料。最后进行货位准备即为确定验收入库时商品的存放货位，准备堆码苫垫所需材料。

进口物资或上级业务主管部门指定需要检验质量者，应通知有关检验部门会同验收。入库商品必须具备下列凭证：货主提供的入库通知单和仓储合同；供货单位提供的验收凭证，包括材质证明书、装箱单、磅码单、发货明细表、说明书、保修卡及合格证等；承运单位提供的运输单证，包括提货通知单和登记货物残损情况的货运记录、普通记录以及公路运输交接单等。

③ 货物检验　货物检验包括数量检验、质量检验、包装检验。

a. 数量检验　按商品性质和包装情况，数量检验分为三种形式，即计件、检斤、检尺求积。

- 计件法：按件数供货或以件数为计量单位的商品，在做数量验收时的件数清点。
- 检斤法：对按重量供货或以重量为计量单位的商品，做数量验收时的称重。
- 检尺求积法：检尺求积是对以体积为计量单位的商品，如木材、竹材、沙石、金属等，先检尺，后据密度求体积所做的数量验收。

凡是经过数量检验的商品，都应该填写磅码单。在做数量验收之前，还应根据商品来源、包装好坏或有关部门规定，确定对到库商品是采取抽验还是全验方式。

对于大批量、同包装、同规格，较难损坏的物品，质量较高、可信赖的可以采用抽验的方式检验，比例控制为5%～15%。但是在抽查中发现不符合要求的物品较多时，应扩大抽查范围，甚至全验。

对于小批量、包装规格不统一、价值大、梅雨季节生产的、技术不稳定、入库前存储时间较长，或已发现有部分变质的物品，全部应采用全验的方式。

b. 质量检验　质量检验包括外观检验、尺寸检验、机械物理性能检验和化学成分检四种形式。仓库一般只做外观检验和尺寸检验,后两种检验如果有必要,则由仓库技术管理职能机构取样,委托专门检验机构检验。

c. 包装检验　凡是产品合同对包装有具体规定的要严格按规定验收,对于包装的干潮程度,一般是用眼看、手摸方法进行检查。

④ 办理入库手续　入库手续主要是指交货单位与库管员之间所办理的交接工作。其中包括:商品的检查核对,事故的分析、判定,双方认定,在交库单上签字。仓库一面给交货单位签发接收入库凭证,并将凭证交给会计,统计入账、登记;一面安排仓位,提出保管要求。

a. 交接手续　交接手续中包括接收物品、接收文件和签署单证,其中签署单证指的是向供货单位表明货物已经签收,若有短缺则是货主与供货单位交涉的依据。

b. 登账　建立"实物保管明细账"(名称、规格、数量、件数、累计数或者结存数、存货人或提货人、批次、金额等),遵循"一物一页"原则。

c. 立卡　货物入库或上架后,将货物名称、规格、数量或出入状态等内容填在物料卡上,成为立卡。

物料卡又称为货卡、货牌、料签、料卡等,插放在货架上货物下方的货架支架上或摆放在货垛正面明显位置。料卡按照其作用,可以分为货物状态卡、商品保管卡。

货物状态卡表明货物所处的业务状态和阶段,可以分别被设置为待检、待处理、合格、不合格等状态。

商品保管卡又可分为标识卡和存储卡,标识卡表明货物名称、规格、供应商、批次等,存储卡主要用于表明入出库状态。

(2) 商品储存

① 定位储存　定位储存是指每一项商品都有固定的储位,商品在存时不可互相串位。针对不同物理、化学性质的货物必须控制不同的保管储存条件,或防止不同性质的货物互相影响;重要物品必须重点保管。这种方式适合多品种少批量货物的存储。在采用这一储存方法时,必须注意每一项货物的储位容量必须大于其可能的最大在库量。采用定位储存方式易于对在库商品管理,提高作业效率,减少搬运次数,但需要较多的储存空间。

② 随机储存　随机储存是根据库存货物及储位使用情况,随机安排和使用储位,各种商品的储位是随机产生的,适用于储存空间有限以及商品品种少而体积较大的情况。由于共同使用储位,提高存储区空间的利用率,增加货物出入库管理及盘点工作的难度。周转率高的货物可能被储放在离出入口较远的位置,可能增加出入库搬运的工作量;有些可能发生物理、化学影响的货物相临存放,可能造成货物的损坏或发生危险。

③ 分类储存　分类储存是指所有货物按一定特性加以分类,每一类货物固定其储存位置,同类货物不同品种又按一定的法则来安排储位。商品相关性大,进出货比较集中,货物周转率差别大,商品体积相差大,便于按周转率高低来安排存取,具有定位储存的各项优点;分类后各储存区域再根据货物的特性选择储存方式,有助于货物的储存管理。分类储存的缺点是储位必须按各类货物的最大在库量设计,因此储区空间平均使用率仍然低于随机储存。

④ 分类随机储存　分类随机储存是指每一类商品有固定的存放储区,但各储区内,每个储位的指定是随机的。其优点是具有分类储存的部分优点,又可节省储位数量,提高储区利用率。因此,可以兼有定位储存和随机储存的特点。分类随机储存的缺点就是货物出入库管理特别是盘点工作较困难。

⑤ 共同储存　共同储存是指在确定知道各货物进出仓库确定时间的前提下,不同货物共用相同的储位。这种储存方式在管理上较复杂,但储存空间及搬运时间更经济。

(3) 商品编码

商品编码方式包括顺序编码和赋义编码,顺序编码则称流水号编码,从 0 或 1 开始,赋义编码则赋予编码一定含义，商品编码的方法包括阿拉伯数字法、英文字母法和暗示法。

下面就以两个例子来具体讲解编码的含义，例如 FO4915B1、BY26WB10：FO4915B1，FO 表示食品类（food），4915 表示 4×9×15，尺寸大小，B 表示 B 区，商品存储区号 1 表示第一排货架；BY26WB10，BY 表示自行车（bicycle），26 表示大小型号为 26 号，W 表示白色（white），B 表示小孩型（baby），10 表示供应商的代号。

① 货位编码　在商品保管过程中，根据储位编号可以对库存商品进行科学合理的养护，有利于对商品采取相应的保管措施；在商品收发作业过程中，按照储位编号可以迅速、准确、方便地进行查找，不但提高了作业效率，而且减少差错。货位编码图见图 3-94。

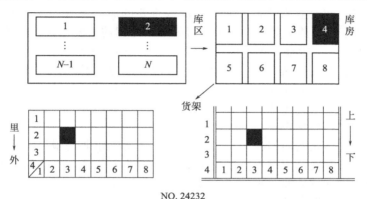

图 3-94　货位编码图

通过货位编码能够及时登账和进行计算机的输入，同时当货位发生变化时，能够及时改变编码，在进行货位编码的时候为了提高货位利用率，同一货位可以存放不同规格商品，但需配备区别明显的标志以免产生误差。

② 区段编码　区段的区域大小根据物流量大小而定，区段编码适用于单元化、量大、保管期短的物品。区段编码图见图 3-95。

（4）商品盘点与检查

在仓储作业过程中，商品不断地进库和出库，在作业过程中产生的误差经过一段时间的积累会使库存资料反映的数据与实际数量不相符。为了对库存商品的数量进行有效控制，并查清商品在库房中的质量状况，必须定期对各储存场所进行清点作业，这一过程称为盘点作业，流程见图 3-96。

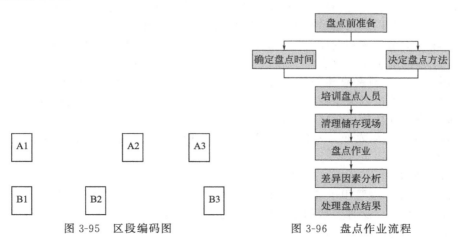

图 3-95　区段编码图　　　　图 3-96　盘点作业流程

盘点方法包括账面盘点法和现货盘点法，其中现货盘点法又包括期末盘点法和循环盘点法。

① 账面盘点法　账面盘点法是将每一种商品分别设立"存货账卡"，然后将每一种商品的出入库数量及有关信息记录在账面上，逐笔汇总出账面库存结余数，这样随时可以从电脑或账册上查悉商品的出入库信息及库存结余量。

② 现货盘点法

a. 期末盘点法　一个小组通常至少需要三人分别负责清点数量并填写盘存单，复查数量并登记复查结果，核对前两次盘点数量是否一致，对不一致的结果进行检查。

b. 循环盘点法　循环盘点法通常对价值高或重要的商品检查的次数多，而且监督也严密一些。在盘点结束之后要对盘点的结果进行处理，处理的手段包括：账货差异在允许范围内，由仓库负责人审核、批准核销，超出范围，查明原因，一般有磅差、保管损耗、计量差错等；对废次品、不良品减价的部分，视为盘亏；针对库存周转率低、所占金额大的商品应设法降低库存；盘点完成后，对各种结果，应及时处理；账外物品（未经正式入账或已核销待运的在库商品）应与库存商品及时区分。

（5）出库作业

发运是商品储存阶段的终止，也是仓库作业的最后一个环节，它由仓储部门与交运部门以及商品使用单位直接发生关系。商品出库必须依据由库管或货主开具的商品调拨通知单。任何情况下，仓库都不得擅自动用、变相动用或外借库存商品。

图 3-97　出库作业流程

商品在进行出库作业的同时要做到"三不三核五检查"，三不指的是未接单据不翻账，未经审核不备货，未经复核不出库；三核即核实凭证，核对账卡，核对实物；五检查即对单据和实物要进行品名检查、规格检查、包装检查、件数检查、重量检查。出库作业流程见图 3-97。

3.6.1.2　仓储设施简介

（1）仓库的分类

1）按使用范围分类

① 自用仓库　生产企业、批发商、商店、军队自建的仓库，多属自用仓库。这类仓库一般用来保管或储存自己生产用的原材料、燃料、工具、备用品、待出售的各种商品或军队的战备物资、武器弹药等。生产资料和粮食等国家储备物资也使用自用仓库。

② 营业仓库　面向社会提供仓储服务而修建的仓库为营业仓库。如我国原商业系统、物资系统、外贸系统以及供销合作社系统中的储运公司或物流企业拥有的仓库都属于这一类。这类仓库以出租库房和仓储设备，提供装卸、包装、送货等服务为经营目的，物流功能比较齐全，服务范围也比较广。

③ 公用仓库　由国家或某一经济部门修建、为社会公众提供服务的仓库为公用仓库，如火车站的货场、港口码头仓库、公路货运站仓库等。其特点是公共、公益性强，面向各行各业、千家万户。其功能比较单一，仓库结构相对简单。

④ 农业仓库　面向农业，专门用于保管和储存粮食、棉花、蔬菜、水果、土畜产品的仓库为农业仓库。

2）按功能分类

① 流通型仓库　主要用于商品的保管、分类、中转、配送的仓库属流通型仓库。如物流中心、配送中心等。这种类型的仓库以商品的流通中转和配送为主要功能，机械化程度比较高，周转快，保管时间短，功能齐全。

② 储存型仓库　这类仓库以物资的长期保管或储备为目的，货物在库时间长，周转速度慢。除了战略储备外，为常年出国工作的高薪阶层存放高档家具、字画等贵重物品；为企事业单位存放重要档案、机密文件等。

3) 按保管的物品分类

① 综合仓库　储存各种物资、通用商品，为社会广大用户服务的仓库。这类仓库可解决积压物资、季节时差商品以及投机性经营商品的储存。

② 原料、产品仓库　生产企业用来储存备用或待用的原材料、燃料以及待销售的成品、半成品的仓库。

③ 专用仓库　专门储存粮食、棉花、木材、煤炭、军用物资、海产品、水果、皮毛制品等物资的仓库一般为专用仓库。顾名思义，专用仓库要求使用特殊的设施和保管手段，储存的物资在防潮、防火、防腐、防串味、防变质等方面要求严格。

④ 危险品仓库　用来专门储存油料、炸药、烟花爆竹、化学药品、天然气等易燃、易爆物资的仓库。为了防止意外，一般都将危险品仓库设在远离人群的偏僻地带。

⑤ 冷藏仓库　储存肉类、海产品等需要保鲜的食品。

⑥ 恒温仓库　储存罐头、食品、水果、蔬菜、鲜花等物品的仓库为恒温仓库。在寒冷、酷热的地区和季节，类似上述的物品需要在恒温状态下保管。

⑦ 储备仓库　用于粮食、棉花、武器弹药等战略物资的储备，以防自然灾害和突发事件。这类仓库一般由国家设置，货物在这类仓库中储存的时间较长，并且为保证储存物资的质量需定期更新储存的物资。

⑧ 保税仓库　指存放保税物资的仓库，是为满足国际贸易的需要，设置在一国国土之上，但在海关关境以外的仓库。外国货物可以免税进出这些仓库而无须办理海关申报手续。并且，经批准后，可在保税仓库内对货物进行加工、储存、包装和整理等业务。对于在划定的一定区域内的货物保税，则称之为保税区。

4) 按建筑结构分类

① 平方仓库　平方仓库一般只有一层建筑，不设楼梯，有效高度不超过 6m，构造简单，全部仓储作业都在一个层面上进行，货物在库内装卸和搬运方便，各种设备（如通风、供水、供电）的安装和维护比较方便，而且仓库地面能承受较重物的堆放。

② 楼房仓库　指两层以上建筑的仓库，上下楼的货物运送靠垂直输送设备（如电梯或倾斜皮带输送机等），是一种阶梯形的楼房仓库，它通过库外起重机将货物吊运到各层平台。有的楼房仓库，卡车可以直接开到楼上。楼房仓库比平房仓库占地面积小，在土地价格昂贵的国家数量比较多。而且，楼房仓库可适用于各种不同的使用要求，如办公室与库房分别使用不同的楼面；分层的仓库结构将库区自然分开，这有助于仓库的安全和防火等。

③ 高层货架仓库　又称立体仓库，实质上是一种特殊的单层仓库。它利用高层货架堆放货物，高度一般不超过 30m，与之配套的是在库内采用自动化、机械化的搬运设备，由计算机控制。全自动化立体仓库主要有整体式和分离式两种。整体式立体仓库货架兼作外围墙支撑物，建筑物与货架整合一体；分离式立体仓库货架与外围墙分开，相互独立。

④ 罐式仓库　构造呈球形或柱形，主要储存石油、天然气或液体化工品。

⑤ 筒仓仓库　库房为筒状，用于存放散装的小颗粒或粉末状货物的封闭式仓库。粮库、水泥、化肥库属此类仓库。

⑥ 简易仓库　临时库房、移动料棚、简易棚架等均属简易仓库。

(2) 常见的仓储设备

1) 轻型货架（light duty rack）

轻型货架是相对"托盘货架"而言，一般采用人力（不用叉车等）直接将货物（不采用托盘单元）存取于货架内，因此货物的高度、深度较小，货架每层的载重量较轻。

一般该货架的立柱采用薄钢板（$\delta=1\sim2.5\text{mm}$）冷弯冲孔而成，其截面呈三角形，故又称"带孔角钢货架"。为提高载重量，也有截面呈开口方形。货架构件间的连接有螺栓连接和插接两种。其特点是结构简洁、自重轻、装配方便，广泛应用于工厂企业、商店、办公室、厨房等。

① 根据货架两侧、后侧有无挡板、挡板材质的不同可分为：开放型；带侧、后挡板型；带侧、后挡板和隔板型；带侧、后挡板和抽屉型。

② 根据其承载能力可分为：轻型（L），120kg/层；中型（M），200～500kg/层；重型（L），1000kg/层。轻型货架见图3-98。

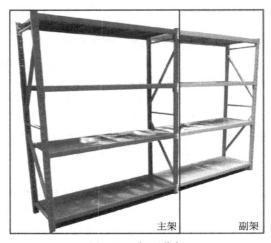

图3-98　轻型货架

2）托盘货架（Pallet Rack）

托盘货架又称工业货架，一般采用叉车等装卸设备作业，它作为机械化、自动化货架仓库的主要组成部分，主要是以托盘为单元的方式来保管货物的。这种货架都是装配式结构，即立柱、主柱片、横梁等之间采用螺栓拧紧的方式或插接的方式连接在一起，又称装配式货架。这种货架具有刚性好、自重轻，层高可自由调节，适合规模化生产、成本低、运输和安装便利，并易于实现模块化设计等优点，目前已是工业企业各类货架仓库的主流。托盘货架见图3-99。

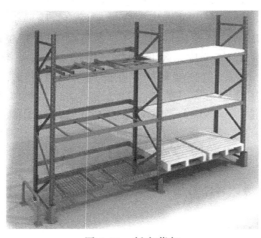

图3-99　托盘货架

3）抽屉式货架

主要用于存放各种模具等物品，顶部可配置手拉葫芦移动车，便于货物的存取。

抽屉底部设有滚轮轨道，抽屉板承载后仍能自如地拉动。中型抽屉式货架承载＜750kg/层，重型抽屉式货架承载≥750kg/层。整体采用拼装结构，运输方便，组装简单、快捷。中轻型抽屉式货架用于存放中小型模具，顶部选配手拉葫芦移动车便于模具的起吊和存取，抽屉板下设有滚轮轨道，使重载后依然能用很小的力轻松拉动。重型抽屉式货架可用于存放特重型模具或货物。抽屉式货架见图3-100。

图 3-100　抽屉式货架

4）叉车

叉车又称铲车、叉式举货车，是物流领域最常用的具有装卸、搬运双重功能的机具。

叉车的特点是机械化程度高，机动灵活性好；能提高仓库容积的利用率；有利于开展托盘成组运输和集装箱运输；可以"一机多用"。

① 手动液压搬运车　手动液压搬运车（图3-101）是一种小巧方便、使用灵活、载重量大、结实耐用的货物搬运工具，俗称"地牛"。搬运车除了具有托运货物的功能外，为了方便起降货物，车底盘与轮之间带有液压装置，可以方便地将车推入货箱底座之下，然后用液压将底盘升高，托起货物，便可拖动货物移动，到达目的地后，用液压将底盘降落，货物也随之落地，可以方便地抽出搬运车，省去了人力搬运的复杂过程。

图 3-101　手动液压搬运车

② 平衡重式叉车 平衡重式叉车（图3-102）车体前方具有货叉和门架，车体尾部有装卸作业车辆，依靠车体与车载平衡，故称平衡重式叉车，这是使用最广泛、用量最大的一种叉车。平衡重式叉车分为内燃机式和蓄电池式两种。

③ 前移式叉车 前移式叉车（图3-103）的门架或货叉可以前后移动，它结合了有支撑臂的电动堆垛机与无支撑臂的平衡式叉车的优点。前移式叉车目前已逐渐成为室内高架存取的主要工具。

图3-102 平衡重式叉车

图3-103 前移式叉车

3.6.2 学习目的

① 了解仓储作业流程和存储策略。
② 学习入库、出库流程定义（A、S连接）。
③ 学习使用货架参数。
④ 学习使用吸收器模拟货车。

3.6.3 完成时间

100min。

3.6.4 问题描述与系统参数

物流中心仓储作业需要用到的实体设备均可在Flexsim仿真软件的实体库中找到对应的仿真对象，不需导入绘图工具制作三维文件。

三条生产线1、2、3，三种不同类型的产品，三条生产线生产速度分别为：产品1、3按照正态分布时间间隔到达（均值14，标准偏差5）；产品2按照正态分布时间间隔到达（均值20，标准偏差5）。产品颜色自定，要求三种产品不同。

三种产品被分别送到三条传送带上，在传送带末端分别设置合成器进行产品的装盘，每类产品每盘都是4个。托盘的到达时间间隔服从指数分布，位置参数0，尺度参数5。

装盘完成后，送往共同的传送带（三种产品共用一条输送通道）运往巷道式立体货架，要求产品1送往第一个巷道式立体货架，产品2、3分别送往第二、三个巷道式立体货架。货架传送带末端由堆垛机放到两排货架上；要求货物从第一行、第一列开始放置，最小停留时间服从指数分布（位置参数是0，尺度参数2000）。

从货架取出的货物由传送带送到客户的货车上，要求产品1送第一个货车，产品2、3依次送往第2、3个货车。总的布局模型如图3-104所示。

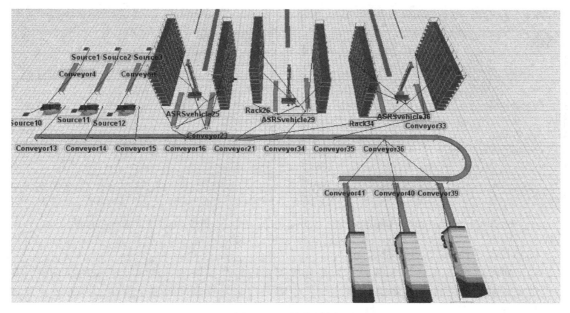

图 3-104　总布局图

3.6.5　建模步骤

（1）发生器 Source1 的参数设置

① 产品到达时间间隔的参数设置　双击 Source1 打开参数设置对话框，单击 Source 选项卡，在 Inter-Arrival Time（到达时间间隔）的下拉列表中选择 Statistical Distribution（统计分布），设置为正态分布，normal（14，5，0），如图 3-105 所示。

② 产品颜色设置　在 Source1 的参数设置对话框中，单击 Triggers（触发器）选项卡，在 OnExit（离开触发）的下拉列表中，选择 Set color（设置临时实体颜色），将颜色设置为蓝色，设置结果如图 3-106 所示。

图 3-105　产品 1 发生器时间间隔设置

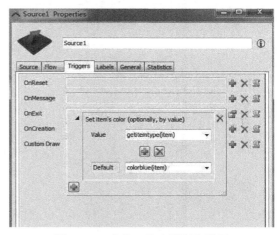

图 3-106　产品 1 发生器颜色设置

产品 2 和产品 1 的设置相同，设置为正态分布，normal（20，5，0），颜色设置为绿色，设置结果如图 3-107、图 3-108 所示，产品 3 和产品 1 的设置相同，颜色设置为黄色。

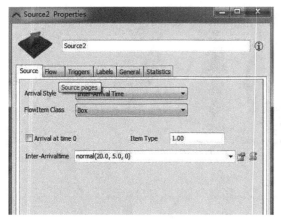 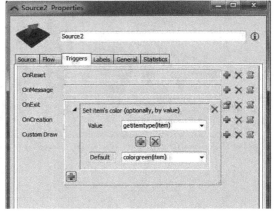

图 3-107 产品 2 时间间隔设置　　　　图 3-108 产品 2 颜色设置

(2) 托盘 Source10 参数设置

当三种产品到达传送带末端时需要在合成器上进行产品装盘，这时候需要用到托盘，在传送带末端放置有三个发生器，则这三个发生器是用来发托盘的装置，发生器的参数设置如图 3-109 所示。双击 Source10 打开参数设置对话框，单击 Source 选项卡，在 FlowItem

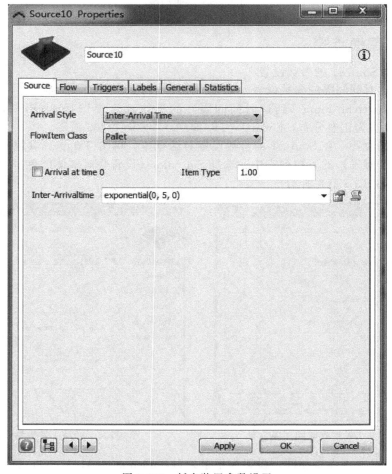

图 3-109 托盘装置参数设置

Class（临时实体种类）下拉列表中选择 Pallet（托盘），在 Inter-Arrivaltime（到达时间间隔）的下拉列表中选择 Statistical Distribution（统计分布），设置为指数分布，exponential（0，5，0）。

另外两个托盘发生器的参数设置和该设置相同，需要注意的是，在设置时 FlowItem Class（临时实体种类）中发出的物品应该为托盘即选择 Pallet，在进行连线操作时，首先需要连接托盘发生器和合成器之间的连线，然后连接物品发生器和传送带之间的连线。

（3）合成器的参数设置

① 要求每类产品每盘都是 4 个，则在合成器中的参数设置如下。

双击 Combiner7 打开参数设置对话框，单击 Combiner 选项卡，在 Combiner Mode（合成器模式）下拉列表中选择 Pack（包装），在 Components List 下将端口的 Target Quantity（目标数量）都设置为 4。设置结果如图 3-110 所示。

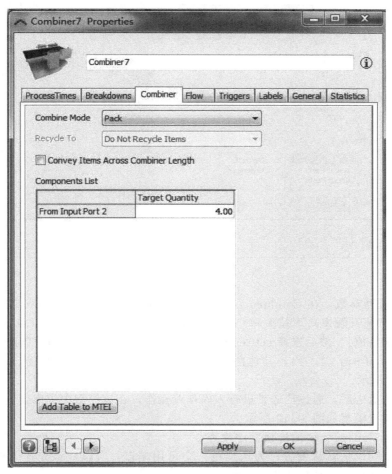

图 3-110　合成器参数设置图

② 在实际产品装盘过程中，先要把托盘运送过去，然后在托盘上进行码垛，所以在 Input Ports（输入端口）应该把 Source10 放在最前面。具体设置为：在 Combiner7 参数设置对话框中，单击 General（常规）选项卡，在 Ports（端口）选项组，选择 Input Ports（输入端口），可以看到合成器输入端口的连接情况，检查端口是否连接正确，设置如图 3-111所示。

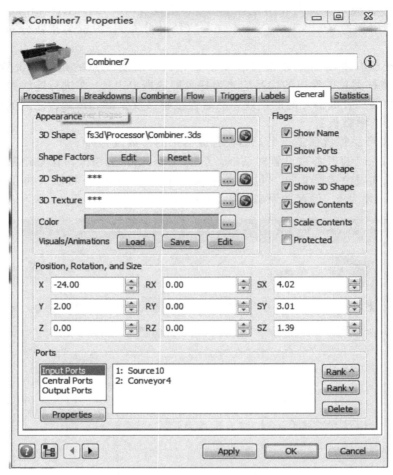

图 3-111　检查端口顺序

③ 设置合成器参数：在 Combiner7 参数设置对话框中，单击 Triggers（触发器）选项卡，在 OnExit（离开触发）下拉菜单中选择 Set Name, Item Type, or Label Value（设置名称，类型及标签值），然后选择 setitemtype（设置临时实体类型），将 Type（类型）设置为均匀分布，duniform（1，1），其他两个合成器设置为 duniform（2，2），duniform（3，3），如图 3-112 所示。

当产品装完盘之后，通过传送带进行入库作业操作，在该模型中入库作业和出库作业同时进行，总的运行模型如图 3-113 所示。

（4）传送带 Conveyor16 的连接顺序检查

传送带输出端口是默认设置，为送到第一个可用端口，所以应该先连入库端的传送带 Conveyor19，再连往下一个传送带 Conveyor21。

（5）传送带 Conveyor19 的参数设置

因为三种产品出入库作业参数设置类似，因此在分析的过程中以产品 1 的参数设置为例。在进行出入库作业中，传送带 19 是作为入库作业的传送带，将产品 1 传送到仓库中，该传送带的参数设置如图 3-114 所示。

① 传送带输出端口参数设置。双击 Conveyor19 打开参数设置对话框，单击 Flow（临时实体流）选项卡，在 Send To Port（发送至端口）的下拉列表中选择 Random Port（随机端口）。

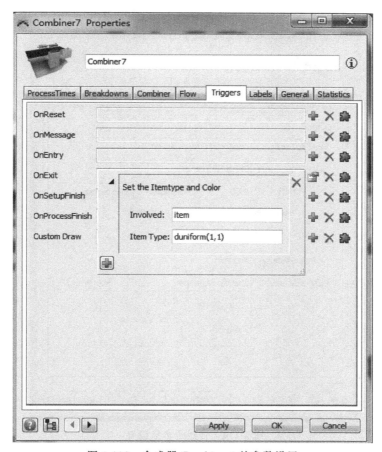

图 3-112 合成器 Combiner7 的参数设置

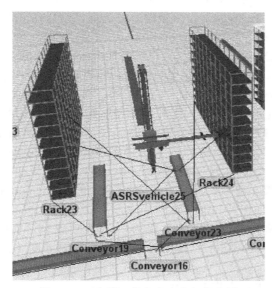

图 3-113 产品 1 的入库出库组作业图

② 传送带使用运输工具的参数设置。在 Queue12 参数设置对话框中，单击 Flow（临时实体流）选项卡，选择 Use Transport（使用工具）。

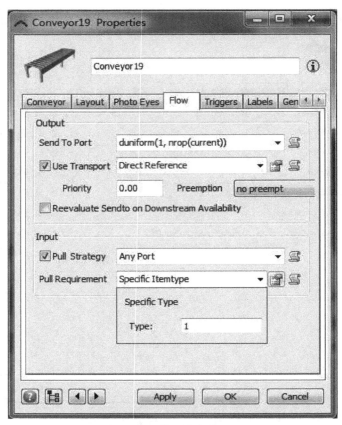

图 3-114　传送带参数设置

③ 在 Conveyor19 参数设置对话框中，单击 Flow（临时实体流）选项卡，在 Input（输入）选项卡下面选择 Pull Strategy（拉入策略）复选框，然后在 Pull Strategy 的下拉列表中选择 Any Port（任何端口），在 Pull Requirement（拉入要求）的下拉列表中选择 Specific Itemtype（特定实体类型），Type 输入为 1，对其他两个入库端的传送带进行类似设置，将 Type 分别设置为 2 和 3。这三个队列每个只接收一种临时实体的产品。

(6) 货架的参数设置

从仓储中心即货架中进行货物的入库和出库作业操作，货架的参数设置如下。

① 产品放置顺序的参数设置　双击 Rack23 打开参数设置对话框，单击 Rack 选项卡，在 Place in Bay（放置到列）的下拉列表中选择 First Available Bay（第一个可用列），在 Place in Level（放置层）的下拉列表中选择 First Available Level（第一个可用层），在 Minimum Dwell Time（最小停留时间）设置为指数分布，exponential（0，2000，1），对其他货架进行相同的设置，如图 3-115 所示。

② 货架使用运输工具的参数设置　在 Rack23 参数设置对话框中，单击 Flow（临时实体流）选项卡，选择 Use Transport（使用工具），设置结果如图 3-116 所示。

(7) 传送带参数设置

其他两种产品在进行出入库作业参数设置时和产品 1 的参数设置类似。而传送带 2、3 在该过程中是将货物从仓库中心运送出去，则在进行连接的过程中应该从货架连接到传送带。当从货架中取出的货物由传送带送到客户的货车上时，三种产品分别送到不同的车上。对该步骤的参数设置如下。

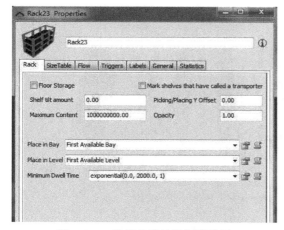
图 3-115 货架产品放置顺序设置

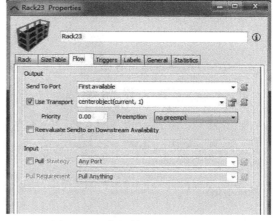
图 3-116 货架使用运输工具设置

双击 Conveyor36 打开参数设置对话框，单击 Flow（临时实体流）选项卡，在 Send To Port（发送至端口）下拉列表中选择 Values By Case（根据返回值选择不同的输出端口），如图 3-117 所示。

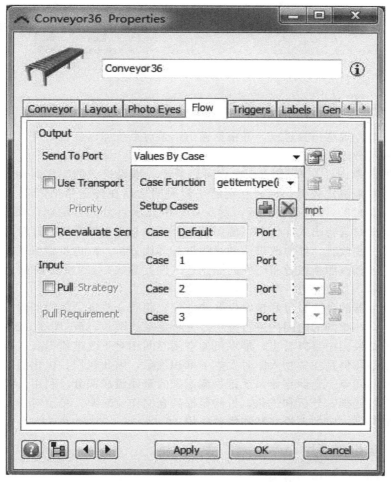

图 3-117 参数设置图

总的运行结果如图 3-118 所示。

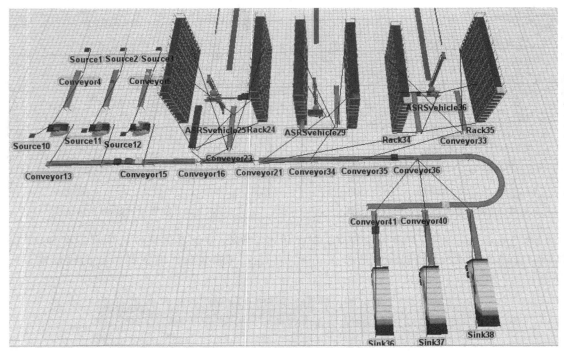

图 3-118 运行模型图

3.6.6 仿真结果分析与改进

运行仿真模型，观察仿真过程，并根据输出结果对系统加以分析，可以发现系统在运行过程中存在一些不合理的地方。

从堆垛机的效率图 3-119～图 3-121 中可以看出，堆垛机 2 的空闲时间占据了 43.7%，堆垛机的效率相对来说比较低，同时在运行一段时间之后在传送带上产生了货物的堆积现象，并且根据图 3-122、图 3-123 分析，发现货架中几乎百分之百的时间都在等待堆垛机，因此使用堆垛机同时进行出入库作业在使用效率上还是有待于提高的。针对这些问题，对该作业流程进行了一些改进，并对改进后的流程进行对比分析，改进步骤如下。

产品 1、2、3 都按照指数分布时间间隔到达（位置参数 0，尺度参数 6），改变了产品入库的到达时间间隔，并对此进行分析，如图 3-124 所示。

另外两个发生器的参数设置和该发生器参数设置相同，改进后的模型运行时间和改进前的运行时间相同，在相同的时间内进行分析，分析结果如图 3-125～图 3-128 所示。

从改进后的结果图中可以看出，堆垛机的空闲时间相对于改进前提高了很多，大大提高了堆垛机的利用率，但是在货物入库时发生了堆积现象，因此我们在优化的过程中不能仅仅改变货物入库时间间隔。仓储作业系统是物流系统的重要组成部分，利用系统仿真的方法对仓储作业系统进行建模、分析和优化，目的是提高仓储作业效率，希望对于实际的规划、建设与升级、改造起到一定的理论支持和借鉴作用。

3.6.7 实训练习

(1) 总结仓储系统的作业流程。

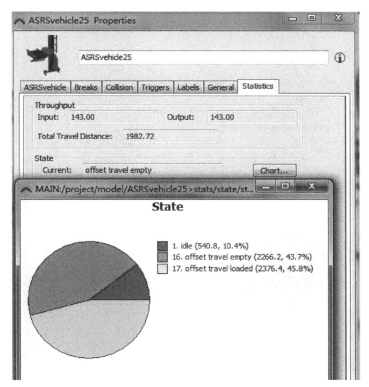

图 3-119　堆垛机分析

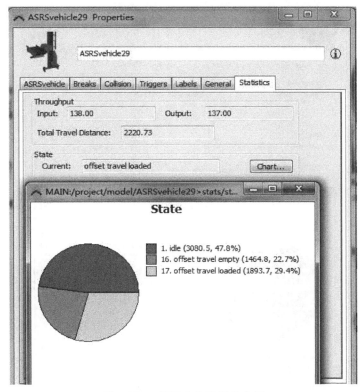

图 3-120　产品 2 的堆垛机分析

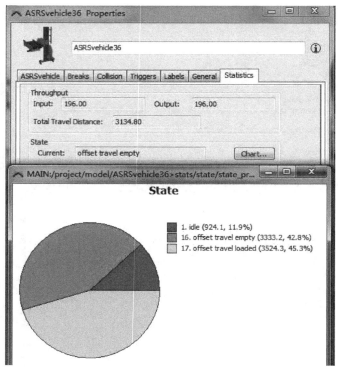

图 3-121　产品 3 堆垛机结果分析

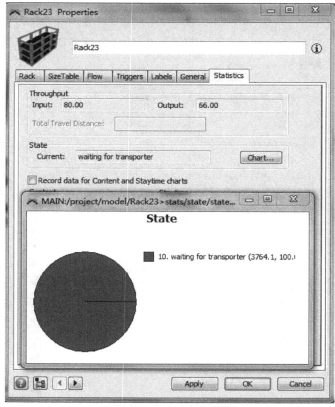

图 3-122　货架参数分析

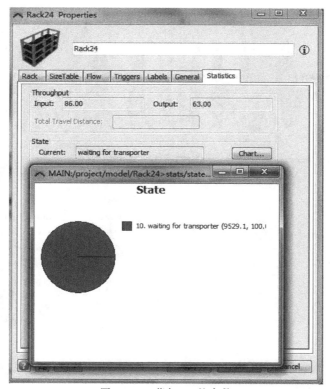

图 3-123　货架 24 的参数

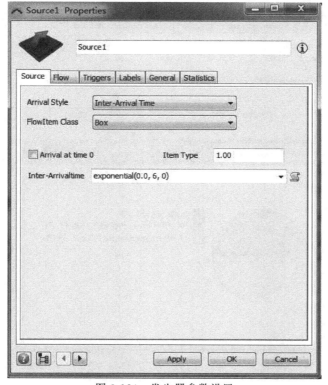

图 3-124　发生器参数设置

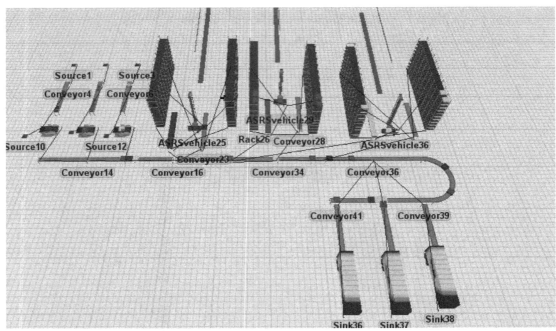

图 3-125　改进后的运行结果

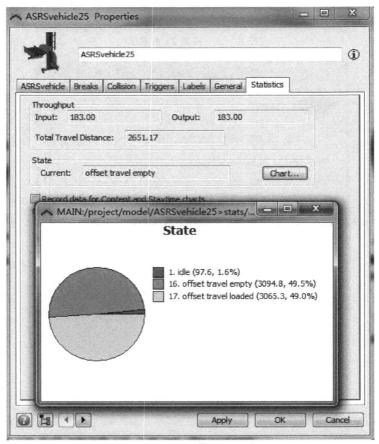

图 3-126　改进后堆垛机的运行效率

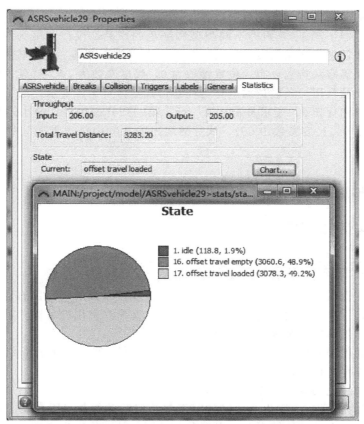

图 3-127　改进后堆垛机 29 的工作效率

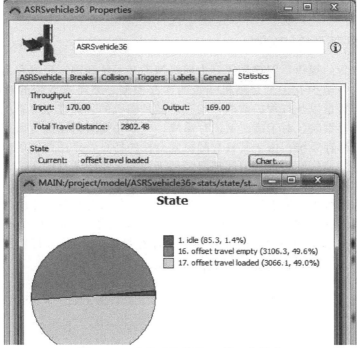

图 3-128　改进后堆垛机 36 的工作效率

(2) 对比优化前的数据与优化后的数据,并形成详细分析报告。

(3) 一台发生器生产 1、2 两种不同类型和颜色的产品,生产速度为常数 10s。两种产品被分别送到合成器进行产品的装盘,由两名操作人员进行搬运,每类产品每盘都是 8 个。托盘的到达时间间隔服从指数分布,位置参数为 0,尺度参数为 10。装盘完成后,送往共同的传送带(两种产品共用一条输送通道)运往巷道式立体货架,要求产品 1 和产品 2 分别通过叉车送往货架 1 和货架 2。要求货物从第一行、第一列开始放置,最小停留时间服从指数分布(位置参数是 0,尺度参数 1000),从货架取出的货物由传送带送到吸收器。根据描述建立系统模型。

3.7 配送中心库存控制仿真优化

3.7.1 实训知识准备

3.7.1.1 库存系统的概述

库存问题是物流科学领域研究的重点问题之一。库存系统的研究目的是通过建立库存系统模型来确定库存策略,从而达到满足服务水平和控制库存费用的目标。对库存系统的研究主要有建立计算机仿真模型和建立优化模型两类方法。

库存系统仿真就是利用仿真方法对库存系统进行建模,通过仿真运行结果中的费用指标来对库存策略和库存结构进行评价。

根据现代物流理论的观点,库存系统应具有以下功能。

① 调节供需的功能　由于生产活动的节奏与消费活动的节奏因产品的不同而存在着差异。库存系统作为平衡环节能够对此加以调节和控制,从而使得生产和消费协调起来。

② 调节货运能力的功能　由于各种运输工具的运量存在着很大的差距,因此在各个运输方式的衔接环节,通常由库存系统来调解和弥补。

3.7.1.2 库存系统的分类

根据需求与订货的规律,库存系统分为随机型库存系统和确定型库存系统。随机型库存系统是指库存参数中至少有 1 个是随机变量的库存模型,即需求发生的时间、每次的需求量、订货时间和订货量以及订货提前期,均有可能是随机的。研究库存系统的目的一般是要确定或比较各种库存策略。对于确定型库存系统,一般采用解析法进行研究。现实的库存系统多数属于随机型库存系统,由于其具有随机复杂性的特点,采用传统的解析方法难以描述系统变量之间复杂的非线性关系,因此需要借助于计算机系统仿真的方法。

(1) 确定型库存系统

在确定型库存系统中,需求量与需求发生时间,订货量与订货发生时间,从订货到货物入库的时间都是确定的。如果采用安全库存订货策略,库存量随时间的变动如图 3-129 所示,其中 T 为订货周期,Q 为入库量,R 为安全库存量,Q_0 为最佳订货量。

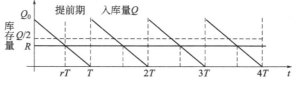

图 3-129　确定型库存系统

(2) 随机型库存系统

在随机型库存系统中，需求量与需求发生时间，订货量与订货发生时间，从订货到货物入库的时间都可能是随机的，库存量随时间的变动如图 3-130 所示。

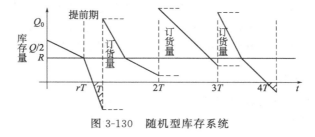

图 3-130　随机型库存系统

3.7.1.3　配送中心库存控制存在的主要问题

(1) 缺乏库存分类控制、控制方法单一

① 缺乏对库存进行分类　配送中心库存分类目前主要有三种情况：没有分类，按照种类、价格进行简单分类，按照 ABC 分类法思想按照经验大致分类。其中，没有对库存进行分类的占 20%，按照种类、价格进行简单分类的占 60%，根据 ABC 分类法思想按照经验大致分类占 20%。

② 控制方法单一　同时对针对不同分类的控制方法也进行了调查，调查显示，90% 的配送中心采用统一的库存控制策略，对所有产品实行同样的方法进行控制，10% 的配送中心对不同库存产品采用了不同的控制方法。在采用有针对性库存控制的配送中心中，多数仅仅对重点种类的库存在库位的选择上、配送顺序上有所不同。

③ 缺乏分类控制的原因　多数配送中心已经认识到需要对库存进行分类，但库存分类工作难以开展的主要原因是没有找到合适的分类方法以及进行分类所需的数据难以采集。

(2) 缺乏需求预测、预测方法单一

① 缺乏对需求的预测　约有 60% 的配送中心没有对需求进行预测，40% 的配送中心对需求进行了预测。

② 需求预测的范围不完善　目前预测的范围主要为配送中心的年度总需求、月度总需求、单个品牌的年度总需求、单个品牌的月度需求。应进行需求预测的配送中心中，100% 的配送中心都对年度需求进行了预测，有 80% 的配送中心对月度总需求进行了预测，有 40% 的配送中心对单个品牌的年度需求进行了预测，仅 10% 的配送中心对单个品牌的月度需求进行预测。

③ 预测方法单一　进行预测的方法较为单一，主要为指数平滑法、移动平均法等，对于需求的临时性特别是季节性波动无法处理，因此，配送中心商品需求预测需要尝试更多的预测方法。

④ 总体来看，预测精确度不高　对配送中心年度总需求的预测精确度较高，一般能达到 95% 以上，而对其他方面的预测精确度则较低，这主要是由于年度总需求较为稳定，而月度需求则存在很大的波动性。

(3) 普遍存在过度库存的问题

① 过度库存的总体情况　几乎所有配送中心都存在过度库存问题，其中，75% 的配送中心经常出现库存量大于实际需要量，25% 的配送中心偶尔出现过度存货。

② 过度库存的原因　过度库存的内在原因为缺乏科学的库存控制策略，未能在准确的时间点订购正确的量对库存进行补给；过度库存的客观原因是与供应商的联系不够紧密，供

应商对于配送中心商品的需求反应滞后，导致订货可得率不高，配送中只能采用增加库存的办法来应对。

(4) 信息录入与提取困难

多数配送中心库存信息录入、提取困难，因此无法进行库存的分类、需求预测、确定订货点及批量的计算，信息采集困难是库存分类、需求预测及定量控制工作开展的重要限制条件。20%的配送中心信息录入困难，有70%的配送中心信息提取困难。

3.7.2 学习目的

① 学习如何根据库存数控制产品出入库的参数设置；
② 学习如何分析统计数据，并计算出该配送中心的即时库存成本和利润；
③ 学习如何根据既定目标，对现有模型进行改善。

3.7.3 完成时间

100min。

3.7.4 问题描述与系统参数

配送中心从3个供应商进货，向3个生产商发货。

① 供应商（3个） 当3个供应商各自供应的产品在配送中心的库存小于10件时开始生产，库存大于20件时停止生产。供应商1和供应商2分别以4h一件的效率向配送中心送产品，供应商3提供一件产品的时间服从3~6h均匀分布。

② 配送中心 当3个生产商各自的库存大于10件时停止发货。当生产商1的库存量小于2时，向该生产商发货；当生产商2的库存量小于3时，向该生产商发货；当生产商3的库存量小于4时，向该生产商发货。

配送中心成本和收入：进货成本3元/件；供货价格5元/件；每件产品在配送中心存货100h费用1元。

③ 生产商（3个） 3个生产商均连续生产。生产商1每生产一件产品需要6h；生产商2每生产一件产品的时间服从3~9h的均匀分布；生产商3每生产一件产品的时间服从2~8h的均匀分布。

3.7.5 建模步骤

3.7.5.1 模型布局

根据问题描述，从实体库里拖出3个发生器，6个处理器，3个货架，3个暂存区和1个吸收器放到正投影视图中，并进行布局，布局完成后进行连线。为便于大家理解，模型中的实体名称已经进行了相应修改，设置方式这里不再赘述。该配送中心的库存控制仿真模型布局如图3-131所示。

3.7.5.2 参数设置

(1) 供应商提供产品时间参数的设置

双击供应商1打开参数设置对话框，单击Processor选项卡，将Process Time（处理时间）设置为4。设置结果如图3-132所示。供应商2进行同样设置，供应商3在Process Time（处理时间）的下拉列表中选择Statistical Distribution（统计分布），设置为均匀分布，uniform(3, 6, 0)。

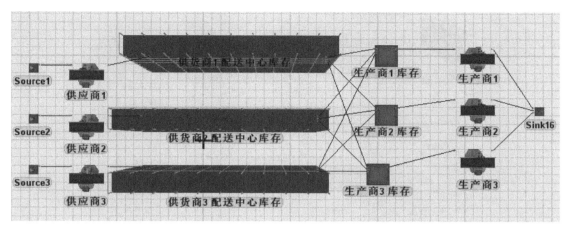

图 3-131　模型布局图

图 3-132　供应商 1 供应产品的时间分布设置

（2）供应商供货参数设置

双击供应商 1 配送中心库存打开参数设置对话框，单击 Triggers（触发器）选项卡，在 OnEntry（进入触发）的下拉列表中，选择 Close and Open Ports（关闭和打开端口），在 Action（动作）后面选择 closeinput（关闭输入端口），Object 默认当前设置，将 Condition（条件）设置为 content（current）>=20（当前容量≥20），设置结果如图 3-133 所示。

然后在 OnExit（离开触发）的下拉列表中，选择 Close and Open Ports（关闭和打开端口），在 Action（动作）后面选择 openinput（打开输入端口），Object 默认当前设置，将 Condition（条件）设置为 content（current）<=10（当前容量≤10），设置结果如图 3-134 所示。

供应商 2 和供应商 3 的供货控制参数按相同方式设置。

（3）配送中心发货的参数设置

双击生产商 1 库存打开参数设置对话框，单击 Triggers（触发器）选项卡，在 OnEntry（进入触发）的下拉列表中，选择 Close and Open Ports（关闭和打开端口），在 Action（条件）后面选择 closeinput（关闭输入端口），Object 默认当前设置，将 Condition（条件）设置为 content（current）>=10（当前容量≥10），设置结果如图 3-135 所示。

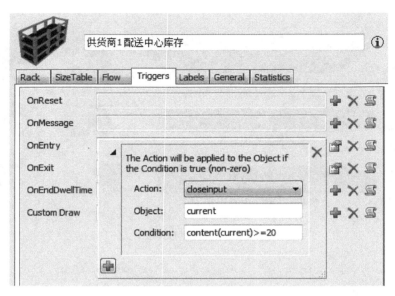

图 3-133 供应商 1 供货控制（一）

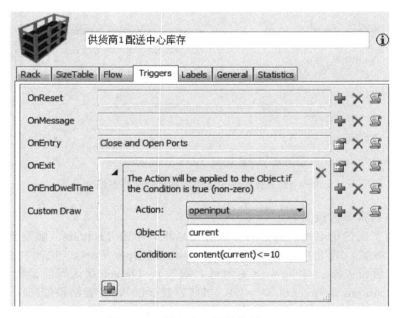

图 3-134 供应商 1 供货控制（二）

然后在 OnExit（离开触发）的下拉列表中，选择 Close and Open Ports（关闭和打开端口），在 Action（动作）后面选择 openinput（打开输入端口），Object 默认当前设置，将 Condition（条件）设置为 content（current）≤＝2（当前容量≤2），设置结果如图 3-136 所示。

生产商 2 库存和生产商 3 库存的发货控制参数按相似方式设置。

（4）生产商生产产品时间参数的设置

双击生产商 1 打开参数设置对话框，单击 Processor 选项卡，将 Process Time（处理时间）设置为 6。生产商 2 在 Process Time（处理时间）的下拉列表中选择 Statistical Distribution（统计分布），设置为均匀分布，uniform（3，9，0），生产商 3 进行同样设置为 uniform（2，8，0），设置结果如图 3-137 所示。

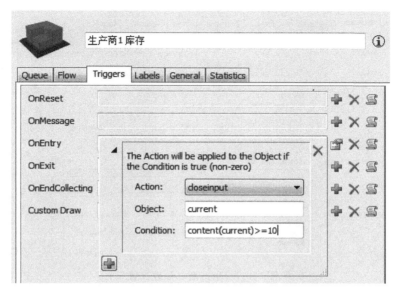

图 3-135　配送中心发货至生产商 1 库存控制设置（一）

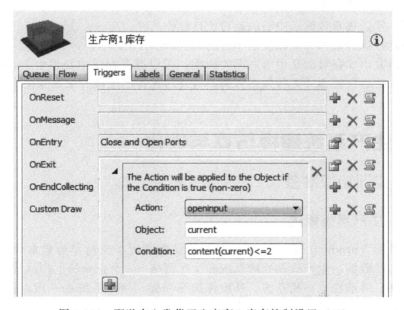

图 3-136　配送中心发货至生产商 1 库存控制设置（二）

3.7.5.3　运行仿真

为了在运行模型前设置系统和模型参数的初始状态，总是要先点击主视窗底部的 Reset 键。按 Run 按钮使模型运行起来。

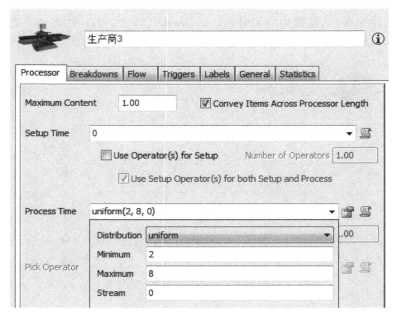

图 3-137　生产商 3 参数设置

3.7.6　实训练习

（1）运行 1 年，查看该配送中心的运行统计数据。

（2）根据运行统计数据计算该配送中心的总利润。

（3）为了研究出库存对配送中心利润的影响，可以改变配送中心每个 Rack 对供应商的订货条件来多次的运行模型并进行数据分析，通过对比得出怎样的设置能使得配送中心的利润最大。

3.8　生产系统建模仿真与优化

3.8.1　实训知识准备

3.8.1.1　生产系统概述

所谓生产系统（production system），是指在正常情况下支持单位日常业务运作的信息系统，它包括生产数据、生产数据处理系统和生产网络。一个企业的生产系统一般都具有创新、质量、柔性、继承性、自我完善、环境保护等功能。生产系统在一段时间的运转以后，需要改进完善，而改进一般包括产品的改进、加工方法的改进、操作方法的改进和生产组织方式的改进。

3.8.1.2　生产系统的主要特征

① 生产系统是企业生产计划的制订、实施和控制的综合系统。制订生产计划，使企业的生产活动有依据。生产计划是生产活动的纲领，实施和控制是实现生产计划、生产目标的保证。制订计划、实施计划和控制计划三者之间相互协调，促进了生产进程均衡有节奏地

进行。

② 生产系统是人与机器复合的系统。生产系统是包括人和机器在内的组织管理系统，人与机器间的合理分工将从整体上促进生产系统的进一步优化。

③ 生产系统是一个多层次多目标的系统。生产系统可以按照功能的不同划分成若干个子系统，以实现递阶控制和分散控制。如生产组织系统、质量控制系统、设备管理系统等都是生产系统的子系统。

④ 生产系统是一个具有信息收集传递和加工处理功能的信息处理系统。生产系统能够正确、及时地提供、传递生产过程必需的信息，促进对人力、物力和财力资源的合理使用，提高劳动生产率。

⑤ 生产系统是根据企业内部和外部环境不断发展变化的系统。

3.8.1.3 生产系统功能

（1）满足用户对产品的要求

可分为 6 个方面，品种、质量、数量、价格、服务和交货期。

（2）满足产品对生产系统的要求

产品把用户对它的要求和企业竞争战略的要求转化为对生产系统的要求。产品对生产系统提出了创新、质量、弹性（应变能力）、成本、继承性（刚性）和按期交货 6 项功能要求。产品对生产系统提出的 6 项功能要求可分为 2 组：一组功能指创新、弹性和继承性（刚性），是由外部环境提出的，是使系统适应环境要求的功能；另一组功能是质量、成本和按期交货，是按照生产过程运行规律合理组织生产过程所体现的功能。

3.8.1.4 生产系统结构

生产系统的功能取决于生产系统的结构形式。生产系统的结构是系统的构成要素及其组合关系的表现形式。生产系统的构成要素很多，为了研究方便常把它们分为两类：结构化要素和非结构化要素。

（1）结构化要素

结构化要素是指生产系统中的硬件及其组合关系。结构化要素是构成生产系统主体框架的要素，主要包含生产技术、生产设施、生产能力和生产系统的集成等，这也就是"技术"的要素。这些结构化要素的内涵如下。

① 生产技术（technology）　即生产工艺特征、生产设备构成、生产技术水平等。

② 生产设施（facility）　即生产设施的规模、设施的布局、工作地的装备和布置等。

③ 生产能力（capacity）　即生产能力的特性、生产能力大小、生产能力的弹性等。

④ 生产系统的集成（integration）　即系统的集成范围、系统集成的方向、系统与外部的协作关系等。

（2）非结构化要素

非结构化要素是指在生产系统中支持和控制系统运行的软件性要素。主要包含人员组织、生产计划、生产库存和质量管理等，是"管理"的要素。非结构化要素的内涵如下。

① 人员组织　即人员的素质特点、人员的管理政策、组织机构等。

② 生产计划　即计划类型、计划编制方法和关键技术。

③ 生产库存　即库存类型、库存量、库存控制方式。

④ 质量管理　即质量检验、质量控制、质量保证体系。

3.8.1.5 生产系统功能结构关系

结构化要素的内容及其组合形式决定生产系统的结构形式。非结构化要素的内容及其组合形式决定生产系统的运行机制。具有某种结构形式的生产系统要求一定的运行机制与之相匹配才能顺利运转，充分发挥其功能。所以设计生产系统时首先应根据所需的功能选择结构化要素及其组合形式，形成一定的系统结构，进而根据系统对运行机制的要求选择非结构化要素及其组合形式，即管理模式。

由于现代科学技术的不断进步，企业内外部发展环境变化加快，企业生产系统的更新速度也在不断加快。这要求企业要保持生产系统本身的先进性，同时还要不断创新，否则将使系统失去市场竞争能力。

3.8.2 学习目的

① 了解生产系统概念和功能结构。
② 学习三种加工组织方法，比较它们的优缺点。
③ 掌握生产工序时间设置。
④ 学习如何进行批量处理。

3.8.3 完成时间

100min。

3.8.4 问题描述与系统参数

（1）问题描述

按照规划设计，A 企业生产车间要加工相同的 8 个零件，经过 8 道工序，分别为 A、B、C、D、E、F、G、H。每道工序加工的时间分别为 12min、5min、15min、7min、9min、11min、22min、5min。

按照顺序移动方式，8 个相同的零件在 A 道工序加工完成后，再整批转移到 B 道工序加工，以此类推，直到加工到 H 道工序为止。具体的工序图见图 3-138。

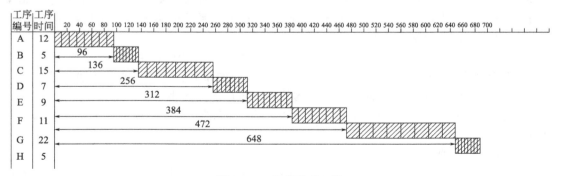

图 3-138 顺序移动工序

由工序图可得：总加工时间＝688min；设备的总等待时间＝0min；设备的总闲置时间＝96＋136＋256＋312＋384＋472＋648＝2304（min）。

按照平行移动方式，第一个零件在 A 道工序完成以后，立即转移到 B 道工序继续加工；同时第二个零件开始在 A 道工序加工，依此类推，直到第八个零件完成最后一道工序。具体的工序图见图 3-139。

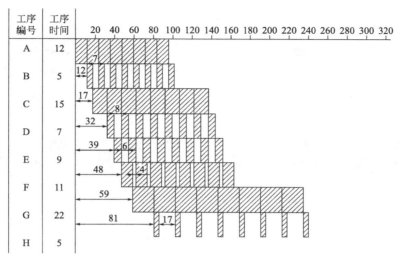

图 3-139 平行移动工序

由工序图可得：总加工时间＝240min；设备的总等待时间＝7×7＋8×7＋6×7＋4×7＋17×7＝294（min）；设备的总闲置时间＝12＋17＋32＋39＋48＋59＋81＝288（min）。

平行顺序移动方式，是把顺序移动方式和平行移动方式综合运用的方式。即在整批零件尚未全部完成前道工序的加工时，就先将其中部分已经完成的零件转入到下道工序加工。往下道工序转移的提前时间，以能维持下道工序对该零件的连续加工为准。具体的工序图见图3-140。

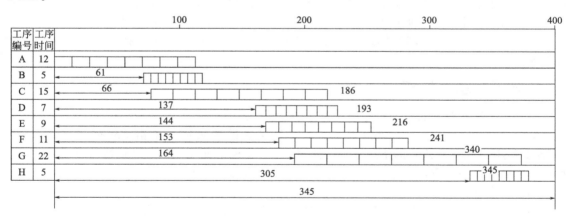

图 3-140 平行顺序移动工序

由工序图可得：总加工时间＝345min；设备的总等待时间＝0min；设备的总闲置时间＝61＋66＋137＋144＋153＋164＋305＝1030min。

利用 Flexsim 软件对该零件加工问题进行仿真，布置图见图3-141。

（2）参数设定

3种组织方式的参数设定有所不同，其中共同部分如下：零件，按到达序列的方式到达，数量为8，零件颜色为默认颜色灰色（可随意设置颜色）；暂存区2，目标批量为8，进入触发 content（current）＝＝8，然后执行 closeinput；处理器的加工时间依次设为12min、5min、15min、7min、9min、11min、22min、5min。

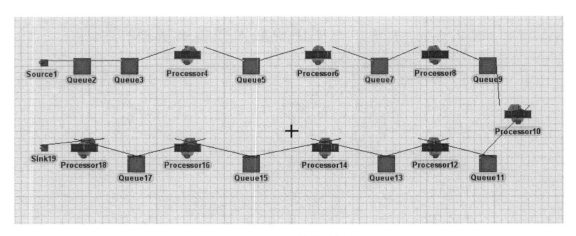

图 3-141　生产线整体概念

顺序移动方式：暂存区的目标批量全部为 8，物品按垂直堆放。

平行移动方式：暂存区不设置批量，就可以基本上满足平行移动方式。

平行顺序移动方式设定如下。对于上道工序加工时间比下道工序加工时间短，可以满足平行移动方式的原则，即暂存区的设置方法与平行移动方式相同，通过观察各道工序加工时间可知，暂存区 3、7、11、13、15 的设置同平行移动方式；对于上道工序加工时间比下道工序加工时间长，先按照平行移动方式去设计，再把有等待时间的工序中所有的等待时间都加到本道工序的闲置时间里面，把这个总时间设置成一个触发时间，这道工序必须到了这个触发时间，才能开始工作，这样就能保证上道工序的最后一个零件刚加工完，这道工序正好开始加工最后一个零件。此时暂存区就需要分不同情况设置，暂存区 5 设批量为 4，最长等待时间为 49；暂存区 9 设批量为 4，最长等待时间为 56；暂存区 17 设批量为 4，最长等待时间为 41。

3.8.5　建模步骤

（1）生产区参数设置

生产区参数设置如下。双击 Source1 打开参数设置页面，单击 Source 选项卡，在 Arrival Style（到达方式）的下拉菜单中选择 Arrival Sequence（按序列到达），零件按序列到达，然后在下面出现的表格中，将数量 Quantity 改为 8。设置结果如图 3-142 所示。

（2）暂存区参数设置

① 暂存区 2 的设置比较特殊，它主要是约束发生器产生临时实体的数量，具体设置如下。

a. 双击 Queue2 打开参数设置页面，单击 Queue 选项卡，勾选 Perform Batching（成批操作），将 Target Batch Size（目标批量）设置为 8，在 Item Placement（实体堆放）的下拉菜单中选择 Stack Vertically（垂直堆放），设置结果如图 3-143 所示。

b. 单击 Triggers（触发器），在 OnEntry（进入触发）的下拉菜单中，选择 Close and Open Ports（关闭和打开端口），将 Condition（条件）设置为 content（current）==8（当前容量=8），设置结果如图 3-144 所示。

② 根据三种不同的组织方法，设置其余的暂存区。

a. 顺序移动方式　暂存区 3、5、7、9、11、13、15、17 的参数设置相同，以暂存区 3 为例进行参数设置。具体设置为：双击 Queue3 打开参数设置页面，单击 Queue 选项卡，勾选 Perform Batching（成批操作），将 Target Batch Size（目标批量）设置为 8，在 Item Placement（实体堆放）的下拉菜单中选择 Stack Vertically（垂直堆放），设置结果如图 3-145 所示。

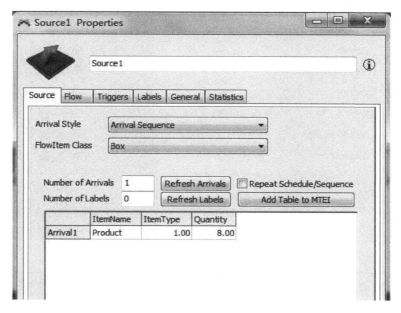

图 3-142　生产器参数设置

图 3-143　暂存区 2 目标批量参数设置

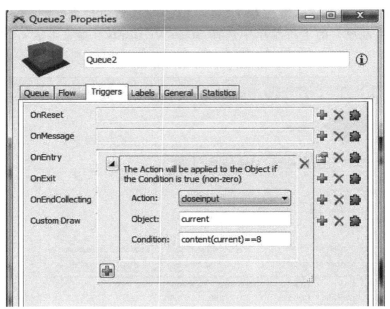

图 3-144　暂存区 2 参数设置

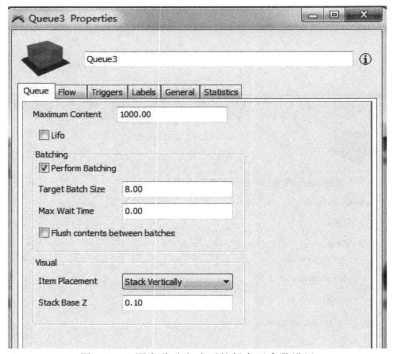

图 3-145　顺序移动方式下的暂存区参数设置

对暂存区 5、7、9、11、13、15、17 进行相同的参数设置。

b. 平行移动方式　暂存区 3、5、7、9、11、13、15、17 的参数设置相同，暂存区不需设置批量，就可以基本上满足平行移动方式。同样以暂存区 3 为例进行设置。具体设置为：双击 Queue3 打开参数设置页面，单击 Queue 选项卡，在 Item Placement（实体堆放）的下拉菜单中选择 Stack Vertically（垂直堆放），设置结果如图 3-146 所示。

对暂存区 5、7、9、11、13、15、17 进行相同的参数设置。

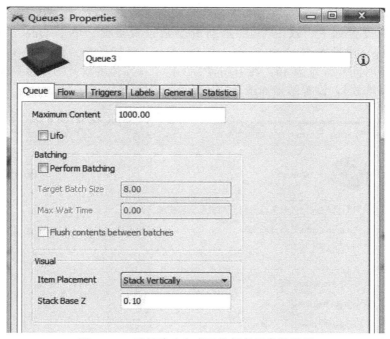

图 3-146　平行移动方式下的暂存区参数设置

c. 平行顺序移动方式　暂存区的设置大不相同，下面依次介绍。

暂存区 3、7、11、13、15 不需设置批量，就可以基本上满足要求。同样以暂存区 3 为例进行设置。具体设置为：双击 Queue3 打开参数设置页面，单击 Queue 选项卡，在 Item Placement（实体堆放）的下拉菜单中选择 Stack Vertically（垂直堆放），设置结果如图 3-147 所示。

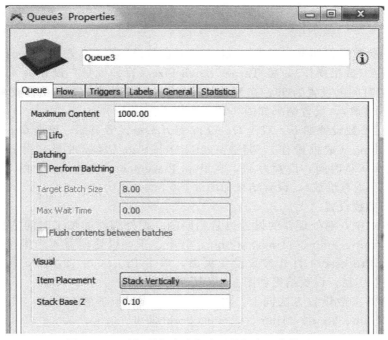

图 3-147　平行顺序移动方式下的暂存区参数设置

对暂存区 7、11、13、15 进行与暂存区 3 相同的参数设置。

暂存区 5 的设置如下。双击 Queue5 打开参数设置页面，单击 Queue 选项卡，选中 Perform Batching（成批操作），将 Target Batch Size（目标批量）设置为 4，将 Max Wait Time（最大等待时间）设置为 49，在 Item Placement（实体堆放）的下拉菜单中选择 Stack Vertically（垂直堆放），设置结果如图 3-148 所示。

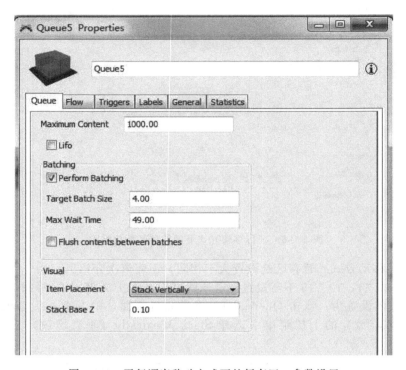

图 3-148　平行顺序移动方式下的暂存区 5 参数设置

暂存区 9 的参数设置如下。双击 Queue9 打开参数设置页面，单击 Queue 选项卡，勾选 Perform Batching（成批操作），将 Target Batch Size（目标批量）设置为 4，将 Max Wait Time（最大等待时间）设置为 56，在 Item Placement（实体堆放）的下拉菜单中选择 Stack Vertically（垂直堆放），设置结果如图 3-149 所示。

暂存区 17 的参数设置如下。双击 Queue17 打开参数设置页面，单击 Queue 选项卡，勾选 Perform Batching（成批操作），将 Target Batch Size（目标批量）设置为 4，将 Max Wait Time（最大等待时间）设置为 41，在 Item Placement（实体堆放）的下拉菜单中选择 Stack Vertically（垂直堆放），设置结果如图 3-150 所示。

（3）处理器参数设置

三种组织方式中，对处理器的设置也是相同的。把处理器的加工时间依次设为 12min、5min、15min、7min、9min、11min、22min、5min。下面以处理器 4 为例进行说明，具体设置如下。双击 Processor4 打开参数设置页面，单击 Processor 选项卡，将 Process Time（处理时间）设置为 12，设置结果如图 3-151 所示。

其余处理器的参数设置方法同上，将 Processor 选项卡下的 Process Time 依次修改为 5min、15min、7min、9min、11min、22min、5min 即可。

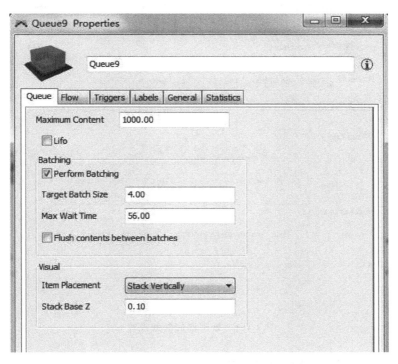

图 3-149　平行顺序移动方式下的暂存区 9 参数设置

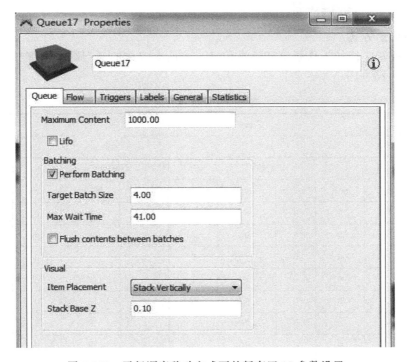

图 3-150　平行顺序移动方式下的暂存区 17 参数设置

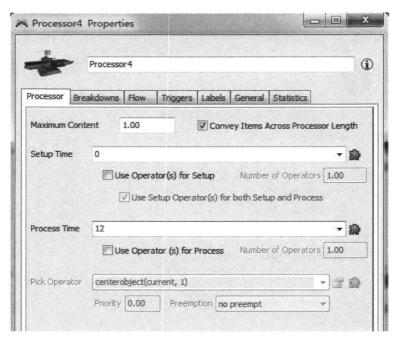

图 3-151　处理器的参数设置

3.8.6　仿真结果分析与改进

3.8.6.1　仿真数据统计

（1）顺序移动方式

运行后，查看它们的工作强度和标准信息，将所有实体的运行结果全部整理出来，绘成标准报告表，见表 3-19。

表 3-19　标准报告表

Flexsim summary report									
Model Clock：688.000									
	当前				吞吐量		停留时间		
	now	min	avg	max	输入	输出	min	avg	max
Source1	0	0	8	7	0	8	0	0	0
Queue2	0	0	0	8	8	8	0	0	0
Queue3	0	0	4	8	8	8	0	42	84
Processor4	0	0	1	1	8	8	12	12	12
Queue5	0	0	3.634	8	8	8	35	59	84
Processor6	0	0	0.294	1	8	8	5	5	5
Queue7	0	0	2.324	8	8	8	35	70	105
Processor8	0	0	0.469	1	8	8	15	15	15

续表

Flexsim summary report								
Model Clock：688.000								
	当前				吞吐量		停留时间		
	now	min	avg	max	输入	输出	min	avg	max
Queue9	0	0	2.020	8	8	8	49	77	105
Processor10	0	0	0.179	1	8	8	7	7	7
Queue11	0	0	1.195	8	8	8	49	56	63
Processor12	0	0	0.188	1	8	8	9	9	9
Queue13	0	0	1.215	8	8	8	63	70	77
Processor14	0	0	0.186	1	8	8	11	11	11
Queue15	0	0	1.476	8	8	8	77	115	154
Processor16	0	0	0.272	1	8	8	22	22	22
Queue17	0	0	1.107	8	8	8	35	94	154
Processor18	0	0	0.058	1	8	8	5	5	5
Sink19	1	1	0	1	8	0	0	0	0

通过表 3-19，可以算出零件在加工时的总等待时间为：$42+59+70+77+56+70+115+94=583$（min），将所有实体的工作强度整理出来，可得到所有实体的状态报告表，见表 3-20。

表 3-20　状态报告表

	idle	processing	empty	collecting	releasing
Source1	0.00%	0.00%	0.00%	0.00%	0.00%
Queue2	0.00%	0.00%	100.00%	0.00%	0.00%
Queue3	0.00%	0.00%	0.00%	100.00%	0.00%
Processor4	0.00%	100.00%	0.00%	0.00%	0.00%
Queue5	0.00%	0.00%	9.16%	90.84%	0.00%
Processor6	70.59%	29.41%	0.00%	0.00%	0.00%
Queue7	0.00%	0.00%	41.91%	58.09%	0.00%
Processor8	53.13%	46.87%	0.00%	0.00%	0.00%
Queue9	0.00%	0.00%	49.51%	50.49%	0.00%
Processor10	82.05%	17.95%	0.00%	0.00%	0.00%
Queue11	0.00%	0.00%	70.13%	29.87%	0.00%
Processor12	81.25%	18.75%	0.00%	0.00%	0.00%
Queue13	0.00%	0.00%	69.63%	30.37%	0.00%
Processor14	81.36%	18.64%	0.00%	0.00%	0.00%
Queue15	0.00%	0.00%	63.10%	36.90%	0.00%
Processor16	72.84%	27.16%	0.00%	0.00%	0.00%

	idle	processing	empty	collecting	releasing
Queue17	0.00%	0.00%	72.33%	27.67%	0.00%
Processor18	94.19%	5.81%	0.00%	0.00%	0.00%
Sink19	0.00%	0.00%	0.00%	0.00%	0.00%

表 3-20 只给出部分表格，其余的部分都为零（表 3-22、表 3-24 同）。

从表 3-19、表 3-20 可以看出顺序移动方式所带来的优缺点。缺点：①设备生产周期较长；②在制品数量较大。优点：①工件加工按顺序，有规律可循，同时机床的布置和连接较为简单；②加工过程中运输次数少。

（2）平行移动方式

运行结束后，得到相应的仿真结果，将所有实体的运行结果全部整理出来，绘成标准报告表，见表 3-21。

表 3-21 标准报告表

Flexsim summary report

Model Clock: 240.000

	当前				吞吐量		停留时间		
	now	min	avg	max	输入	输出	min	avg	max
Source1	0	0	8	7	0	8	0	0	0
Queue2	0	0	0	8	8	8	0	0	0
Queue3	0	0	4	7	8	8	0	42	84
Processor4	0	0	1	1	8	8	12	12	12
Queue5	0	0	0	1	8	8	0	0	0
Processor6	0	0	0.396	1	8	8	5	5	5
Queue7	0	0	0.689	2	8	8	0	10.5	21
Processor8	0	0	0.876	1	8	8	15	15	15
Queue9	0	0	0	1	8	8	0	0	0
Processor10	0	0	0.389	1	8	8	7	7	7
Queue11	0	0	0	1	8	8	0	0	0
Processor12	0	0	0.471	1	8	8	9	9	9
Queue13	0	0	0	1	8	8	0	0	0
Processor13	0	0	0.537	1	8	8	11	11	11
Queue15	0	0	0.920	3	8	8	0	24.5	49
Processor16	0	0	0.749	1	8	8	22	22	22
Queue17	0	0	0	1	8	8	0	0	0
Processor18	0	0	0.167	1	8	8	5	5	5
Sink19	1	1	0	1	8	0	0	0	0

通过表 3-21，可以算出零件在加工时的总等待时间为：42＋0＋10.5＋0＋0＋0＋24.5＋0＝77（min），将所有实体的工作强度整理出来，可得到所有实体的状态报告表，见表 3-22。

表 3-22 状态报告表

	idle	processing	empty	collecting	releasing
Source1	0.00%	0.00%	0.00%	0.00%	0.00%
Queue2	0.00%	0.00%	100.00%	0.00%	0.00%
Queue3	0.00%	0.00%	0.00%	0.00%	100.00%
Processor4	0.00%	100.00%	0.00%	0.00%	0.00%
Queue5	0.00%	0.00%	100.00%	0.00%	0.00%
Processor6	60.40%	39.60%	0.00%	0.00%	0.00%
Queue7	0.00%	0.00%	38.52%	0.00%	61.48%
Processor8	12.41%	87.59%	0.00%	0.00%	0.00%
Queue9	0.00%	0.00%	100.00%	0.00%	0.00%
Processor10	61.11%	38.89%	0.00%	0.00%	0.00%
Queue11	0.00%	0.00%	100.00%	0.00%	0.00%
Processor12	52.94%	47.06%	0.00%	0.00%	0.00%
Queue13	0.00%	0.00%	100.00%	0.00%	0.00%
Processor14	46.34%	53.66%	0.00%	0.00%	0.00%
Queue15	0.00%	0.00%	38.97%	0.00%	61.03%
Processor16	25.11%	74.89%	0.00%	0.00%	0.00%
Queue17	0.00%	0.00%	100.00%	0.00%	0.00%
Processor18	83.33%	16.67%	0.00%	0.00%	0.00%
Sink19	0.00%	0.00%	0.00%	0.00%	0.00%

从表 3-21、表 3-22 可以看出平行移动方式所带来的优缺点。缺点：①容易出现设备等待或零件等待的情况；②加工过程中搬运次数较多。优点：①加工的在制品减到最少；②缩短了加工周期。

（3）平行顺序移动方式

运行结束后，得到相应的仿真结果，将所有实体的运行结果全部整理出来，绘成标准报告表，见表 3-23。

表 3-23 标准报告表

Flexsim summary report									
Model Clock：345.000									
	当前				吞吐量		停留时间		
	now	min	avg	max	输入	输出	min	avg	max
Source1	0	0	8	7	0	8	0	0	0
Queue2	0	0	0	8	8	8	0	0	0

续表

Flexsim summary report									
Model Clock: 345.000									
		当前			吞吐量		停留时间		
	now	min	avg	max	输入	输出	min	avg	max
Queue3	0	0	4	7	8	8	0	42	84
Processor4	0	0	1	1	8	8	12	12	12
Queue5	0	0	1.838	4	8	8	15	25	36
Processor6	0	0	0.345	1	8	8	5	5	5
Queue7	0	0	1.063	3	8	8	0	21	42
Processor8	0	0	0.694	1	8	8	15	15	15
Queue9	0	0	1.361	4	8	8	21	33	45
Processor10	0	0	0.279	1	8	8	7	7	7
Queue11	0	0	0.116	1	8	8	0	3	6
Processor12	0	0	0.333	1	8	8	9	9	9
Queue13	0	0	0.108	1	8	8	0	3	6
Processor14	0	0	0.378	1	8	8	11	11	11
Queue15	0	0	0.830	3	8	8	0	30.5	61
Processor16	0	0	0.557	1	8	8	22	22	22
Queue17	0	0	0.765	2	8	8	24	32.5	41
Processor18	0	0	0.116	1	8	8	5	5	5
Sink19	1	1	0	1	8	0	0	0	0

通过表 3-23，可以算出零件在加工时的总等待时间为：42+25+21+33+3+3+30.5+32.5=190（min），将所有实体的工作强度整理出来，可得到所有实体的状态报告表，见表 3-24。

表 3-24　状态报告表

	idle	processing	empty	collecting	releasing
Source1	0.00%	0.00%	0.00%	0.00%	0.00%
Queue2	0.00%	0.00%	100.00%	0.00%	0.00%
Queue3	0.00%	0.00%	0.00%	0.00%	100.00%
Processor4	0.00%	100.00%	0.00%	0.00%	0.00%
Queue5	0.00%	0.00%	10.81%	89.19%	0.00%
Processor6	65.52%	34.48%	0.00%	0.00%	0.00%
Queue7	0.00%	0.00%	38.61%	0.00%	61.39%
Processor8	30.64%	69.36%	0.00%	0.00%	0.00%
Queue9	0.00%	0.00%	35.05%	64.95%	0.00%
Processor10	72.14%	27.86%	0.00%	0.00%	0.00%

续表

	idle	processing	empty	collecting	releasing
Queue11	0.00%	0.00%	88.41%	0.00%	11.59%
Processor12	66.67%	33.33%	0.00%	0.00%	0.00%
Queue13	0.00%	0.00%	89.19%	0.00%	10.81%
Processor14	62.23%	37.77%	0.00%	0.00%	0.00%
Queue15	0.00%	0.00%	51.36%	0.00%	48.64%
Processor16	44.30%	55.70%	0.00%	0.00%	0.00%
Queue17	0.00%	0.00%	47.65%	52.35%	0.00%
Processor18	88.41%	11.59%	0.00%	0.00%	0.00%
Sink19	0.00%	0.00%	0.00%	0.00%	0.00%

从表 3-23、表 3-24 可以看出平行顺序移动方式所带来的优缺点。缺点：①每个工件都有不同的加工路线，生产组织安排比较复杂；②总设备闲置时间相对较长。优点：①周期相对较少；②搬运次数少。

3.8.6.2　各方案的分析与选择

通过对仿真运行结果进行统计，可以把三种方式的仿真结果进行对比，主要从加工时间、设备等待和设备闲置三个指标来进行比较，建立表格，见表 3-25。

表 3-25　组织方式的比较　　　　　　　　　　　　　　　　　　min

项目	顺序移动	平行移动	平行顺序移动
加工时间	688	240	345
设备等待	0	294	0
设备闲置	2304	288	1030

通过比较，可以看出顺序移动的加工时间最长，设备闲置时间也最长，说明该方法没能充分利用设备资源；平行移动的加工时间虽然最短，但设备有等待时间，这说明在加工过程中设备有空运作现象，这使公司消耗了不必要的资源，在生产系统也是应该避免的；平行顺序移动的加工时间处于两者中间，略高于平行移动的时间，设备闲置时间也处于两者之间，但比顺序移动要少一半的时间，并且设备等待时间为零，在生产过程中避免了设备的空运转。综合考虑，三种方法中，平行顺序移动是三者中最优的方案。

下面对三种组织方式的每一个实体进行比较，比较它们空闲、工作和拥堵时的状态，总结之后，绘成表 3-26。

表 3-26　方式的详细比较

项目	顺序移动			平行移动			平行顺序移动		
	空闲	工作	拥堵	空闲	工作	拥堵	空闲	工作	拥堵
Source1	0.00%	0.00%	0.00%	0.00%	0.00%	0.00%	0.00%	0.00%	0.00%
Queue2	0.00%	0.00%	0.00%	0.00%	0.00%	0.00%	0.00%	0.00%	0.00%
Queue3	0.00%	0.00%	0.00%	0.00%	0.00%	0.00%	0.00%	0.00%	0.00%
Processor4	0.00%	100%	0.00%	0.00%	100%	0.00%	0.00%	100%	0.00%

续表

项目	顺序移动			平行移动			平行顺序移动		
	空闲	工作	拥堵	空闲	工作	拥堵	空闲	工作	拥堵
Queue5	0.00%	0.00%	0.00%	0.00%	0.00%	0.00%	0.00%	0.00%	0.00%
Processor6	70.59%	29.41%	0.00%	60.40%	39.60%	0.00%	65.52%	34.48%	0.00%
Queue7	0.00%	0.00%	0.00%	0.00%	0.00%	0.00%	0.00%	0.00%	0.00%
Processor8	53.13%	46.88%	0.00%	12.41%	87.59%	0.00%	30.64%	69.36%	0.00%
Queue9	0.00%	0.00%	0.00%	0.00%	0.00%	0.00%	0.00%	0.00%	0.00%
Processor10	82.05%	17.95%	0.00%	61.11%	38.89%	0.00%	72.14%	27.86%	0.00%
Queue11	0.00%	0.00%	0.00%	0.00%	0.00%	0.00%	0.00%	0.00%	0.00%
Processor12	81.25%	18.75%	0.00%	52.94%	47.06%	0.00%	66.67%	33.33%	0.00%
Queue13	0.00%	0.00%	0.00%	0.00%	0.00%	0.00%	0.00%	0.00%	0.00%
Processor14	81.36%	18.64%	0.00%	46.34%	53.66%	0.00%	62.23%	37.77%	0.00%
Queue15	0.00%	0.00%	0.00%	0.00%	0.00%	0.00%	0.00%	0.00%	0.00%
Processor16	72.84%	27.16%	0.00%	25.11%	74.89%	0.00%	44.30%	55.70%	0.00%
Queue17	0.00%	0.00%	0.00%	0.00%	0.00%	0.00%	0.00%	0.00%	0.00%
Processor18	94.19%	5.81%	0.00%	83.33%	16.67%	0.00%	88.41%	11.59%	0.00%
Sink19	0.00%	0.00%	0.00%	0.00%	0.00%	0.00%	0.00%	0.00%	0.00%

通过表 3-26 可知，顺序移动的设备空闲时间最长，顺序移动的工作时间最长，平行顺序移动的工作时间与平行移动的工作时间相差不大。

通过上面的对比，根据行程最短、时间最省、占用和耗费最少、效率最高等指标，综合考虑，平行顺序移动是最优的生产组织方式。

3.8.7 实训练习

（1）总结上文提到的三种生产组织方式。
（2）如果增加一道 6min 的工序如何实现。

3.9 混合流水线系统建模仿真与分析

3.9.1 实训知识准备

3.9.1.1 混合流水线系统

多对象流水线（多品种流水线）生产有两种基本形式。一种是可变流水线，其特点是：在计划期内，按照一定的间隔期，成批轮番生产多种产品；在间隔期内，只生产一种产品，在完成规定的批量后，转生产另一种产品。另一种是混合流水线，其特点是：在同一时间内，流水线上混合生产多种产品，按固定的混合产品组组织生产，即将不同的产品按固定的比例和生产顺序编成产品组，一个组一个组地在流水线上进行生产。可变流水线为我们所熟悉，而混合流水线是我们所不熟悉的。

3.9.1.2 混合流水线的特点

（1）混合流水线是多品种、小批量生产流水化的一种生产方法

混合流水线是一种装配流水线，是适用于多品种、小批量生产的一种生产组织方法。但它是借用于大量生产方法，即流水生产方法组织多品种、小批量生产而形成的一种生产方法，因而使多品种、小批量生产实现流水化多品种、小批量组织生产的难度大，经济效益低。采用了大量流水生产方法，组织混合流水线，使多品种、小批量生产的经济效益可大大提高。在多品种、小批量生产条件下采用混合流水线，要具备一个条件，就是品种虽然很多，但在混合流水线上装配的品种都是相似的产品，而且它们所采用的零部件的标准化、通用化程度是比较高的。如果标准化、通用化程度不高，将增大组织混合流水线的难度，甚至是不可能的。

① 流水线上品种搭配方式不同 可变流水线上，各品种是成批轮番搭配的。混合流水线上，各品种单个混合搭配，取消了批量的概念。两种搭配方式见图3-152、图3-153。所以，混合流水线在任何时刻都有两种以上产品在同时进行装配，而可变流水线只能有一种产品在生产。

图3-152　可变流水线的搭配方式节拍（$r_A r_B r_C$随品种的改变而改变）

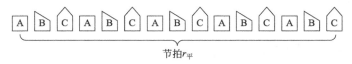

图3-153　混合流水线的搭配方式（固定节拍，各品种的平均节拍）

② 流水线节拍可变性不同 可变流水线节拍随品种而变，每一品种都按自己的节拍组织生产。混合流水线节拍是固定的，线上各品种都按统一节拍组织生产。所以，混合流水线叫作固定节拍多品种混合流水线，可变流水线叫作可变节拍多品种成批生产流水线。

③ 工序同期化程度不同 可变流水线要求工序同期化程度较高，即线上每一品种的各工序定额时间都要与该品种的节拍相等或成整数倍，这样，才能组织连续式装配流水线。混合流水线工序同期化程度很低，但却能实现按产量、品种工时组织全面均衡化生产，同时可以做到在制品占用量相当低，工人工时利用率相当高。

（2）组织混合流水线在于提高多品种、小批量生产的经济效益

多品种、小批量生产一般是直接根据订货组织生产。为了较好地满足用户提出的交货期、品种、数量的要求，企业要实行多品种搭配生产实行混合流水装配，使厂内生产对产品销路变化具有灵活性和适应性。但这还不是组织混合流水线的最主要目的。因为满足交货期，不一定必须按图3-153的方式一台台地混合搭配，也可以进行小批量搭配。组织混合流水线的主要目的，在于消除生产中的浪费，降低成本，提高多品种、小批量生产的经济效益。均衡生产是提高生产经济效益的前提条件，是它的基础。多品种、小批量生产的难度，在于难以实现均衡生产，尤其难以实现产量、品种工时全面均衡化生产。需要找出使多品种、小批量生产实现均衡化的方法。一个简单的方法，是将相同规格的产品集中起来进行成批搭配生产，这是一般工厂所采用的方法。但出现一个问题，即每当改换品种时，就引起装

配、加工各工序工人负荷的波动，某些工种负荷过分集中，要加班加点，某些工种又负荷不满甚至没活干，造成窝工浪费，当换上另一种产品时，又会出现相反的情况。生产线要经常调整，生产难以均衡。为了使每一工种都有活干，不得不大量制造在制品。用加大储备换取装配的均衡生产和调节加工各工序的忙闲不均，但这种均衡只是表面的，不会带来真正的经济效益。因为过量制造，不仅本身就是浪费，而且还蔽盖了其他生产浪费，使之不易被消除。因此，需要改变装配线上集中成批搭配方式，要打破批量，实行各品种单台混合搭配，在整个搭配过程中形成多个投入循环，每经过一个循环就出产 A、B、C 三台产品。同时通过流水线平衡，又使各工序工人负荷达到饱满，这样，在各个投入循环之间就能做到产量、品种工时都实现均衡化生产。改换品种时，各工种之间负荷不会出现波动。实行混合流水装配，还有力地促使上道工序加工阶段按装配需要的时间、品种、数量生产零件和毛坯。厂内实行严格的按需生产，减少在制品储备量，防止过量制造。实行混合流水装配以后，工人按工序实行专业化装配。专业分工不仅大大提高装配效率，节约装配面积，而且为装配机械化创造了条件。

3.9.2 学习目的

① 学习如何循环产生三种类型的产品。
② 学习如何设置不同类型产品的不同加工时间。
③ 学习如何设置生产完让其自动停止。
④ 学习如何查找所有实体的状态汇总报告。

3.9.3 完成时间

100min。

3.9.4 问题描述与系统参数

（1）问题描述

一个工厂有 5 个不同的车间（普通车间、钻床车间、铣床车间、磨床车间和检测车间），加工 3 种类型产品。每种产品都要按工艺顺序在 5 个不同的车间完成 5 道工序。

假定在保持车间逐日连续工作的条件下，仿真在多对象标准化中采用不同投产顺序来生产给定数量的 3 种产品。通过改变投产顺序使产量、品种、工时和负荷趋于均衡，来减少时间损失。

如果一项作业在特定时间到达车间，发现该组机器全都忙着，该作业就在该组机器处排入一个 FIFO 规则的队列的暂存区，如果有前一天没有完成的任务，第二天继续加工。

（2）系统数据

系统数据见表 3-27～表 3-29。

表 3-27 车间配备 台

项目	普通车间	钻床车间	铣床车间	磨床车间	检测车间
机器数量	3	3	2	3	1

表 3-28 加工时间 min

项目	普通机床	钻床	铣床	磨床	检测
产品 1	5	5	4	4	6
产品 2	4	4	3	4	3
产品 3	4	5	3	4	1

表 3-29 产品数量

项目	总数/个	每批量/个	时间间隔/min
产品1	1000	10	3
产品2	500	5	3
产品3	200	2	3

（3）概念模型

概念模型见图 3-154。

3.9.5 建模步骤

双击桌面上的 Flexsim 图标打开软件，打开编辑界面。

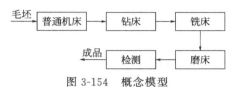

图 3-154 概念模型

3.9.5.1 模型实体设计

实体元素见表 3-30。

表 3-30 实体元素

模型元素	系统元素	备注
Flowitem	原料	不同实体类型代表不同类型的原料，分别标为1、2、3
Processor	机器	进行不同的参数定义以表征不同机器组中的机器
Queue	机器组暂存区	
Conveyor	传送带	
Source	原材料库	原材料的始发处
Sink	成品库	原料加工后的最终去处

3.9.5.2 在模型中生成所有实体

从左边的实体库中依次拖拽出所有实体（1个 Source，5个 Queue，12个 Processor，1个 Conveyor，1个 Sink）放在右边模型视图中，调整至适当的位置，如图 3-155 所示。

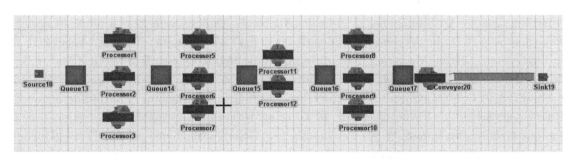

图 3-155 拖出所有实体

3.9.5.3 修改名称

为了更方便地读懂模型，通常会修改实体的名称，以符合实际情况。

鼠标左键双击最左边的暂存区，弹出实体属性的对话框，在最上方的名称栏里修改成相应的名称，如图 3-156 所示。

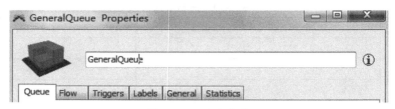

图 3-156 改变名称

点击 OK 后确认修改。

对于其他需要修改的实体,也进行同样的操作,见图 3-157。

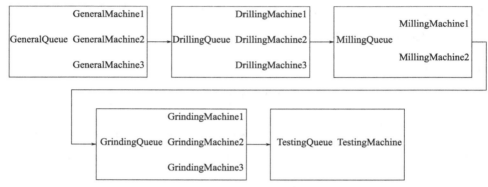

图 3-157 相应的加工名称图

3.9.5.4 连接端口

下一步是根据流动实体的路径来连接不同实体的端口。

按住键盘上的"A"键,与前面章节的操作一样,按上图中的箭头指向依次连接各个实体。分别(注意方向)从 Source 连到 GeneralQueue, GeneralQueue 连到 GeneralMachine1, GeneralQueue 连到 GeneralMachine2, GeneralQueue 连到 GeneralMachine3, GeneralMachine1 连到 DrillingQueue, GeneralMachine2 连到 DrillingQueue, GeneralMachine3 连到 DrillingQueue, DrillingQueue 连到 DrillingMachine1, DrillingQueue 连到 Drilling Machine2, DrillingQueue 连到 DrillingMachine3, DrillingMachine1 连到 MillingQueue, Drilling Machine2 连到 MillingQueue, DrillingMachine3 连到 MillingQueue, MillingQueue 连到 Milling Machine1, MillingQueue 连到 MillingMachine2, MillingMachine1 连到 Grinding Queue, Milling Machine2 连到 GrindingQueue, GrindingQueue 连到 GrindingMachine1, GrindingQueue 连到 GrindingMachine2, GrindingQueue 连到 GrindingMachine3, GrindingMachine1 连到 Testing Queue, GrindingMachine2 连到 TestingQueue, GrindingMachine3 连到 TestingQueue, Testing Queue 连到 TestingMachine, TestingMachine 连到 Conveyor, Conveyor 连到 Sink。

完成后如图 3-158 所示。

3.9.5.5 设置参数

(1) 给 Source 指定临时实体流到达参数

① 在 Source 的设定里,需要让其循环生产 3 种类型的产品(即流动实体),共计 1700 个时停止。其中类型 1 产品 1000 个,每隔 3min 生产一批 10 个;类型 2 产品 500 个,每隔 3min 生产一批 5 个;类型 3 产品 200 个,每隔 3min 生产一批 2 个。

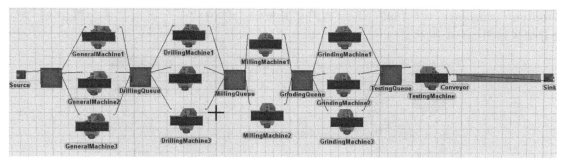

图 3-158　连接好的模型

双击 Source 打开参数设置对话框，在弹出的属性窗口里，在 Arrival Style（到达方式）下拉菜单中选择 Arrival Schedule（按时间到达），把 Number of Arrivals（到达次数）改成 4，点击 Refresh Arriyals（更新到达列表）后会刷新出 4 栏 Arrival，结合以前学过的知识，修改后如图 3-159 所示。

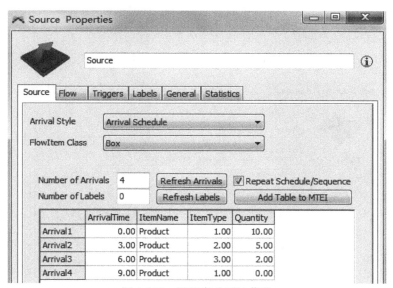

图 3-159　调整产品到达信息

Arrival1 栏表示在 0 时刻生产 10 个类型 1 的产品，Arrival2 栏表示在 3min 时生产 5 个类型 2 的产品，Arrival3 栏表示在 6min 时生产 2 个类型 3 的产品，Arrival4 栏表示在 9min 时不生产类型 1 的产品（这是为了在循环生产产品时，不使 Arrival4 和后一批生产的 Arrival1 时间重叠）。注意一定要把右边的 Repeat Schedule/Sequence 选上勾，否则不会循环产生流动实体。

② 产品类型和颜色参数的设置。在 Source 的参数设置对话框中，单击 Triggers（触发器）选项卡，在 OnExit（离开触发）的下拉列表中，选择 Set the Itemtype and Color（设置临时实体类型和颜色），将 Item Type（临时实体类型）设置为均匀分布，duniform（1，3），设置结果如图 3-160 所示。

③ 接下来设定当总共生产 1700 个产品时，Source 自动停止生产产品，具体设置如下：在 Source 的参数设置对话框中，单击 Triggers（触发器）选项卡，在 OnExit（离开触发）的下拉列表中，选择 Close and Open Ports（关闭和打开端口），在 Action（动作）后面选择 closeoutput（关闭输出端口），Object 默认当前设置，将 Condition（条件）设置为

getoutput（current）==1699（表示当前离开流动实体的前一个流动实体为第 1699 个），设置结果如图 3-161 所示。

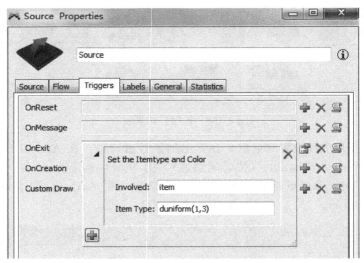

图 3-160　设置产品类型和颜色

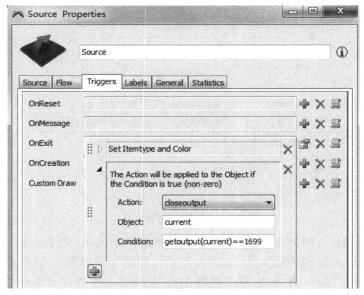

图 3-161　设置关闭规则

点击相应的 OK 按钮后，就完成了对 Source 的设定。

（2）给暂存区 GeneralQueue 设定参数

为使整个系统正常工作，所有的暂存区必须容纳足够多的产品，避免前一级加工完的产品因为没有地方可以存放而使得前一级的工作区不能正常工作。

总共需加工 1700 个产品，所以我们可以把所有的暂存区的容量都设为 1700 个，这样就不会发生阻塞了。

双击 GeneralQueue 打开参数设置对话框，在弹出的属性窗口中把 Maximum Content（最大容量）设置为 1700，如图 3-162 所示。

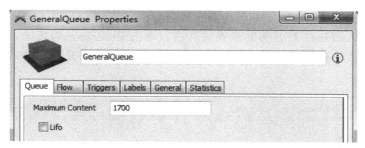

图 3-162 调整容量为 1700

点击 OK 按钮后确定设置。

用同样的操作设置其他几个暂存区 DrillingQueue、MillingQueue、GrindingQueue、TestingQueue，把它们容量都改为 1700 个。

（3）给普通车间处理器组设定参数

先说 GeneralMachine 组，其关键点在于加工时间的设定：类型 1 产品加工时间为 5min，类型 2 产品加工时间为 4min，类型 3 产品加工时间为 4min。

双击 GeneralMachine1 打开参数设置对话框，单击 Processor 选项卡，在 Process Time（处理时间）下拉菜单栏里选择 Value By Case（根据返回值选择不同端口），并修改，如图 3-163 所示，即类型 1 加工时间为 5min，类型 2 为 4min，类型 3 为 4min。

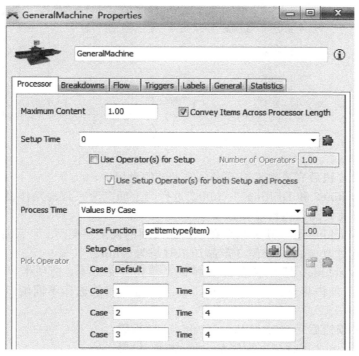

图 3-163 选择、设置加工时间

点击所有 OK 按钮后完成对 GeneralMachine1 的设置。

对 GeneralMachine2 和 GeneralMachine3 进行与上面完全一致的操作设置。

（4）给钻床车间处理器组设定参数

先说 DrillingMachine 组，其关键点在于加工时间的设定：类型 1 产品加工时间为

5min，类型 2 产品加工时间为 4min，类型 3 产品加工时间为 5min。

双击 DrillingMachine1 打开参数设置对话框，单击 Processor 选项卡，在 Process Time（处理时间）下拉菜单栏里选择 Value By Case（根据返回值选择不同端口），并修改参数，如图 3-164 所示。

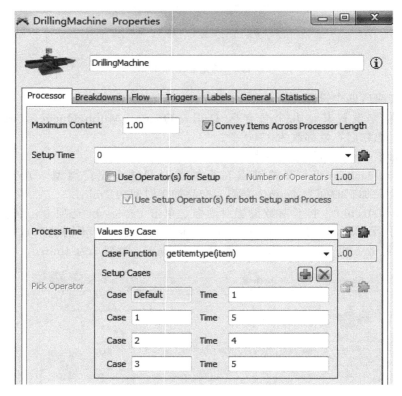

图 3-164　设置加工时间（一）

点击所有 OK 按钮后完成对 DrillingMachine1 的设置。

对 DrillingMachine2 和 DrillingMachine3 进行与上面完全一致的操作设置。

（5）给铣床车间处理器组设定参数

先说 MillingMachine 组，其关键点在于加工时间的设定：类型 1 产品加工时间为 4min，类型 2 产品加工时间为 3min，类型 3 产品加工时间为 3min。

双击 MillingMachine1 打开参数设置界面，单击 Processor 选项卡，在 Process Time（处理时间）下拉菜单栏里选择 Value By Case（根据返回值选择不同端口），并修改参数，如图 3-165 所示。

点击所有 OK 按钮后完成对 MillingMachine1 的设置。

对 MillingMachine2 进行与上面完全一致的操作设置。

（6）给磨床车间处理器组设定参数

先说 GrindingMachine 组，其关键点在于加工时间的设定：类型 1 产品加工时间为 4min，类型 2 产品加工时间为 4min，类型 3 产品加工时间为 4min。

双击 GrindingMachine1 打开参数设置对话框，单击 Processor 选项卡，在 Process Time（处理时间）下拉菜单栏里选择 Value By Case（根据返回值选择不同端口），并修改参数，如图 3-166 所示。

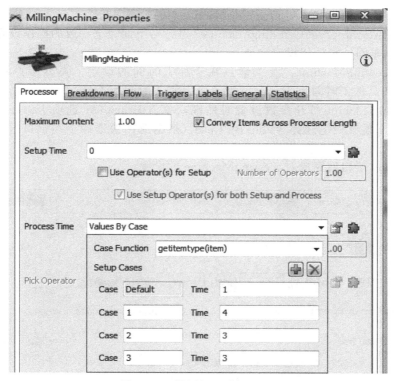

图 3-165 设置加工时间（二）

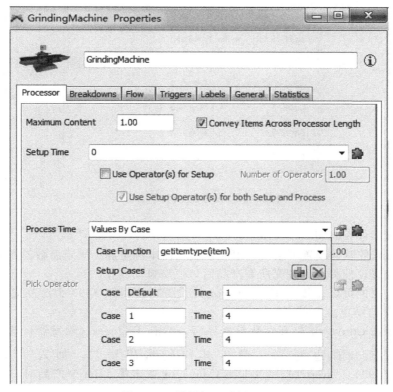

图 3-166 设置加工时间（三）

点击所有 OK 按钮后完成对 GrindingMachine1 的设置。

对 GrindingMachine2 和 GrindingMachine3 进行与上面完全一致的操作设置。

（7）给测试车间处理器组设定参数

最后设置 TestingMachine，其关键点在于加工时间的设定：类型 1 产品加工时间为 6min，类型 2 产品加工时间为 3min，类型 3 产品加工时间为 1min。

双击 TestingMachine 打开参数设置对话框，单击 Processor 选项卡，在 Process Time（处理时间）下拉菜单栏里选择 Value By Case（根据返回值选择不同端口），并修改参数，如图 3-167 所示。

点击所有 OK 按钮后完成对 TestingMachine 的设置。

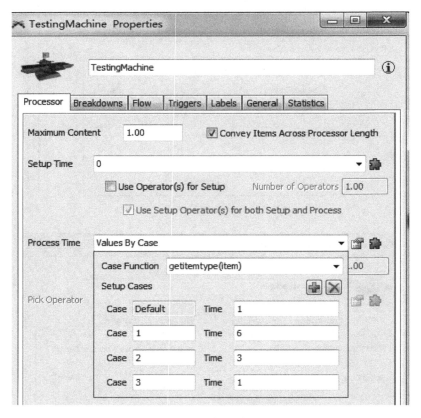

图 3-167　设置加工时间（四）

（8）设置模型停止时间

由于 Flexsim 的默认设置不会自动停止模型，而本例是加工固定总数的产品，所以我们需要进行相应设置，使得在处理完所有产品后，模型自动停止。

本模型中，我们可以在传送带 Conveyor 处设置，使得第 1700 个产品离开传送带进入 Sink 时，模型自动停止。

鼠标左键双击 Conveyor 打开参数设置界面，单击 Triggers（触发器）选项卡，点击最后的 OnConveyEnd 右边的 ，弹出其代码编辑窗口，加入 "if（getoutput（current）==1699） stop();"（即当 Conveyor 送走第 1700 个产品时，模型自动停止仿真），如图 3-168 所示。

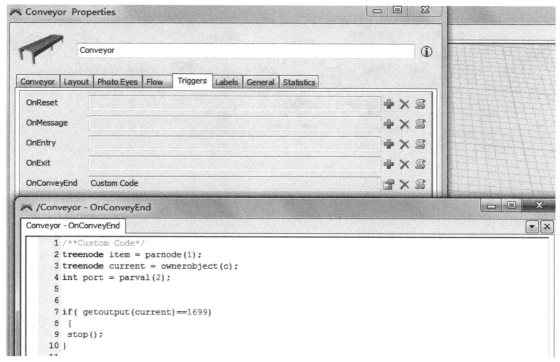

图 3-168 添加停止模型语句

点击相应 OK 后完成设定。

至此，一个完整的模型就全部建立好了。

3.9.5.6 模型运行

主视窗上的运行控制按钮见图 3-169。

图 3-169 主视窗上的运行控制按钮

（1）编译

按主视窗的 Compile 按钮，完成编译过程后就可以运行模型了。

（2）重置模型

为了在运行模型前设置系统和模型参数的初始状态，总是要先点击主视窗底部的 Reset 键。

（3）运行模型

按 Run 按钮使模型运行起来。

仿真运行过程中，可以看到红、绿、蓝 3 种不同颜色的产品从系统中流过，经过不同机器组的加工，最后离开系统，见图 3-170。

（4）加快仿真模型运行速度

如果只是关心仿真结果，而对仿真的过程不感兴趣，那我们可以加快仿真速度，迅速得到结果。

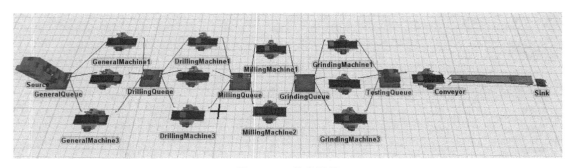

图 3-170　仿真场景

如图 3-171 所示，用鼠标左键一直按住比例尺，移动到合适的比例位置，便可迅速得到结果。

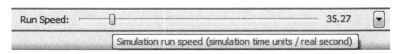

图 3-171　仿真速度控制比例条

3.9.6　仿真结果分析与改进

当仿真运行自动结束后，打开 Flexsim 工具栏里的 Statistics 目录下的 Report and Statistics 选项，如图 3-172 所示。

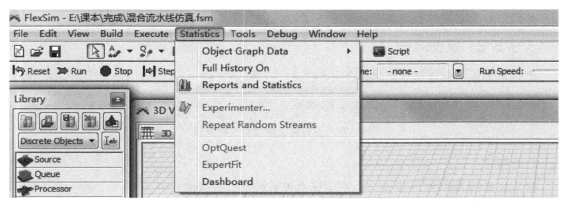

图 3-172　打开标准报告栏

通过 >> 按钮增加、<< 按钮减少需要输出的报告内容，使得报告包含以下所列的 6 个部分的数据：idle 是空闲时间，processing 是工作时间，blocked 是产品在设备的等待时间，stats_staytimeavg 是平均停留时间，stats_input 是输入产品数，stats_output 是输出产品数，设置完成后，如图 3-173 所示。

点击 Generate Report 后生成图 3-174 所示报告。

从图 3-174 中可以很方便地看到，总运行时间是 5757min，以及各个设备的输入/输出产品数、处理时间等信息。还可以发现，TestingQueue 中等待加工的产品等待时间最长，可以认为这是整个加工系统的主要瓶颈，如果要提高整体产出率，那么首先需要添加

TestingMachine 机器组的机器。除了 TestingMachine 机器组，GeneralQueue 的平均等待时间很长，因此也是需要改善的。

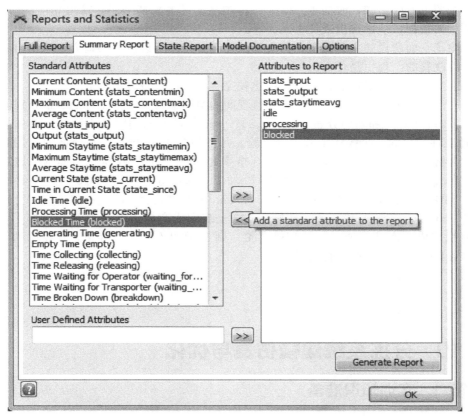

图 3-173　增加或减少所需要生成的报告内容

Flexsim Summary Report							
Time:	5757						
Object	Class	stats_input	stats_output	stats_staytimeavg	idle	processing	blocked
GeneralMachine1	Processor	565	565	4.352212	0	2459	0
GeneralMachine2	Processor	564	564	4.365248	0	2462	0
GeneralMachine3	Processor	571	571	4.30648	0	2459	0
DrillingMachine1	Processor	567	567	4.666667	5	2646	0
DrillingMachine2	Processor	570	570	4.640351	5	2645	0
DrillingMachine3	Processor	563	563	4.694494	5	2643	0
GrindingMachine1	Processor	567	567	4	584	2268	0
GrindingMachine2	Processor	567	567	4	586	2268	0
GrindingMachine3	Processor	566	566	4	586	2264	0
MillingMachine1	Processor	850	850	3.343529	8	2842	0
MillingMachine2	Processor	850	850	3.338824	10	2838	0
TestingMachine	Processor	1700	1700	3.371765	15	5732	0
GeneralQueue	Queue	1700	1700	780.118824	0	0	0
DrillingQueue	Queue	1700	1700	93.799412	0	0	0
MillingQueue	Queue	1700	1700	96.352353	0	0	0
GrindingQueue	Queue	1700	1700	0.087059	0	0	0
TestingQueue	Queue	1700	1700	1433.848235	0	0	0
Source	Source	0	1700	0	0	0	4854
Sink	Sink	1700	0	0	0	0	0
Conveyor	Conveyor	1700	1700	10	0	0	0

图 3-174　所生成的报告

3.9.7 实训练习

(1) 按照上面的步骤,改变1、2、3三种类型产品的投产顺序,输出相应的仿真报告,对比各项相关数据,从中选出最佳方案。

(2) 除了上面所说的主要瓶颈,其实系统还存在很多可以改善的地方,请指出还有哪些地方是有待改善的,理由是什么?

(3) 适当添加工作组机器,找到一种比较完善的生产配备方案。

(4) 一个流水加工生产线,不考虑其流程间的空间运输。两种工件A、B分别以正态分布〔(10,2),min〕和均匀分布〔(10,20),min〕的时间间隔进入系统,首先进入队列Q1。两种工件均由同一个操作工人进行检验,每件检验用时2min。不合格的工件废弃,离开系统;合格的工件送往后续加工工序,合格率为95%。工件A送往机器M1加工,如需等待,则在Q2队列中等待;B送往机器M2加工,如需等待,则在Q3队列中等待。A在机器M1上的加工时间为均匀分布〔(1,5),min〕;B在机器M2上的加工时间为正态分布〔(8,1),min〕。一个A和一个B在机器M3上装配成产品,需时为正态分布〔(5,1),min〕,装配完成后离开系统。如装配机器忙,则A在队列Q4中等待,B在队列Q5中等待。连续仿真一个月的系统运行情况。

① 建立模型布局。
② 进行参数设置。
③ 运行结果分析。

3.10 分拣系统建模仿真与优化

3.10.1 实训知识准备

3.10.1.1 分拣系统

分拣是指为进行输送、配送,把很多货物按不同品种、不同的地点和单位分配到所设置的场地的作业。分拣作业流程图见图3-175。

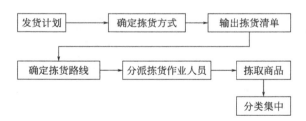

图3-175 分拣作业流程图

(1) 发货计划

发货计划是根据顾客的订单编制而成。订单是指顾客根据其用货需要向配送中心发出的订货信息。配送中心接到订货信息后需要对订单的资料进行确认、存货查询和单据处理,根据顾客的送货要求制订发货日程,最后编制发货计划。

(2) 拣货方式

拣货通常有订单别拣取、批量拣取及复合拣取三种方式。

① 订单别拣取　订单别拣取是针对每一份订单，分拣人员按照订单所列商品及数量，将商品从储存区域或分拣区域拣取出来，然后集中在一起的拣货方式。

订单别拣取作业方法简单，接到订单可立即拣货，作业前置时间短，作业人员责任明确。但对于商品品项较多时，拣货行走路径加长，拣取效率较低。针对这种特点订单别拣取适合订单大小差异较大、订单数量变化频繁、商品差异较大的情况，如：化妆品、家具、电器、百货、高级服饰等。

② 批量拣取　批量拣取是将多张订单集合成一批，按照商品品种类别加总后再进行拣货，然后依据不同客户或不同订单分类集中的拣货方式。批量拣取可以缩短拣取商品时的行走时间，增加单位时间的拣货量。同时，由于需要订单累计到一定数量时，才做一次性的处理，因此，会有停滞时间产生。批量拣取适合订单变化较小、订单数量稳定的配送中心和外形较规则、固定的商品出货，其次需进行流通加工的商品也适合批量拣取，再批量进行加工，然后分类配送，有利于提高拣货及加工效率。

③ 复合拣取　为克服订单别拣取和批量拣取方式的缺点，配送中心也可以采取将订单别拣取和批量拣取组合起来的复合拣取方式。应根据订单的品种、数量及出库频率，确定哪些订单适用于订单别拣取，哪些适用于批量拣取，分别采取不同的拣货方式。

(3) 输出拣货清单

拣货清单是配送中心将客户订单资料进行计算机处理，生成并打印出的。拣货清单上标明储位，并按储位顺序来排列货物编号，作业人员的此种拣货方式不仅缩短了拣货路径，同时也提高拣货作业效率。

(4) 确定拣货路线及分派拣货人员

配送中心根据拣货单所指示的商品编码、储位编号等信息，能够明确商品所处的位置，确定合理的拣货路线，安排拣货人员进行拣货作业。

(5) 拣取商品

拣取的过程可以由人工或机械辅助作业或自动化设备完成。通常小体积、少批量、搬运重量在人力范围内、拣出货频率不是特别高的，可以采取手工方式拣取；体积大、重量大的货物可以利用升降叉车等搬运机械辅助作业；出货频率很高的货物可以采取自动拣货系统。

(6) 分类集中

经过拣取的商品根据不同的客户或送货路线分类集中。有些需要进行流通加工的商品还需根据加工方法进行分类，加工完毕再按一定方式分类出货。

多品种分货的工艺过程较复杂，难度也大，容易发生错误，必须在统筹安排形成规模效应的基础上，提高作业的精确性。

在物品体积小、重量轻的情况下，可以采取人力分拣，也可以采取机械辅助作业，或利用自动分拣机自动将拣取出来的货物进行分类与集中。

3.10.1.2　分拣作业方法

分拣作业的分拣方法包括"人到货"分拣方法、"货到人"分拣方法。

(1) "人到货"分拣方法

这是一种传统的分拣方法。这种方法是分拣货架不动，即货物不运动，通过人力拣取货物。在这种情况下，分拣货架是静止的，而分拣人员带着流动的集货货架或容器到分拣货架，即拣货区拣货，然后将货物送到静止的集货点。"人到货"分拣方法见图 3-176、图 3-177。

(a)   (b)

图 3-176   "人到货"分拣方法图

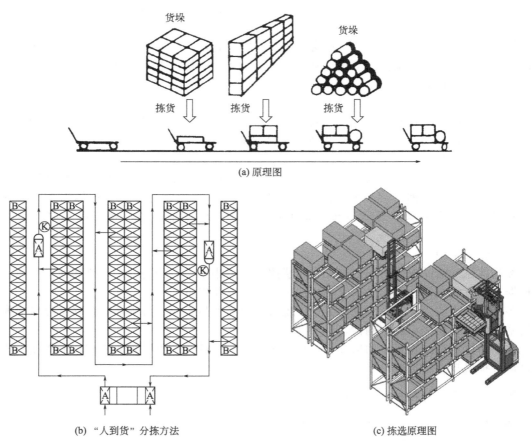

图 3-177   原理图

对"人到货"分拣方法，最短路径的确定可通过运筹学的方法得到解决。如果订单大而少，所需货种很多，可采用封闭式的路径，找到所需的货位，避开不需分拣货位，见图 3-178（a）通道式货架分拣路径；如果订单多、货种少，可采用图 3-178（b）所示的并行路径。

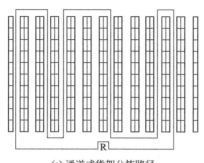 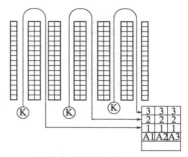

(a) 通道式货架分拣路径　　　　　　　(b) 通道式货架并行分拣路径

图 3-178　分拣路径图

"人到货"分拣方法具有如下特点。

① 采取按单分拣，一单一拣，类似仓库出货方式，现行方式可以不做太大改变就可以实施。配货工艺准确程度高，不容易发生货差等错误。

② 工艺机动灵活

a. 由于一单一拣，各用户的分拣互相没有牵制，可按用户要求调整配货先后次序。

b. 对紧急需求可以集中力量快速分拣，有利于配送中心开展即时配送，增强对用户的保险能力。

c. 分拣完一个货单，货物配齐，货物可不再落地暂存而直接放到配送车辆上，有利于简化工序，提高效率。

d. 对机械化没有严格要求，无论配送中心设备多少、水平高低都可以采取这种工艺。

e. 用户数量不受工艺限制，可在大范围内波动。

"人到货"分拣方法适用于用户不稳定，需求量波动较大，不能建立相对稳定用户分货货位的情况，以及用户需求差异很大，需求种类繁多，有共同需求，又有许多特殊需求，在需求方面统计和共同取货比较困难的用户。在配送的过程中需要调整先后分拣配货顺序，满足用户配送不同时间（如紧急及时）的需求，用"人到货"分拣方法结果比较理想。分拣现场见图 3-179。

图 3-179　分拣现场图

(2) "货到人"分拣方法

这种作业方法是人不动，托盘（或货架）带着货物移动到分拣人员面前，再由不同的分拣人员拣选，拣出的货物集中在集货点的托盘上，然后由搬运车辆送走。"货到人"分拣原理见图 3-180。

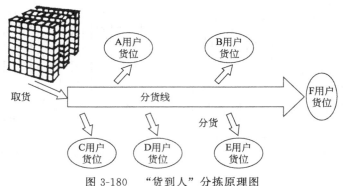

图 3-180 "货到人"分拣原理图

"货到人"分拣方法特点为在收到若干个用户配送请求后，先对用户共同需求做出统计，形成共同批量。同时安排好各用户的分货货位，然后陆续集中取出货物进行反复的分货操作。直至最后一种共同需要的货物分放完毕。然而"货到人"的配送方式工艺难度高、计划性强，容易发生分货错误。因集中用户需求后才开始分货，工艺计划性强，故配送时可合理调配、使用车辆和规划配送路线。

"货到人"分拣方法适用于用户需求共同性很强，差异性小，客户需求数量有差异但是种类相同，且客户数量稳定、数量较多而且在配送的过程中对配送时间无严格限制的情况。

"货到人"分拣方法以追求效率、降低成本为目的形成了专业性强的配送中心以稳定用户和需求。

3.10.1.3 自动分拣机

自动分拣的货物从进入分拣系统到送到指定的分配位置为止，都是按照人们的指令靠自动分拣装置来完成的。一个分拣系统由一系列各种类型的输送机、各种附加设施和控制系统等组成，大致可分为合流、分拣识别、分拣分流和分运四个分段。

（1）合流

商品通过多条输送线进入分拣系统，经过合流逐步将各条输送线上输入的商品合并于一条汇集输送机上，同时，将商品在输送机上的方位进行调整，以适应分拣识别和分拣的要求。

汇集输送机具有自动停止和启动的功能。如果前端分拣识别装置偶然发生事故，或商品和商品联结在一起，或输送机上商品已经满载时，汇集输送机就会自动停止，等恢复正常后再自行启动，所以它也起缓冲作用。

高速分拣，要求分拣输送机高速运行。例如，一个每分钟可分拣 75 件商品的分拣系统，就要求输送机的速度达到 75m/min。为此，商品在进入分拣识别装置之前，有一个使商品逐渐加速到分拣系统输送机的速度，以及使前后两商品间保持一定的最小固定距离的要求。

（2）分拣识别

在该分段中，商品接受激光扫描器对其条形码标签的扫描，或者通过其他自动识别方式，如光学文字读取装置、声音识别输入装置等，将商品分拣信息输入计算机。

商品之间保持一个固定值的间距，对分拣速度和精度是至关重要的。即使是高速分拣机，在各种商品间也必须有一个固定值的间距。当前的微型计算机和程序控制器已能将这间距减小到只有几英寸（in，1in＝25.4mm）。

（3）分拣分流

商品离开分拣识别装置后在分拣输送机上移动时，根据不同商品分拣信号所确定的移动时间，使商品行走到指定的分拣道口，由该处的分拣机构按照上述的移动时间自行启动，将商品排离主输送机进入分流滑道排出。这种分拣机构在国外经过四五十年的应用研制，有多种形式可供选用。

(4) 分运

分拣出的商品离开主输送机，再经滑道到达分拣系统的终端。分运所经过的滑道一般是无动力的。

3.10.1.4 分拣设备

自动分拣机一般由输送机械部分、电气自动控制部分和计算机信息系统联网组合而成。它可以根据用户的要求、场地情况，对条烟、整箱烟、药品、货物、物料等，按用户、地名、品名进行自动分拣、装箱、封箱的连续作业。机械输送设备根据输送物品的形态、体积、重量而设计定制。分拣输送机是工厂自动化立体仓库及物流配送中心对物流进行分类、整理的关键设备之一，通过应用分拣系统可实现物流中心准确、快捷地工作。

(1) 交叉带分拣机

交叉带分拣机有很多种形式，通常比较普遍的为一车双带式，即一个小车上面有两段垂直的皮带，既可以每段皮带上搬送一个包裹也可以两段皮带合起来搬送一个包裹。在两段皮带合起来搬送一个包裹的情况下，可以通过在分拣机两段皮带方向的预动作，使包裹的方向与分拣方向相一致以减少格口的间距要求。交叉带分拣机的优点就是噪声低、可分拣货物的范围广，通过双边供包及格口优化可以实现单台最大能力约 2 万件每小时。但缺点也是比较明显的，即造价比较昂贵、维护费用高。目前在这方面的主要的供应商有：FKI、范德兰德、Cinetic、德国伯曼机械、英特诺等；国内的有普天及上海邮通。交叉带式托盘分拣机见图 3-181。

(2) 翻盘式分拣机

翻盘式分拣机（图 3-182）是通过托盘倾翻的方式将包裹分拣出去的，该分拣机在快递行业也有应用，但更多的是应用在机场行李分拣领域。最大能力可以达到每小时 12000 件。标准翻盘式分拣机由木托盘、倾翻装置、底部框架组成，倾翻分为机械倾翻及电动倾翻两种。供应商有 FKI、范德兰德、德国伯曼机械等。

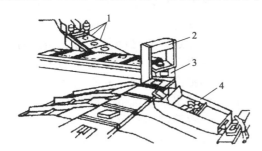

图 3-181 交叉带式托盘分拣机
1—上货架；2—激光扫描器；3—带式托盘小车；4—格口

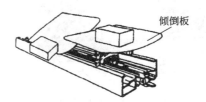

图 3-182 翻盘式分拣机

(3) 滑块式分拣机

滑块式分拣机如图 3-183 所示，它也是一种特殊形式的条板输送机。输送机的表面用金属条板或管子构成，如竹席状，而在每个条板或管子上有一枚用硬质材料制成的导向滑块，能沿条板做横向滑动。平时滑块停止在输送机的侧边，滑块的下部由销子与条板下导向杆联结，通过计算机控制，当被分拣的货物到达指定道口时，控制器使导向滑块有序地自动向输送机的对面一侧滑动，把货物推入分拣道口，从而商品就被引出主输送机。这种方式是将商品侧向逐渐推出,并不冲击商品,故商品不容易损伤,它对分拣商品的形状和大小适用范围较广,是目前国外最新型的一种高速分拣机。

滑块式分拣机也是在快递行业应用非常多的一种分拣机。滑块式分拣机是一种非常可靠的分拣机,故障率非常低,在大的配送中心,比如 UPS 的路易斯维尔,就使用了大量的滑块式分拣机来完成预分拣及最终分拣。滑块式分拣机可以多台交叉重叠起来使用,以满足单一滑块式分拣机无法达到能力要求的目的。

(4) 挡板式分拣机

挡板式分拣机(图 3-184)利用一个挡板(挡杆)挡住在输送机上向前移动的商品,将商品引导到一侧的滑道排出。挡板的另一种形式是挡板一端作为支点,可做旋转。挡板动作时,像一堵墙似地挡住商品向前移动,利用输送机对商品的摩擦力推动,使商品沿着挡板表面移动,从主输送机上排出至滑道。平时挡板处于主输送机一侧,可让商品继续前移;如挡板做横向移动或旋转,则商品就排向滑道。挡板一般是安装在输送机的两侧,和输送机上平面不相接触,即使在操作时也只接触商品而不触及输送机的输送表面,因此它对大多数形式的输送机都适用。就挡板本身而言,也有不同形式,如有直线形、曲线形,也有的在挡板工作面上装有辊筒或光滑的塑料材料,以减少摩擦阻力。

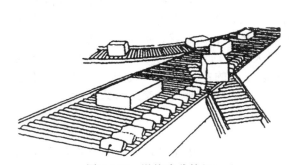

图 3-183 滑块式分拣机

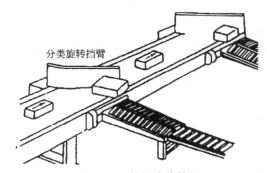

图 3-184 挡板式分拣机

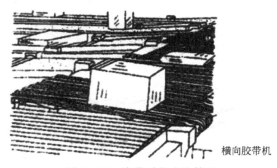

图 3-185 胶带浮出式分拣机

(5) 胶带浮出式分拣机

这种分拣结构用于辊筒式主输送机上,将有动力驱动的两条或多条胶带或单个链条横向安装在主输送辊筒之间的下方。当分拣机结构接受指令启动时,胶带或链条向上提升,接触商品底部把商品托起,并将其向主输送机一侧移出胶带浮出式分拣机见图 3-185。

(6) 辊筒浮出式分拣机

这种分拣机构用于辊筒式或链条式的主输送机上,将一个或数十个有动力的斜向辊筒安装在主输送机表面下方,当分拣机构启动时,斜向辊筒向上浮起,接触商品底部,将商品斜向移出主输送机。这种上浮式分拣机的原理是采用一排能向左或向右旋转的辊筒,利用气压将商品向左或向右排出。辊筒浮出式分拣机见图 3-186。

(7) 条板倾斜式分拣机

这是一种特殊型的条板输送机,商品装载在输送机的条板上,当商品行走到需要分拣的位置时,条板的一端自动升起,使条板倾斜,从而将商品移离主输送机。商品占用的条板数随不同商品的长度而定,经占用的条板如同一个单元,同时倾斜,因此,这种分拣机对商品的长度在一定范围内不受限制。条板倾斜式分拣机见图 3-187。

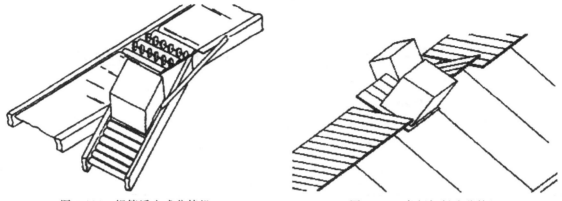

图 3-186　辊筒浮出式分拣机　　　　　　图 3-187　条板倾斜式分拣机

以上就是分拣机的各种类型，根据其分类不难看出，每种分拣机都有自己的分拣对象，这也是各种分拣机的重要区别。但现在的自动分拣机仍停留在对小物件的分拣上，对于大型物品仍无法带动，因此，大物件分拣机仍是物流方面专家的研究要点。

3.10.2　学习目的

① 学习分拣流程并了解分拣设备。
② 学习如何对货架设置入库量。
③ 学习如何使用全局表来更新合成器的装盘列表。

3.10.3　完成时间

100min。

3.10.4　问题描述与系统参数

（1）问题描述

分拣作业是 A 配送中心内部流程的最后一个环节。在这部分中，库管员开票后，登记业务系统记录业务账数，并检查可销库存数量，防止开出票不能配货的问题发生。配货前，库管员检查是否有未处理的状态调整单，先处理状态调整单，再检查拣货区商品数量是否能够满足此次配货，如果不足，生成补货单，将拣货区商品数量增加到大于等于配货数量，并通知上游部门执行补货作业；配货员按照销售票上所开商品数量进行配货。

分拣环节是将客户订单中的不同数量、种类的货物从配送中心的货架取出集中在一起的过程，分拣的目的在于正确且迅速地集合顾客所订购的商品。在拣选方式上，A 企业还是采用比较原始的不分区、按单分拣，即根据订单到来的顺序安排空闲的工作人员对订单进行分拣。具体的配送流程如图 3-188 所示。

（2）系统参数

为细化对企业的调查，我们就配送环节中最重要的环节——分拣环节做仿真研究。下面对某仓库配送作业进行模拟。经部门主管介绍，该仓库占地面积 1000m^2，仓库分为 5 个区，它们分别是补货入口、存货区（货架为该企业主要存货工具）、库管员办公区、分拣包装区、出货码头。配送对象以箱为单位，为避免研究冗长复杂，故简化补货、入库检查等内容。

配送的 A、B、C 三种货品基本资料如表 3-31～表 3-33 所示。

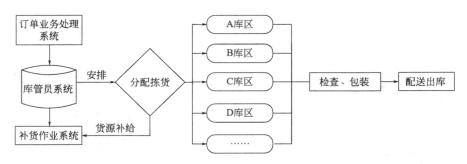

图 3-188 A 配送中心分拣作业流程

表 3-31 三种产品的相关数据

产品	初始库存	补货条件	补货速度	储运单位	颜色
A	200	100	exponential(0,1,1)	箱	红
B	200	100	3	箱	黄
C	200	100	exponential(0,2,1)	箱	蓝

表 3-32 订单组合

产品	订单 1	订单 2	订单 3	订单 4	订单 5
A	4	10	8	0	16
B	2	16	8	20	0
C	12	0	8	0	4

表 3-33 其他相关数据

名称	属性	数据
分拣人员	数量	3 人
	分拣能力	1 箱/人
订单	到达间隔	exponential(0,1,1)
	各类分布	duniform(1,5)

配送中心内部主要使用工具是地牛、叉车和手持终端。地牛主要的作用是用于货物在配送中心内部的运输；叉车的主要作用是高架货物的上架和取货，同时也会少量做一些货物运输工作；手持终端在货物的入库到出库都起着发出指导信息的作用。

3.10.5 建模步骤

3.10.5.1 页面布局

根据该仓库的实际分拣系统布局，通过 Flexsim 建立模型（如图 3-189 所示）。三个货架分别表示 A、B、C 三种电子产品的存储区，三个发生器用来补充货架上的货物，合成器 1 及发生器 4 表示订单的派发与分拣作业的过程，五个暂存区分别表示五种订单的出库暂存。具体参数如下。

货物到达：A 货物到达时间间隔服从指数分布 exponential（0，1，1）；B 货物到达时间间隔，返回一个时间常量 3；C 货物到达时间间隔服从指数分布 exponential（0，2，1）。

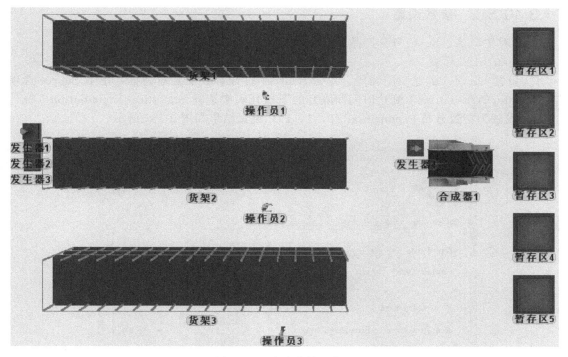

图 3-189　仓库分拣区布局

货架 1，货架 2，货架 3 容量：200。
订单到达：发生器 4 的托盘到达时间间隔服从指数分布 exponential（0，1，1）。
暂存区 1，暂存区 2，暂存区 3，暂存区 4，暂存区 5 容量：2000 箱。
货物合成时间：10s。
仓库分拣区模型布局图见图 3-190。

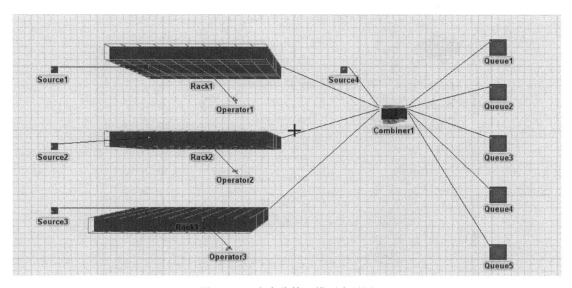

图 3-190　仓库分拣区模型布局图

3.10.5.2 参数设置

(1) 对生产 A、B、C 三种产品的发生器进行设置

1) Source1 的设置

① 设置 Source1 到达时间间隔。双击 Source1 打开参数设置对话框，单击 Source 选项卡，在 Inter-Arrivaltime（到达时间间隔）的下拉列表中选择 Statistical Distribution（统计分布），设置为指数分布 exponential（0，1，1），设置结果如图 3-191 所示。

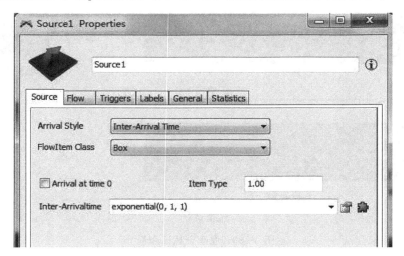

图 3-191　到达时间间隔设置

② 设置 Source1 产品颜色。在 Source1 参数设置对话框中，单击 Triggers（触发器）选项卡，在 OnExit（离开触发）的下拉列表中，选择 Set item's color（设置颜色），将 Default 设置为红色 colorred（item），设置结果如图 3-192 所示。

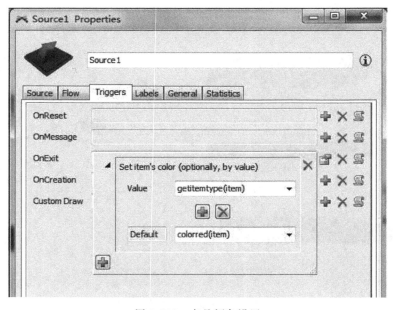

图 3-192　产品颜色设置

2）Source2 的设置

① 设置 Source2 到达时间间隔。双击 Source2 打开参数设置对话框，单击 Source 选项卡，将 Inter-Arrivaltime（到达时间间隔）设置为常数 3，设置结果如图 3-193 所示。

② 设置 Source2 产品颜色。在 Source2 参数设置对话框中，单击 Triggers（触发器）选项卡，在 OnExit（离开触发）的下拉列表中，选择 Set item's color（设置颜色），将 Default 设置为黄色 coloryellow (item)，设置结果如图 3-194 所示。

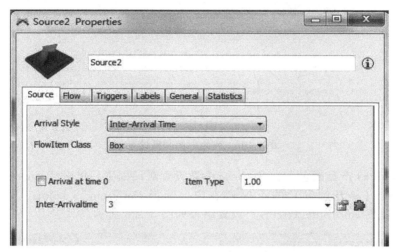

图 3-193　到达时间间隔设置

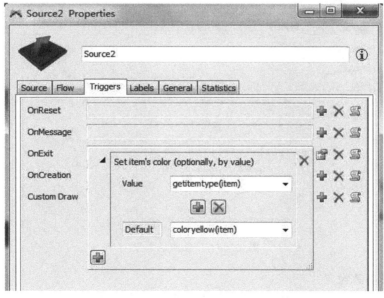

图 3-194　产品颜色设置

3）Source3 的设置

① 设置 Source3 到达时间间隔。双击 Source3 打开参数设置对话框，单击 Source 选项卡，在 Inter-Arrivaltime（到达时间间隔）的下拉列表中选择 Statistical Distribution（统计分布），设置为指数分布 exponential（0，2，1），设置结果如图 3-195 所示。

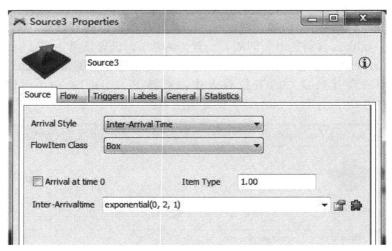

图 3-195　到达时间间隔设置

② 设置 Source3 产品颜色。在 Source3 参数设置对话框中，单击 Triggers（触发器）选项卡，在 OnExit（离开触发）的下拉列表中，选择 Set item's color（设置颜色），将 Default 设置为蓝色 colorblue（item），设置结果如图 3-196 所示。

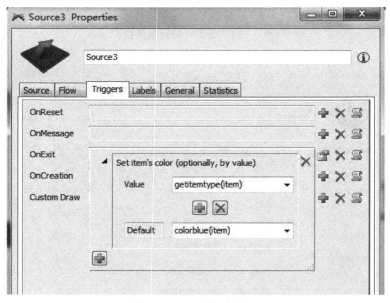

图 3-196　产品颜色设置

(2) 货架的参数设置

货架以箱为存储单位。因为货物需求量不在本节讨论范围，故简化了入库的操作。货架 1、货架 2、货架 3 的参数设置是一样的，所以以 Rack1 为例说明，具体设置如下。

设置货架 Rack1 入库量。双击 Rack1 打开参数设置对话框，单击 Triggers（触发器）选项卡，在 OnEntry（进入触发）下拉列表中，选择 Close and Open Ports（关闭和打开端口），将 Action（动作）设置为 closeinput（关闭输入端口），将 Condition（条件）设置为 content（current）>=200（当前容量>200），设置结果如图 3-197 所示。在 OnExit（离开触发）的下拉列表中，选择 Close and Open Ports（关闭和打开端口），将 Action（动作）设置为 openinput（打开输入端口），将 Condition（条件）设置为 content（current）＜200（当前容量＜200），设置结果如图 3-198 所示。

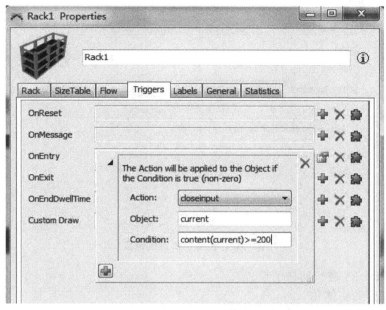

图 3-197　货架入库量设置

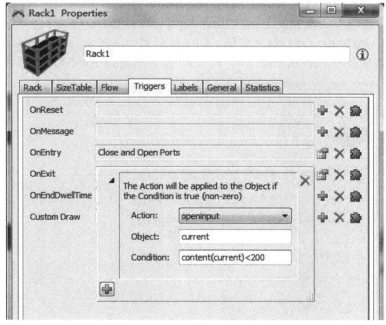

图 3-198　货架入库量设置

货架 Rack1 使用操作员的具体设置为：单击 Flow（临时实体流）选项卡，选中 Use Transport（使用运输工具）复选框，设置结果如图 3-199 所示。

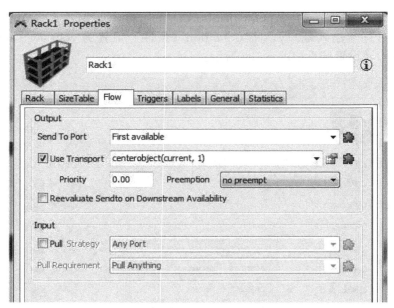

图 3-199 使用操作员的设置

对 Rack2、Rack3 进行同样的设置。

(3) 抽象订单的实体化

订单的下达来自于客户，在仿真中我们令订单发生器产生托盘（Pallet），使得抽象的订单实体化，实现方法如下。

① 设置实体类型和实体到达时间间隔。双击订单发生器 Source4，打开参数设置对话框，单击 Source 选项卡，在 FlowItem Class（临时实体种类）的下拉列表中选择 Pallet（托盘），在 Inter-Arrivaltime（到达时间间隔）的下拉列表中选择 Statistical Distribution（统计分布），设置为指数分布 exponential（0，1，1），设置结果如图 3-200 所示。

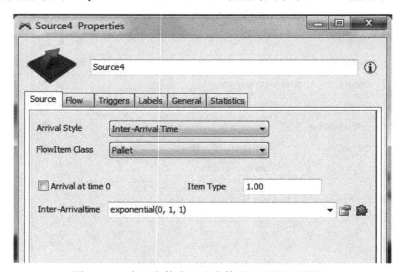

图 3-200 产生实体类型和实体到达时间间隔设置

② 设置实体颜色。在订单发生器 Source4 参数设置对话框中，单击 Triggers（触发器）选项卡，在 OnExit（离开触发）的下拉列表中，选择 Set the Itemtype and Color（设置临

时实体类型和颜色），将 Item Type（临时实体类型）设置为均匀分布，duniform（1，5），设置结果如图 3-201 所示。

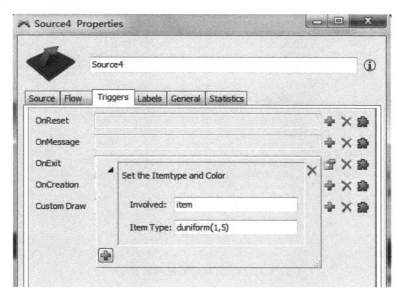

图 3-201　实体类型和颜色设置

（4）合成器的设置

合成器的三种工作模式中，选择 Pack 即包装，货物合成时间为 10s。当满足订单后，合成器包装货物，然后输出至出货暂存区。合成器的具体设置如下。

① 设置合成器 Combiner1 工作模式。双击 Combiner1 打开参数设置对话框，单击 Combiner 选项卡，将 Combiner Mode（合成器模式）设置为 Pack（包装），设置结果如图 3-202 所示。

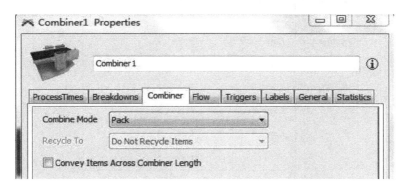

图 3-202　合成器工作模式设置

② 设置货物合成时间。在 Combiner1 参数设置对话框中，单击 Process Times（处理时间）选项卡，将 Process Time（处理时间）设置为 10，设置结果如图 3-203 所示。

③ 对合成器输出端口进行设置，使得订单与出货暂存区对应。具体设置如下。在 Combiner1 参数设置对话框中，单击 Flow（临时实体流）选项卡，在 Send To Port（发送至端口）下拉列表中选择 Values By Case（根据返回值选择不同的输出端口），设置结果如图 3-204 所示。

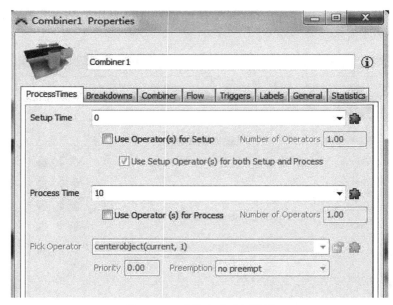

图 3-203　货物合成时间设置

图 3-204　合成器输出端口参数设置

订单实体化后，托盘即作为驱动合成器（分拣流程）的因素。根据合成器的工作原理，规定各个合成器的输入端口 1 为订单发生器的输出端口，这样就完成了"一份订单配货"的分拣逻辑。可以在 Combiner1 的 General（常规）选项卡下，Ports（端口）选项区域，选择 Input Ports（输入端口），检查 Combiner1 的输入端口顺序，如图 3-205 所示。

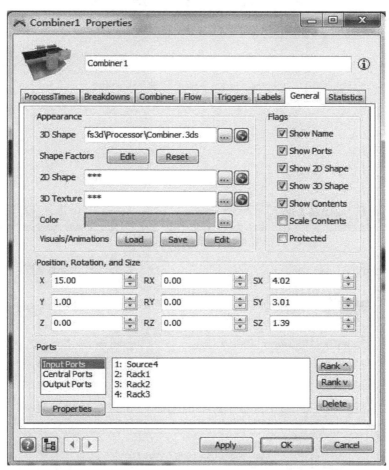

图 3-205　合成器输入端口顺序检查

（5）全局表的设置

分拣策略的实现需要使用全局表，全局表可以存储数字型或字符串型数据。模型中任何一个实体都可以用 gettablenum（）、gettablestr（）、settablenum（）、settablestr（）、reftable（）命令来访问这些数据，而且一个模型可以有多个全局表。全局表的具体设置如下。

单击菜单栏上的 Tools，在 Tools 的下拉菜单中选择 Global Table（全局表），单击 Global Table 选项中的 Add（添加），添加新的全局表。根据表 3-32 和表 3-33 可知，有 3 种产品，5 个订单，所以设置全局表时，将 Rows（行）设置为 3，Columns（列）设置为 5，然后单击空白处，生成全局表。最后，根据表 3-33 订单组合，往表内添加具体的数据。设置结果如图 3-206 所示。

全局表设置完成后，还需要在合成器属性中 Triggers（触发器）选项卡下，设置 OnEntry（进入触发）为 Update Combiner Component List（更新合成器组件列表），并把更新的数据来源设置成全局表，如图 3-207 所示。

图 3-206　全局表的设置

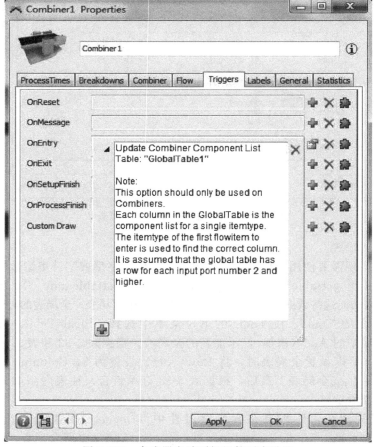

图 3-207　合成器自动更新组件列表设置

(6) 暂存区参数设置

设置暂存区容量为 2000。具体设置为：双击 Queue1 打开参数设置页面，单击 Queue 选项卡，将 Maximum Content（最大容量）设置为 2000，设置结果如图 3-208 所示。

图 3-208　暂存区容量设置

3.10.5.3　运行仿真

设置完成后，先单击 Reset（重置），然后单击 Run（运行），运行模型。

3.10.6　仿真结果分析与改进

(1) 分区按单

分区按单分拣，即货物从三个货架按订单顺序输出至合成器。打开货架属性选择临时实体流选项卡找到并修改输出属性：第一个可用，打开所有端口。这个策略的意义：各货架的工作人员按订单的需求，从第一个订单到来的时刻对其拣货，直至分拣满足每个人员所负责货架的货物为止，然后继续分拣第二个货架以此类推（假设订单的到来顺序按订单序号，如果订单到来为随机，则采用按单并行）。

分区按单方案仿真结果见表 3-34、表 3-35。

表 3-34　分区按单订单处理数据

方案一：分区按单			总订单量：62	
实体	输出量	空闲时间	处理时间	收集时间
合成器 1	1409	0%	2.20%	97.80%

表 3-35　分区按单工人处理数据

方案一:分区按单						
实体	搬运量	空闲时间	空载时间	负载时间	偏移空载时间	偏移负载时间
工人 1	462	47.80%	16.60%	23.50%	10.10%	2.0%
工人 2	593	39.70%	18.90%	27.00%	11.90%	2.50%
工人 3	292	64.90%	11.60%	15.90%	6.40%	1.30%
总计	1347					

（2）分区并行

分区并行只需添加合成器的数量，合成器的设置相同。这个策略的意义在于，根据多份订单到达的情况，工人按所有订单的需求统计各负责分区的货物需求进行分拣。分区并行方案仿真结果见表 3-36、表 3-37。

表 3-36　分区并行订单处理数据

方案二:分区并行				总订单量:90	
实体	输出量	空闲时间	处理时间	收集时间
合成器 1	1044	0%	1.60%	98.40%
合成器 2	994	0%	1.60%	98.40%

表 3-37　分区并行工人处理数据

方案二:分区并行						
实体	搬运量	空闲时间	空载时间	负载时间	偏移空载时间	偏移负载时间
工人 1	613	32.4%	21.60%	30.40%	13.0%	2.60%
工人 2	899	10.60%	27.50%	40.0%	18.10%	3.80%
工人 3	436	51.8%	15.40%	21.70%	9.20%	1.90%
总计	1948					

（3）不分区按单

不分区按单分拣的设置，需要用到员工分配器，在 Flexsim 中分配器的作用是：员工依赖于临时实体本身而不是货架，从而使员工以"一组"的形式工作。具体实现方法是创建分配器到各个货架间的中间连接，创建分配器到各个员工的普通连接。在使用分配器的基础上，重复分区按单的分拣策略，即可得到在不分区的分拣方法。不分区按单方案仿真结果见表 3-38、表 3-39。

表 3-38　不分区按单订单处理数据

方案三:不分区按单				总订单量:117	
实体	输出量	空闲时间	处理时间	收集时间
合成器 1	2621	0%	4.10%	95.90%

表 3-39　不分区按单工人处理数据

方案三:不分区按单						
实体	搬运量	空闲时间	空载时间	负载时间	偏移空载时间	偏移负载时间
工人1	831	8.50%	29.80%	41.20%	16.90%	3.60%
工人2	825	8.60%	29.60%	41.20%	17.10%	3.50%
工人3	848	8.70%	29.50%	41.00%	17.10%	3.60%
总计	2504					

（4）不分区并行

同不分区按单分拣一样，不分区并行分拣也是用分配器对员工进行控制。

至此，完成四种分拣策略的仿真模型，编译并分别运行四种分拣策略对应的模型 8h（28 800s）后，输出仿真统计数据。

不分区并行方案仿真结果见表 3-40、表 3-41。

表 3-40　不分区并行订单处理数据

方案四:不分区并行			总订单量:131	
实体	输出量	空闲时间	处理时间	收集时间
合成器1	1506	0%	2.30%	97.70%
合成器2	1518	0%	2.30%	97.70%

表 3-41　不分区并行工人处理数据

方案四:不分区并行						
实体	搬运量	空闲时间	空载时间	负载时间	偏移空载时间	偏移负载时间
工人1	955	0%	31.30%	44.80%	19.80%	4.10%
工人2	958	0%	31.40%	44.80%	19.70%	4.10%
工人3	980	0%	31.30%	44.60%	19.90%	4.20%
总计	2893					

根据上述仿真统计数据，对四种分拣策略的效率与人员作业效率进行分析，分析结果见表 3-42。

表 3-42　整理后的数据

项目		分区按单	分区并行	不分区按单	不分区并行
分拣量	箱数	1347	1948	2504	2893
	订单数	62	90	117	131
人员工作情况	平均搬运量	449	649	835	964
	平均空闲率/%	50.80	31.60	8.60	0
	平均空载率/%	15.70	21.50	29.63	31.33
	平均负载率/%	22.13	30.70	41.13	44.73

由表 3-42 可知，在不分区策略下，并行分拣策略分拣量高于按单分拣策略的分拣量；在分区策略下，并行分拣策略分拣量同样高于按单分拣策略的分拣量。由此可知，在其他条

件相同时,订单并行处理策略具有优势。在按订单连续作业策略下,不分区分拣策略的分拣量高于分拣策略的分拣量;而在按订单并行作业策略下,不分区分拣策略的分拣量同样高于分区策略的分拣量。由此可知,在其他条件相同时,不分区策略具有明显优势。

3.10.7 实训练习

(1) 总结分拣系统的作业流程。

(2) 对比优化前的数据与优化后的数据,并形成详细分析报告。

(3) 四种货物 A、B、C、D 各自独立到达传送带入口端,其到达时间间隔均服从正态分布,分别为:A,均值 400,标准差 50;B,均值 200,标准差 40;C,均值 500,标准差 100;D,均值 150,标准差 30。根据不同货物,分别从四条传送带送到各自的检验包装处,传送带布局如图 3-209 所示;每个检验包装操作台需操作工一名,每检验一件货物占用时间大约 1min;每种货物都可能有不合格产品,检验合格的产品由传送带送到货车,不合格产品送到暂存区,再由叉车送往检修处进行修复;A 的合格率为 95%;B 为 96%;C 为 97%;D 为 98%;传送带的传送速度选默认速度。对上述传送分拣系统进行建模,模拟系统一天 8h 的运行状况。

① 建立模型布局。

② 进行参数设置。

③ 运行结果分析。

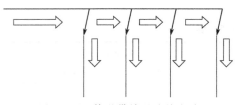

图 3-209 传送带输送连接方式

第4章

自动化立体仓库建模仿真与优化

本章以前文物流系统几个环节的实训为基础,对自动化立体仓库和现代物流配送中心进行综合仿真实训,以期提高读者物流系统综合建模及仿真能力,提高读者实践能力和创新能力。

4.1 实训知识准备

4.1.1 自动化立体仓库的概述

(1) 自动化立体仓库的概念

自动化立体仓库(AS/RS-Automatic Storage and Retrieval System)又称为自动化高架仓库或自动存储系统,是一种基于高层货架,采用计算机进行控制管理,采用自动化存取输送设备自动进行存取作业的仓储系统。自动化立体仓库由高层货架、托盘或货箱、巷道堆垛机、输送机、AGV自动导向小车、自动控制及仓库管理系统(WMS)等组成。目前全国自动化立体仓库的保有量在300座左右,主要集中在烟草、医药保健品、食品、通信和信息、家具制造业、机械制造业等传统优势行业。由于其具有存储量大、存储效率高、自动化和信息化水平高等优点,越来越得到人们的广泛认同和普遍使用。自动化仓库作为物流系统的一个核心和枢纽,是物流系统实现物流合理化的关键所在。通常,一种产品要从原材料做成成品,再把成品作为商品,送到消费者手中,需经过两个基本物流环节。前者是物流生产过程,如加工流水线、自动生产线;后者是把商品送到消费者手中的物流流通过程。目前立体仓库系统主要有两大应用领域,一是各种自动化生产线中的在线立体仓库系统;二是各种物资配送中心。货物从一个地方转移到另一个地方,单件运输是不经济的,成批的和大量的组织运输有助于减少成本,而货物的等待就必须由仓库来实现。自动化立体仓库在物流中就充当这样一个货物储存的角色。

(2) 自动化立体仓库的发展过程

自动化立体仓库按自动化的程度分为五个阶段:人工仓储阶段、机械化仓储阶段、自动化仓储阶段、集成自动化仓储阶段和智能自动化仓储阶段。

① 人工仓储技术阶段　在这一阶段，仓储过程各环节的作业（包括物品的输送、存储、管理和控制等）主要靠人工来完成。这一阶段的优点是可以面对面地接触仓储全过程，初期的设施设备投资少。

② 机械化仓储技术阶段　这一阶段的作业特点是作业人员通过操纵机械设备来实现物品的装卸搬运和储存等作业活动。如通过传送带、工业搬运车辆、堆垛机等来移动和搬运物料，采用各种货架、托盘等来存储物料。机械化程度的提高大大提高了劳动生产率，提高了装卸搬运的工作质量，改善了作业人员的劳动条件，且由于采用了货架来储存货物，避免了货品之间的相互挤压，改善了货品的储存保管条件，另外，使储存空间向立体方向发展，大大提高了存储空间的利用率。然而这一阶段仓储机械设备需要投入大量的资金，且还必须投入一定的费用来科学地管理和维护这些机械设备，以保证设备的合理使用。

③ 自动化仓储技术阶段　这一阶段在仓储系统中采用了自动输送机械、自动导引小车（AGV）、货品自动识别系统、自动分拣系统、巷道式堆垛机等。

随着计算机技术的发展，信息自动化技术逐渐成为自动仓储系统的核心技术，在计算机之间、数据采集点之间、机械设备的控制器之间以及它们与主计算机之间的通信可以及时地进行信息汇总，仓库计算机可以及时地记录订货和到货时间，可随时显示库存量，计划人员可以方便地作出供货计划，管理人员可随时掌握货源及需求情况，在这一阶段，信息技术的应用已成为仓储技术的重要内容。

④ 集成自动化仓储技术阶段　将仓储过程各环节的作业系统集成为一个有机结合的综合系统，称为仓储管理系统，在仓储管理系统的统一控制指挥下，各子系统密切配合，有机协作，使整个仓储系统的总体效益大大超过了各子系统独立工作的效益总和。在这一阶段，货品的仓储过程几乎可以不需要人的参与，完全实现仓储的自动化。

⑤ 智能自动化仓储技术阶段　人工智能技术的发展推动了自动化仓储技术向智能化方向发展。在这一阶段，系统可以完全自动地运行，并根据实际运行情况，自动地向人们提供许多有价值的参考信息，如对市场前景作出科学的预测；根据货品的需求情况对仓储资源的有效利用提出合理化的建议；对系统运行的效果提供科学的评价；根据多个客户的地理位置，提供最优化的运输路线等。总之，目前智能化仓储技术阶段还处于初级发展阶段，在这一技术领域还有大量的工作需要人们去做，具有广阔的发展空间。

4.1.2　自动化立体仓库的类型

(1) 按照高层货架与建筑物之间的关系

按照高层货架与建筑物之间的关系可分为整体式与分离式两类。

① 整体式［如图 4-1（a）所示］　货架除了储存货物以外，还作为库房建筑物的支撑结构，是库房建筑的一个组成部分，即货架与建筑物形成一个整体。这种形式的仓库建筑费用低，抗震，尤其适用于 15m 以上的大型自动仓库。

② 分离式［如图 4-1（b）所示］　货架与建筑物相互独立。适用于车间仓库、旧库技术改造和中小型自动仓库。

(2) 按货架的结构形式

① 单元货格式自动化仓库　其结构见图 4-2。

② 贯通式自动化立体仓库　贯通式自动化立体仓库分为重力货架式自动仓库（图 4-3）和梭式小车式自动化立体仓库，梭式小车式货架见图 4-4。

③ 移动货架式自动化仓库　其作业方式见图 4-5。

④ 旋转式自动化立体仓库　其结构见图 4-6。

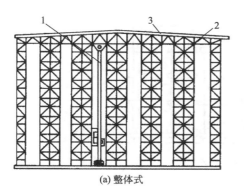
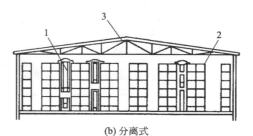

图 4-1　整体式和分离式立体仓库结构示意图
1—堆垛机；2—货架；3—仓库建筑物结构

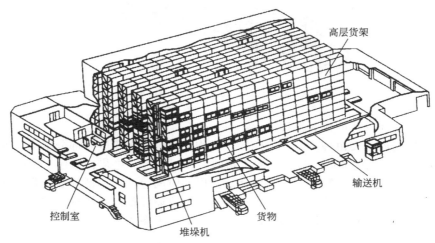

图 4-2　单元货格式自动化仓库结构示意图

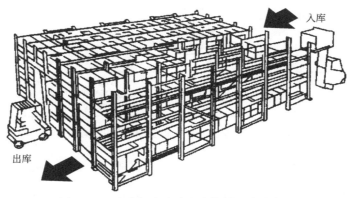

图 4-3　重力货架式自动仓库结构组成示意图

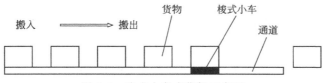

图 4-4　梭式小车式货架示意图

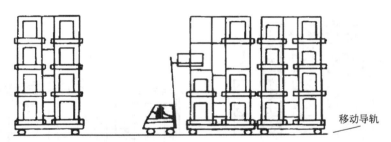

图 4-5 移动货架式的作业方式

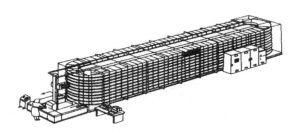

图 4-6 旋转式自动化立体仓库结构示意图

（3）自动化立体仓库的作业流程

自动化立体仓库主要由理货区、入库区、货物存储区、出库区等部分组成，其总体结构如图 4-7 所示。理货区的职能是进行入库货物的验收、分拣、包装、贴标、核查等工作，掌握入库货物的品种、规格、数量、包装状态、到库的时间等。入库区的职能是将托盘货物从理货区运送到入库站台，等待入库。货物存储区的主要职能是储存货物。出库区主要根据出库指令将相应的货物从货物存储区搬运出去。作业流程见图 4-8。

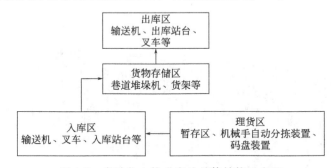

图 4-7 自动化立体仓库的总体结构示意图

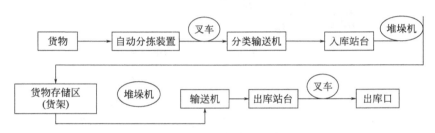

图 4-8 自动化立体仓库主要作业流程

(4) 自动化立体仓库的重要性

自动化立体仓库是生产物流的重要组成部分。生产物流是从原材料采购开始，经过基本制造过程的转换活动，最后形成具有一定使用价值的产成品，并将其运至成品库或用户。物料经历着采购运进、入库验收、存放、加工制造、进入成品库以及成品外运等一系列物料实体运送的动态流转过程，其中均包含了存储环节。

① 科学储备，提高物料调节水平　作为仓库，它首先应具有储存的功能。在自动化系统的管理和控制下，能对物料进行科学的管理，使物料在存储过程中合理利用各种资源，提高处理效率，适应多种存储要求。

② 有效地衔接生产与库存，加快物资周转，降低成本　作为生产过程的中间环节，它应具有原材料、在制品和成品的缓冲存储功能。在自动化和机械化设备处理下，自动化程度提高，各种物料库存周期缩短，从而降低了总成本。

③ 适当加工，合理利用资源，提高效益　许多仓库或多或少地承担一些加工任务，如为存储进行组装、出货前的包装等。它可以提高原材料利用率，方便用户，提高加工效率和设备利用率，充分发挥各种输送手段的最高效率。通过存储环节，能把生产与需要有机地结合起来，减少生产的盲目性，充分利用已有的资源，从而提高对市场变化的反应能力，减少损失，易于在激烈的市场竞争中获胜。

④ 为企业的生产指挥和决策提供有效的依据　自动化立体仓库往往也是企业信息系统的重要环节，企业的领导者根据库存信息制订相应的战略和计划，指挥、监测和调整企业的行动。目前装卸和储运作业，即物流作业在国民经济中占用了大批劳动力，物流工作机械化和自动化的主要优点，就在于提高劳动生产率和节省劳动资源。我国近几年来在工业发达地区已建立了一定数量的自动化立体仓库。

4.2　学习目的

① 学习自动化立体仓库的构成，对其运作流程以及各个区域熟悉了解。
② 学会对自动化立体仓库进行布局。
③ 根据运作流程确定各个实体的连接方式。
④ 对 Flexsim 仿真软件进行概括总结。

4.3　完成时间

200min。

4.4　问题描述与系统参数

(1) 问题描述

某物流中心采用单元货架式自动化立体仓库，主要由入库分拣区、入库处理区、货物存储区、出库处理区、出库分拣区五大部分组成。年工作日为 250 天，日工作 8h。自动化立体仓库平面如图 4-9 所示。

入库作业流程见图 4-10。
出库作业流程见图 4-11。

(2) 系统参数

① 入库分拣区　货物到达时间间隔（单位：min）服从指数分布，位置参数 0，尺度参

数45，产品类型为随机数流1，6种产品均匀分布；每段传送带的速度为2m/s，最大容量20托盘；每名操作员负责两个传送带。

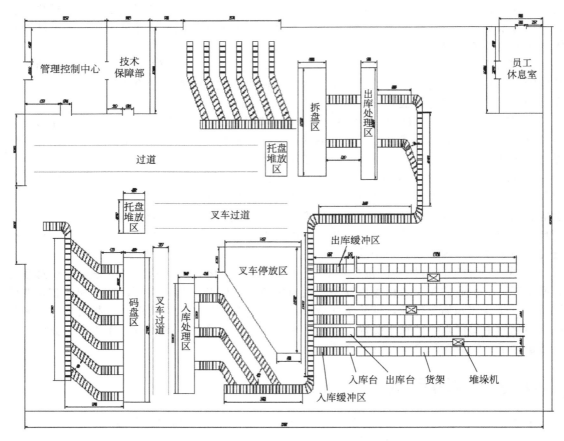

图4-9 自动化立体仓库平面

② 入库处理区 处理区主要用来对码盘后的货物进行记录，校核清单。托盘发生器发生速度为2m/s；人工将货物放至托盘后，整理打包，作业时间为10s，然后由两个叉车负责搬运到处理器上，处理器预置时间8s，处理时间15s。处理器预置时使用操作员。

③ 货物存储区 货物经过传送带分类，从入库传送带进入入库暂存区，然后分类装入货架，其中类型1、2存储于第一组货架，类型3、4存储于第二组货架，类型5、6位于第三组货架。传送带速度1m/s，出入库缓冲区传送带长度6m，最大容量6。每排货架的最大容量为300，货物从第一行第一列开始放置，货架上货物最小停留时间服从泊松分布（均值7000，随机数流为1）。要求入库、出库均使用堆垛机。

④ 出库处理区 出库处理区由2台处理器、2台分解器、2名操作员和2个机器手对出库货物进行处理。出库托盘先经过处理器，处理器预置时间8s，处理时间15s，预置时使用操作员。后经过分解器，货物与托盘分离，托盘由吸收器吸收，货物由输送机送出库。

⑤ 出库分拣区 将货物分类分拣后，不同类型货物经由不同传送带输送至吸收器。

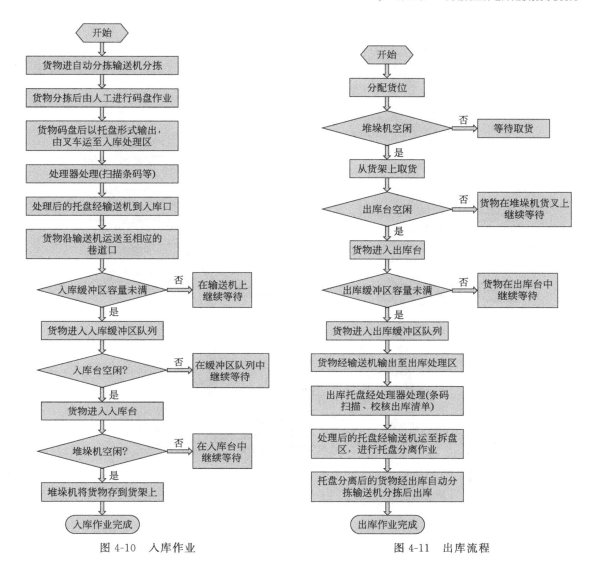

图 4-10　入库作业　　　　　　　　图 4-11　出库流程

4.5　建模步骤

设计完成的整体布局见图 4-12。

4.5.1　入库分拣区

（1）入库分拣区整体布局
入库分拣区布局见图 4-13。
（2）入库输送连接方式
入库输送连接方式见图 4-14。
（3）参数设置
① 发生器 Source1 参数设置　双击 Source1 打开参数设置页，单击 Source 选项卡，在 Inter-Arrivaltime（到达时间间隔）的下拉菜单中选择 Statistical Distribution（统计分布），设置 exponential（0，45，1），设置结果如图 4-15 所示。

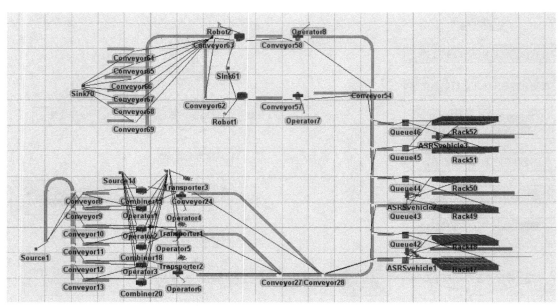

图 4-12　整体布局

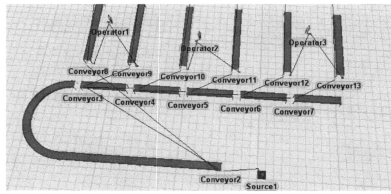

图 4-13　入库分拣区布局

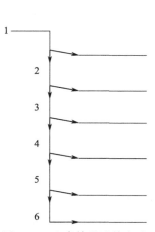

图 4-14　入库输送连接方式

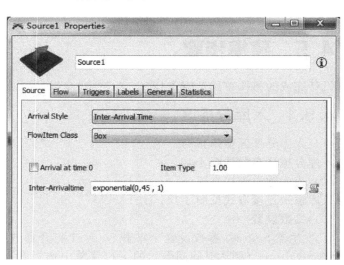

图 4-15　货物到达时间间隔参数设置

单击 Triggers（触发器）选项卡，在 OnExit（离开触发）下拉菜单中选择 Set the Itemtype and Color（设置临时实体类型和颜色），把 Item Type（临时实体类型）设置为均匀分布，duniform（1，6），设置结果如图 4-16 所示。

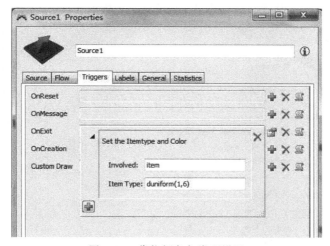

图 4-16　货物颜色与类型设置

② 传送带参数设置

a. 传送带速度与最大容量设置　对 Conveyor2～Conveyor13 进行设置，双击 Conveyor 打开参数设置页面，在 Conveyor 选项卡中，将 Speed（速度）改为"2"，Maximum Content（最大容量）改为"20"，如图 4-17 所示。

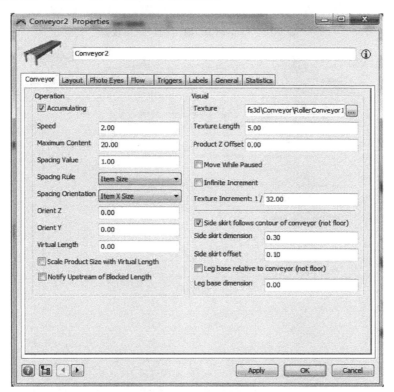

图 4-17　传送带速度与最大容量设置

对 Conveyor3～Conveyor13 进行相同的设置。

b. 传送带输出端口设置　Conveyor2～Conveyor7 输出端口设置是不同的，单击 Flow（临时实体流），在 Sent To Port（发送至端口）下拉菜单中选择 Values By Case（根据返回值选择不同的输出端口），设置参数如图 4-18～图 4-22 所示。

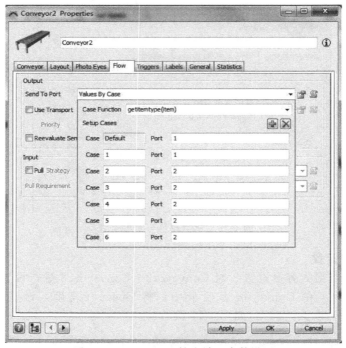

图 4-18　Conveyor2 输出端口参数设置

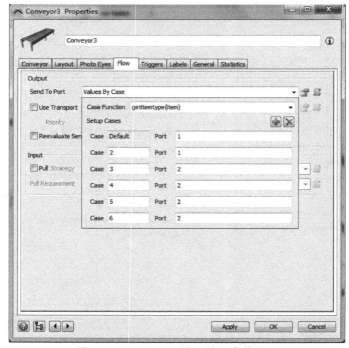

图 4-19　Conveyor3 输出端口参数设置

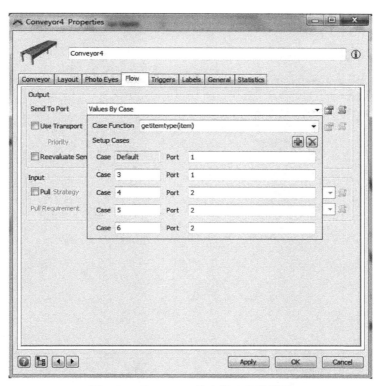

图 4-20　Conveyor4 输出端口参数设置

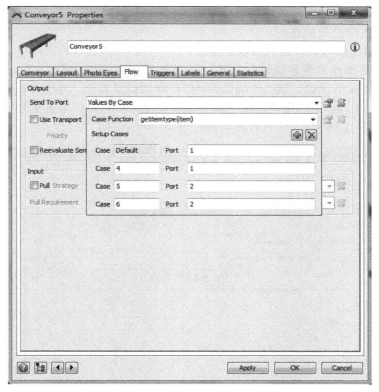

图 4-21　Conveyor5 输出端口参数设置

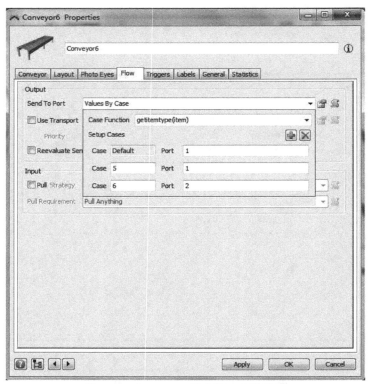

图 4-22　Conveyor6 输出端口参数设置

需要说明的是，要注意传送带输出端口的连接顺序。以下设置是将传送带先与右边传送带相连，再与下边传送带相连。

Conveyor7 输出端口保持默认参数不变。

c. 传送带使用操作员参数设置　右边的 6 条传送带 Conveyor8～Conveyor13 使用操作员搬货，对其进行如下设置，双击 Conveyor 打开参数设置页面，单击 Flow（临时实体流）选项卡，将 Use Transport（使用运输工具）选项前面点击打勾。设置结果如图 4-23 所示。

对 Conveyor9～Conveyor13 进行相同的设置。

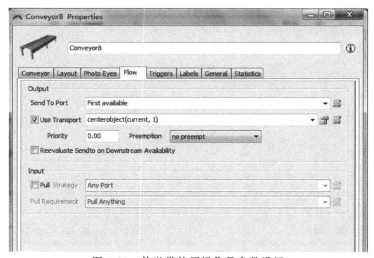

图 4-23　传送带使用操作员参数设置

4.5.2 入库处理区

(1) 入库处理区整体布局

入库处理区整体布局如图 4-24 所示。

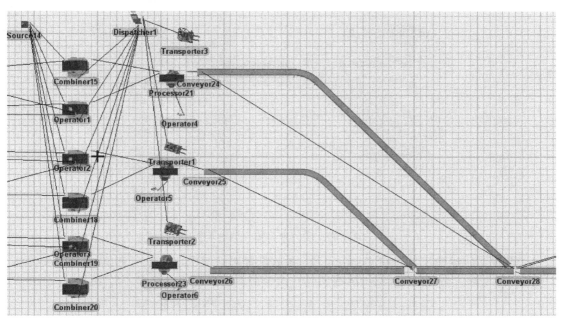

图 4-24 入库处理区整体布局

(2) 参数设置

① 托盘发生器 Source 参数设置 双击第二个 Source（即 Source14），打开参数设置页面，单击 Source 选项卡，在 FlowItem Class（临时实体种类）下拉菜单中选择 Pallet（托盘）；将 Inter-Arrivaltime（到达时间间隔）设置为"2"，如图 4-25 所示。

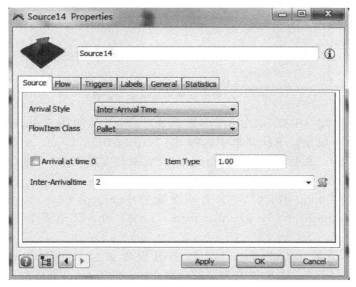

图 4-25 托盘发生器参数设置

② 合成器 Combiner 参数设置

a. 设置打包参数 双击 Combiner15 打开参数设置页面，单击 Combiner 选项卡，将 Target Quantity（目标数量）参数改为"4"，如图 4-26 所示。

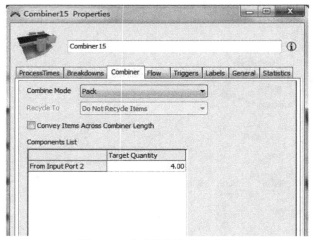

图 4-26 合成器打包参数设置

b. 设置使用运输工具 在 Combiner15 参数设置对话框中，在单击 Flow（临时实体流）选项卡，将 Use Transport（使用运输工具）选项前面点击打勾，如图 4-27 所示。

图 4-27 合成器使用运输工具设置

c. 设置合成器参数 在 Combiner15 参数设置对话框中，单击 Triggers（触发器）选项卡，在 OnExit（离开触发）下拉菜单中选择 Set Name，Item Type，or Label Value（设置名称、类型及标签值），然后选择 setitemtype（设置临时实体类型），将 Type（类型）设置为均匀分布，duniform（1，1），如图 4-28 所示。

除了将图 4-28 中 duniform（1，1）分别设置为 duniform（2，2）、duniform（3，3）、duniform（4，4）、duniform（5，5）、duniform（6，6）外，其他五个 Combiner 设置与以上设置基本相同。

③ 处理器参数设置 双击 Processor21 打开设置页面，单击 Processor 选项卡，将 Setup Time（预置时间）一栏参数改为"8"，将 Process Time（处理时间）一栏参数改为"15"，勾选"Use Operator（s）for Process"（使用操作员处理）一项，如图 4-29 所示。

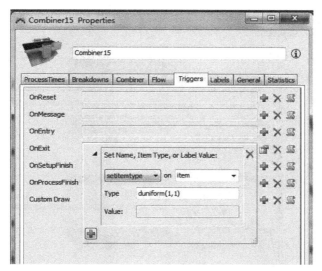

图 4-28 合成器参数设置

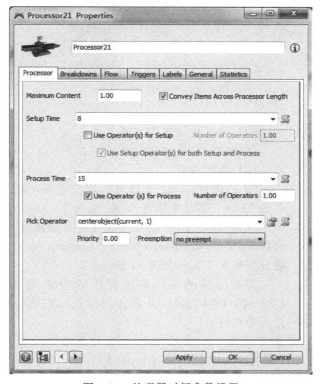

图 4-29 处理器时间参数设置

另外两个 Processor 设置同上。

4.5.3 货物存储区

(1) 货物存储区整体布局

货物存储区整体布局如图 4-30 所示。

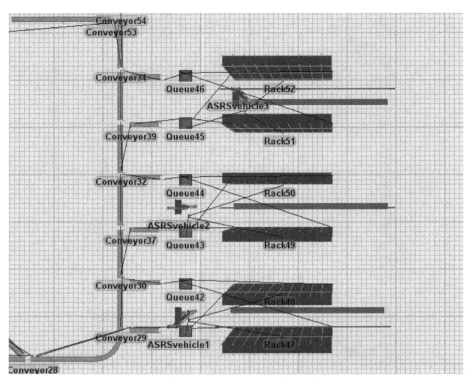

图 4-30 货物存储区布局

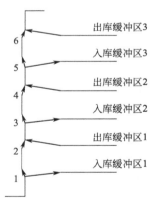

图 4-31 存储输送连接方式

(2) 存储输送连接方式

存储输送连接方式见图 4-31。

(3) 参数设置

① 传送带 1、3、5 设置 双击 Conveyor 打开参数设置页面，单击 Flow（临时实体流），在 Sent To Port（发送至端口）下拉菜单中选择 Values By Case（根据返回值选择不同的输出端口），传送带 1、3、5（即 Conveyor28、Conveyor30、Conveyor32）设置参数分别如图 4-32~图 4-34 所示。

需要说明的是，要注意传送带输出端口的连接顺序。图 4-32~图 4-34 的设置是将传送带先与右边传送带相连，再与上边传送带相连。

② 入库缓冲区传送带参数设置 双击 Conveyor35 打开参数设置页面，单击 Conveyor 选项卡，将 Speed（速度）参数改为"1"；Maximum Content（最大容量）参数改为"6"，如图 4-35 所示。

单击 Layout 选项卡，将 Length（长度）参数改为"6"，如图 4-36 所示。

入库缓冲器其他传送带（Conveyor36~Conveyor40）设置同上。

③ 入库暂存区设置 双击 Queue41 打开参数设置页面，单击 Flow（临时实体流），在 Sent To Port（发送至端口）下拉菜单中选择 Values By Case（根据返回值选择不同的输出端口），入库暂存区（即 Queue41、Queue43、Queue45）设置参数分别如图 4-37~图 4-39 所示。

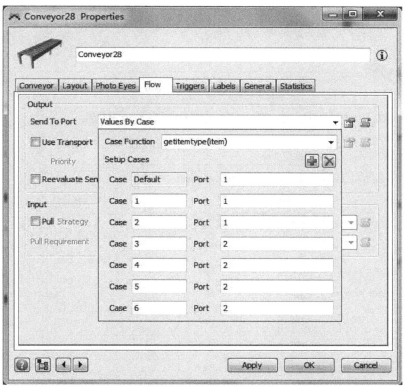

图 4-32　传送带 1 输出端口参数设置

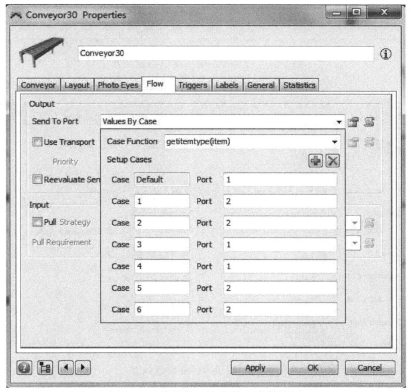

图 4-33　传送带 3 输出端口参数设置

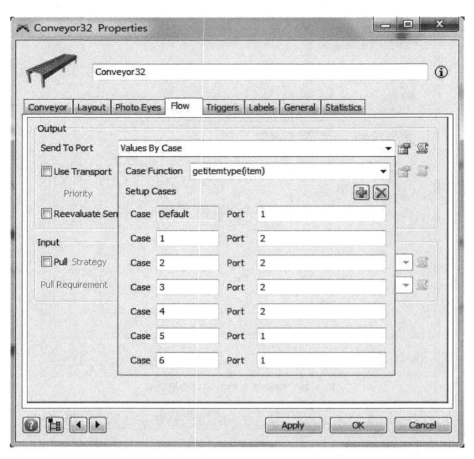

图 4-34　传送带 5 输出端口参数设置

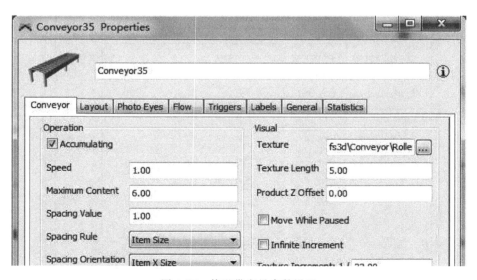

图 4-35　传送带容量参数设置

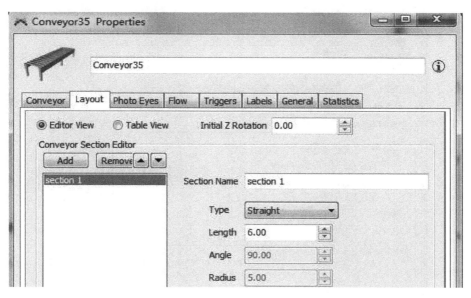

图 4-36 传送带长度参数设置

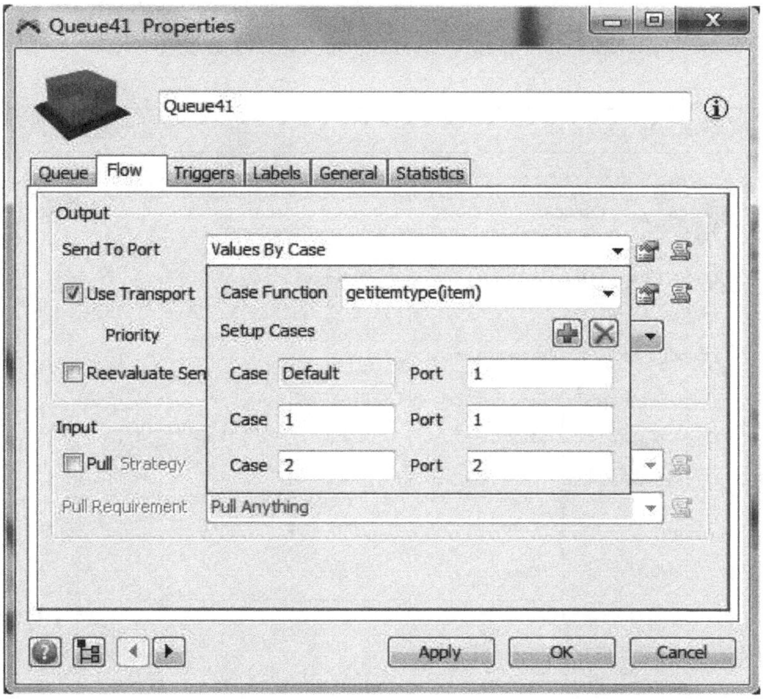

图 4-37 暂存区 Queue41 输出端口参数设置

图 4-38　暂存区 Queue43 输出端口参数设置

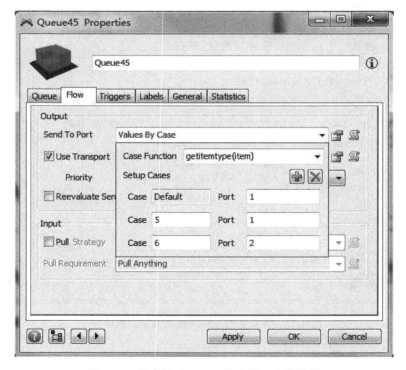

图 4-39　暂存区 Queue45 输出端口参数设置

这三个入库暂存区需要使用堆垛机将货物搬运到货架上，所以对暂存区还需进行如下设置：双击 Queue41 打开参数设置页面，单击 Flow（临时实体流）选项卡，勾选 Use Transport（使用运输工具）。设置结果如图 4-40 所示。

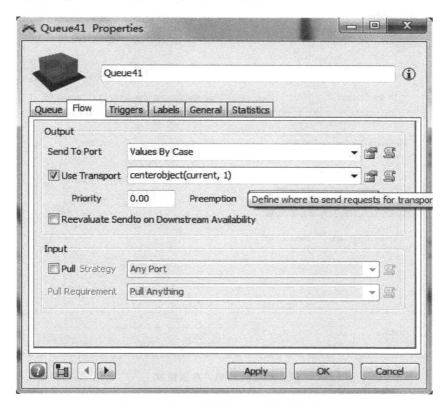

图 4-40　暂存区使用运输工具参数设置

另两个入库暂存区（Queue43、Queue45）的设置同上。

④ 货架参数设置　双击 Rack47 打开设置参数页面，单击 Rack 选项卡，将 Maximum Content（最大容量）改为"300"，将 Minimum Dwell Time（最小停留时间）设置为泊松分布，poisson（7000，1），将 Place in Bay（放置到列）设置为 First Available Bay（第一个可用列），将 Place in Level（放置到层）设置为 First Available Level（第一个可用层）。如图 4-41 所示。

单击 Flow（临时实体流）选项卡，选中 Use Transport（使用运输工具）复选框，如图 4-42 所示。

其他货架设置同上。

4.5.4　出库处理区

（1）出库处理区整体布局

出库处理区整体布局如图 4-43 所示。

（2）参数设置

① 处理器参数设置　双击 Processor55，打开参数设置页面，单击 Processor 选项卡，将 Setup Time（预置时间）的参数改为"8"，将 Process Time（处理时间）的参数改为"15"，选中 Use Operator（s）for Setup（使用操作员预置），如图 4-44 所示。

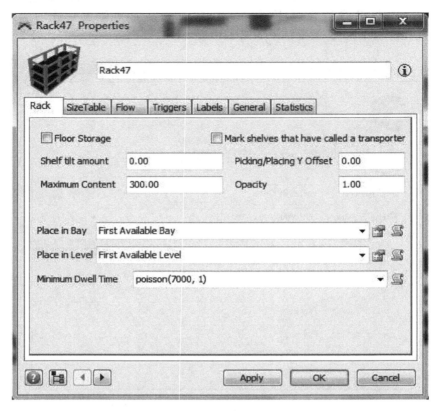

图 4-41　货架相关参数设置

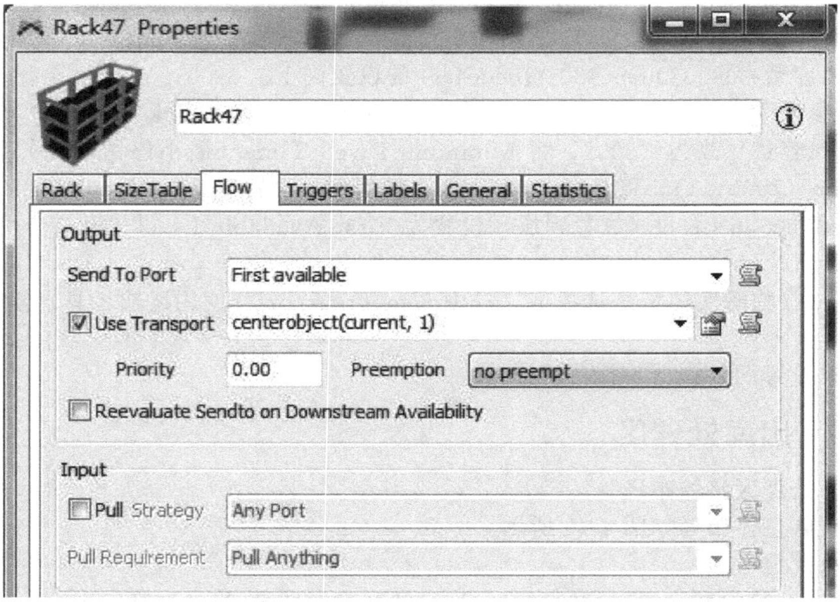

图 4-42　货架使用运输工具参数设置

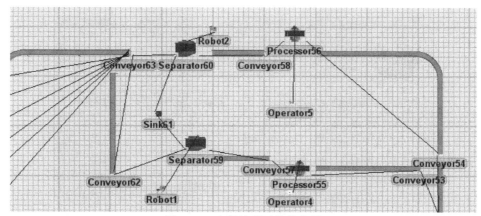

图 4-43 出库处理区整体布局

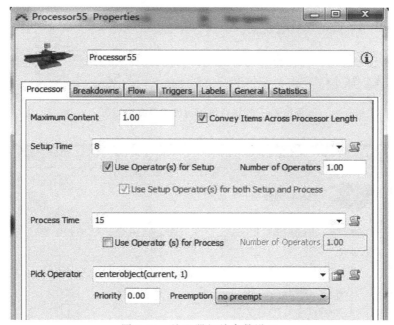

图 4-44 处理器相关参数设置

出库处理区另一个处理器设置同上。

② 分解器参数设置

a. 分解器 Separator59 使用了机器手，其使用运输工具参数具体设置为：双击 Separator59 打开参数设置页面，单击 Flow（临时实体流）选项卡，勾选 Use Transport（使用运输工具）。设置如图 4-45 所示。

b. 托盘分解器将货物和托盘分离，吸收器将托盘吸收，而货物通过传送带运输出去。具体设置如下。

设置分解器 Separator59 输出端口。双击 Separator59 打开参数设置页面，单击 Flow（临时实体流）选项卡，在 Send To Port（发送至端口）下拉菜单中，选择 Default Separator Option（默认分解选项）。如果分解器首先连着 Sink，然后连着 Conveyor，则分解器保持默认设置不变，默认设置如图 4-46 所示；如果分解器首先连着 Conveyor，然后连着 Sink，则将 Port for container（容器的端口）一项改为 2，将 Port for contents 一项改为 1。

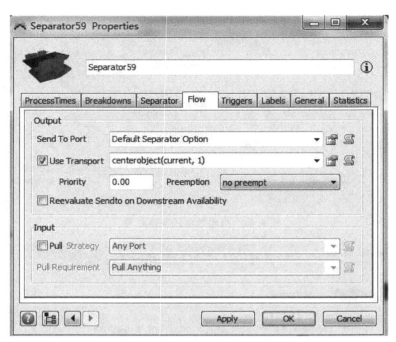

图 4-45　分解器使用运输工具参数设置

图 4-46　分解器输出端口设置

c. 分解器输出端口检查：因为 Port for container 表示容器（即托盘）的输出端口，Port for contents 表示货物的输出端口，要让托盘被 Sink（吸收器）吸收，货物经过 Conveyor（传送带），就要保证 Port for container 连着 Sink，Port for contents 连着 Conveyor。

双击 Separator59 打开参数设置页面，单击 General（常规）选项卡，在 Ports（端口）处，选择 Output Ports（输出端口），可以看到分解器输出端口的连接情况，检查输出端口的连接顺序是否正确。如图 4-47 所示，端口 1 为 Sink61，端口 2 为 Conveyor62。将图 4-46

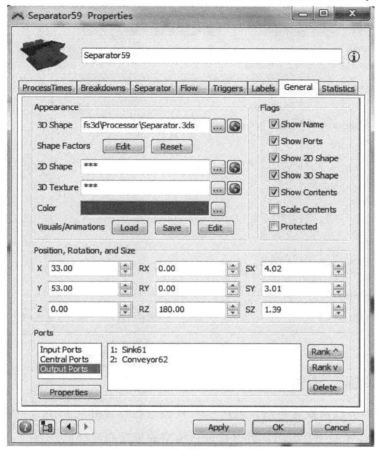

图 4-47　分解器输出端口检查

和图 4-47 结合起来，Port for container 到端口 1，而端口 1 连着 Sink61，Port for contents 到端口 2，而端口 2 连着 Conveyor62，这样就保证了容器（即托盘）会被吸收器吸收，而货物则会通过传送带。

另一个分解器设置同上。

4.5.5　出库分拣区

（1）出库分拣区整体布局

出库分拣区整体布局如图 4-48 所示。

（2）参数设置

出库区传送带 Conveyor63 的具体设置为：双击 Conveyor63 打开参数设置页面，单击 Flow（临时实体流）选项卡，在 Send To Port（发送至端口）下拉菜单中选择 Values By Case（根据返回值选择不同的输出端口），进行图 4-49 的设置。

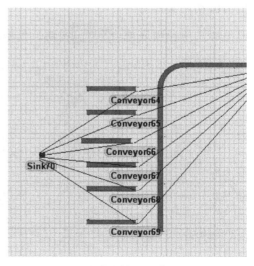

图 4-48　出库分拣区整体布局

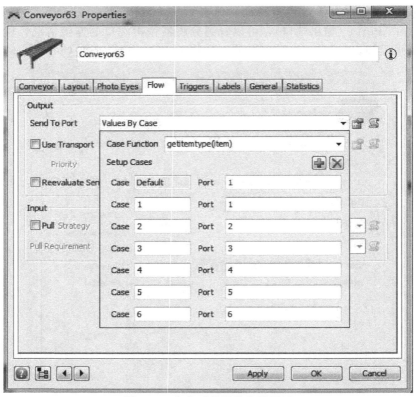

图 4-49　出库区传送带参数设置

4.5.6　编译、重置、运行模型

整个模型基本参数设置完毕后，就可以对模型进行编译和运行了。单击主视窗底部的 Compile 按钮，编译过程完成后，就可以进行模型的重置和运行了。

单击主视窗左下角 Reset 按钮，重置模型可以保证所有系统变量都是初始值，并将模型中所流动的实体清除。

单击主视窗底部 Run 按钮。模型运行如图 4-50 所示。

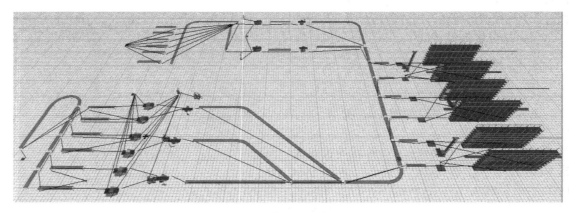

图 4-50　模型运行布局图

4.6 仿真结果分析

(1) 运行时间设置

点击主视窗顶部的 Stop Time 选项，弹出对话框，设置时间为"28800"，如图 4-51 所示。

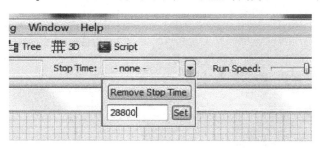

图 4-51 仿真模型运行时间设置

(2) 仿真结果分析

① 入库处理区叉车和操作员仿真结果分析 通过叉车和操作员的属性统计分页，可以分别得到叉车和操作员的状态饼图，从图上可以清楚地看出叉车的空闲时间、装载时间、卸载时间、装载行驶时间、空载行驶时间及其各自所占的百分比以及操作员的空闲率和利用率等仿真结果。图 4-52、图 4-53 为仿真结束后叉车和操作员的状态饼图。

3 号叉车没有用到，所以不附上 3 号叉车的状态饼图了。

根据图 4-52、图 4-53，可以看出叉车的空闲率极高，利用率是极低的，甚至 3 号叉车都没有用到，所以说使用 3 辆叉车是不合适的，资源没有得到合理利用。这里需要进行优化，减少叉车数量，提高叉车利用率。

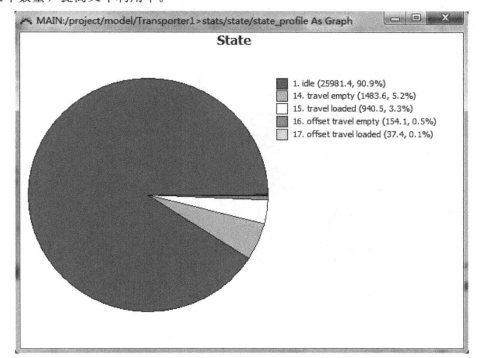

图 4-52 1 号叉车仿真结束后的状态饼图

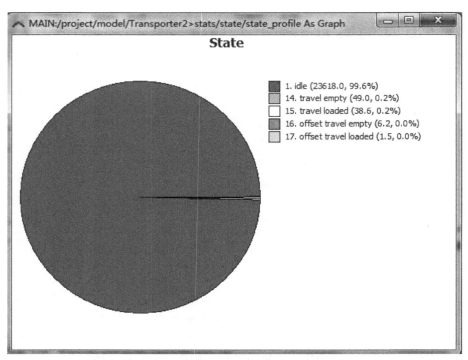

图 4-53　2 号叉车仿真结束后的状态饼图

根据图 4-54～图 4-56，可以明显地看到 3 名操作员的效率都很低，说明雇佣 3 名操作员是有冗余的，需要通过减少操作人员数量来提高操作员效率，以达到优化的效果。

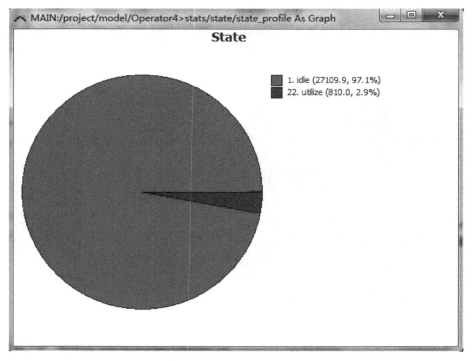

图 4-54　Operator4 仿真结束后的状态饼图

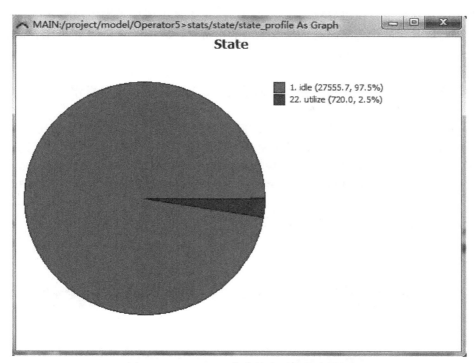

图 4-55　Operator5 仿真结束后的状态饼图

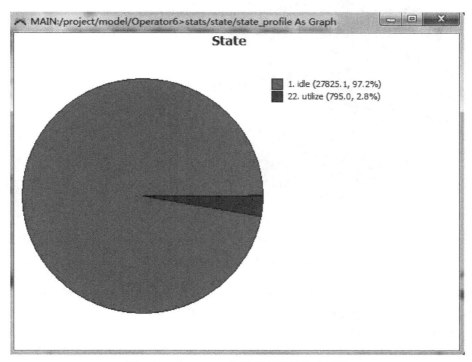

图 4-56　Operator6 仿真结束后的状态饼图

② 出库量、入库量仿真结果分析　根据仿真结果统计，得出入库量为 155 盘，出库量为 116 盘，与入库量 800 盘/天、出库量 750 盘/天的要求相差很多。通过分析，可能是因为

发生器发出的货物量少,所以导致入库量也少;而出库量少则是货物在货架上停留时间较长造成的。因此,我们的优化思路是增加发生器的出货量,减少货物在货架上的停留时间。

(3) 仿真结果改进

① 应该减少叉车和操作员的数量。3 辆叉车,在有 1 辆用不到的情况下,另外 2 辆的利用率还是很低的,所以考虑使用 1 辆叉车的情况。3 名操作员,每名操作员的效率都极低,所以我们也考虑只用 1 名操作员。

② 增加发生器的出货量。发生器到达时间间隔服从(0,45,1)的指数分布,可以减小指数分布的尺度参数,增加发生器的出货量。故将原指数分布改为(0,35,1)。

③ 减少货物在货架上的停留时间。货物在货架上的停留时间服从均值为 7000,随机数流为 1 的泊松分布,可以通过减少泊松分布的均值参数,减少货物在货架上的停留时间。故将原泊松分布改为(6000,1)。

修改完各参数之后,重新运行模型,看仿真结果,分析模型是否得到优化。运行结果如下。

图 4-57 为叉车仿真结束后的状态饼图。

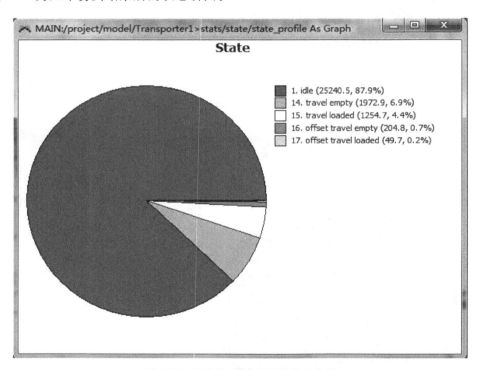

图 4-57　叉车仿真结束后的状态饼图

从图 4-57 中可以看出,叉车的利用率为 12.1%,相比之前有很大提高,但是 12.1% 的利用率还是比较低的,这就说明用一辆叉车来搬运货物是足够的。

图 4-58 为操作员仿真结束后的状态饼图。

操作员的效率相比之前也有提高,但是也还是比较低的,说明 1 名操作员足够完成处理台的任务。而且雇佣 1 名操作员,成本也降低了。

根据仿真结果统计,入库量为 197 盘,出库量为 156 盘,相比之前有所增加,但是与要求相比还是差很多。我们的优化思路是正确的,还需要反复修改发生器的发货时间间隔(指数分布的尺度参数)和运行模型。

最终优化方案：通过反复修改发货时间间隔和运行，发生器的到达时间间隔服从（0，8.9，1）的指数分布；货架上货物的停留时间服从（1500，1）的泊松分布；入库处理区使用1辆叉车，1个操作员即可，效率比较高，成本比较低。优化结果如图4-59、图4-60所示。

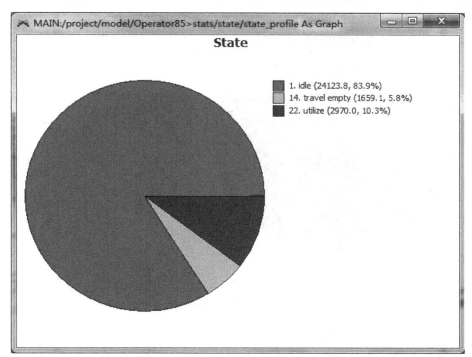

图4-58　操作员仿真结束后的状态饼图

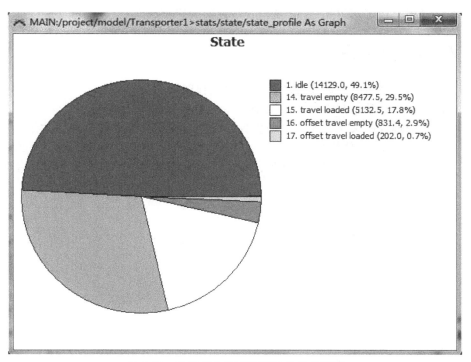

图4-59　叉车优化仿真结束后的状态饼图

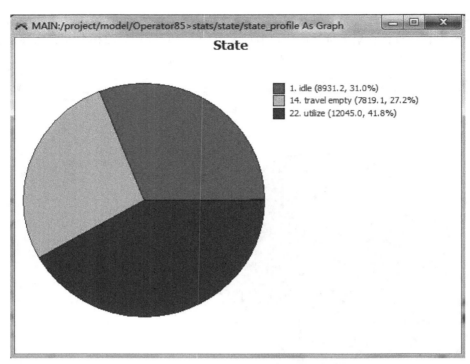

图 4-60 操作员优化仿真结束后的状态饼图

从图 4-59、图 4-60 可以看出，叉车的利用率为 50.9%，操作员的利用率为 41.8%，与最初相比都有了很大的提高，优化是有效的，设备和人力成本大大降低。

根据仿真结果统计，货物入库量为 801 盘，出库量为 752 盘，满足要求，优化也是有效的（出入库总量相差最好不要超过 50 盘，否则会加大库存成本）。

4.7 实训练习

(1) 总结自动化立体仓库的作业流程（画出流程图）。
(2) 对比优化前的数据与优化后的数据，并形成详细分析报告。
(3) 对入库处理区的叉车、操作员的仿真结果进行分析，考虑能否进行优化。
(4) 要求该立体仓库额定入库量 800 盘/天，出库量 750 盘/天，每天工作 8h (28800s)，试找到一个合理的方案，符合立体仓库出入库要求，使得设备利用率合理。

第5章

现代物流配送中心建模与仿真

5.1 实训知识准备

5.1.1 现代物流配送中心的概述

配送中心是以组织配送型销售或供应,执行实物配送为主要职能的现代流通设施,通过有效地组织配货和送货,使资源的终端配置得以完成。目前,对配送中心的定义有多种提法。

《物流企业操作指南》对配送中心的定义:接受并处理末端用户的订货信息,对上游运来的多品种货物进行分拣,根据用户订货要求进行拣选、加工、组配等作业,并进行送货的设施机构。在对配送中心进行科学完善的基础上,《物流企业操作指南》权威性地指出了配送中心的设计、流程、模式等。

中华人民共和国国家标准物流术语中规定,从事配送业务且具有完善的信息网络的场所或组织,应符合下列条件:主要为特定的用户服务;配送功能健全、辐射范围小;多品种,小批量。

从对配送中心的多种定义上看,其表述虽然不完全一致,但可从上述定义中了解到配送中心的基本概念,对配送中心的认识需要注意以下几个问题。

① 配送中心的任务之一是"货物配备"。货物配备是配送中心按照客户的要求,对货物的数量、品种、规格、质量等进行的配备。这是配送中心最主要、最独特的工作,全部由配送中心内部的现代化设施完成。

② 配送中心的另一个重要任务是"组织送货"。组织送货是指配送中心按照客户的要求,把配备好的货物定时、定点、定量地送抵用户。送货方式较多,有的由配送中心自行承担,有的利用社会运输力量完成,有的由用户自提。从我国国情来看,在开展配送的初期,用户自提的可能性很大,所以对于送货而言,配送中主要是组织者而不是承担者。

③ 配送中心强调了配送活动和销售或供应等经营活动的结合，是经营的一种手段，以此排除了这是单纯的物流活动的看法。

④ 配送中心的硬件配备定为"现代流通设施"，着眼于和以前的流通设施诸如商场、贸易中心、仓库等相区别。这个流通设施以现代装备和工艺为基础，不但处理商流，而且处理物流、信息流，是集商流、物流、信息流于一身的全功能流通设施。

配送中心为了能更好地做好送货的编组准备，必然需要进行零星集货、批量进货等资源搜集工作和对货物的分拣、配备等工作，因此，配送中心往往还有比较强的流通加工能力。此外，配送中心还应该执行货物配备后送达用户的使命，如果说集货中心、分拣中心、加工中心的职能还比较单一的话，那么，配送中心则能全面、完整地集中它们的功能，所以，配送中心实际上是集货中心、分拣中心、加工中心功能的综合，使配送达到更高的水平。

配送中心作为物流中心的一种主要形式，有时和物流中心等同起来，物流中心是指在比较大的地域组织物流活动，提供物流服务的现代物流设施，是一种具有战略性的物流业务实体。

配送中心是一种新兴的经营管理形态，具有满足多量少样的市场需求及降低流通成本的作用，但是，由于建造企业的背景不同，其配送中心的功能、构成和运营方式就有很大区别，因此，在配送中心规划时应充分注意配送中心的类别及其特点。配送中心的具体分类方式如下。

(1) 按配送中心的设立者进行分类

① 制造商型配送中心　制造商型配送中心是以制造商为主体的配送中心。这种配送中心里的物品100%是由自己生产制造，用以降低流通费用、提高售后服务质量和及时地将预先配齐的成组元器件运送到规定的加工和装配工位。从物品制造到生产出来后条码和包装的配合等多方面都较易控制，所以按照现代化、自动化的配送中心设计比较容易，但不具备社会化的要求。

② 批发商型配送中心　批发商型配送中心是由批发商或代理商所成立的配送中心，是以批发商为主体的配送中心。批发是物品从制造者到消费者手中之间的传统流通环节之一，一般是按部门或物品类别的不同，把每个制造厂的物品集中起来，然后以单一品种或搭配向消费地的零售商进行配送。这种配送中心的物品来自各个制造商，它所进行的一项重要的活动是对物品进行汇总和再销售，而它的全部进货和出货都是社会配送的，社会化程度高。

③ 零售商型配送中心　零售商型配送中心是由零售商向上整合所成立的配送中心，是以零售业为主体的配送中心。零售商发展到一定规模后，就可以考虑建立自己的配送中心，为专业物品零售店、超级市场、百货商店、建材商场、粮油食品商店、宾馆饭店等服务，其社会化程度介于前两者之间。

④ 专业物流配送中心　专业物流配送中心是以第三方物流企业（包括传统的仓储企业和运输企业）为主体的配送中心。这种配送中心有很强的运输配送能力，地理位置优越，可迅速将到达的货物配送给用户。它为制造商或供应商提供物流服务，而配送中心的货物仍属于制造商或供应商，配送中心只是提供仓储管理和运输配送服务。这种配送中心的现代化程度往往较高。

(2) 按配送中心的服务范围分类

① 城市配送中心　城市配送中心是以城市为配送范围的配送中心，由于城市范围一般处于汽车运输的经济里程，这种配送中心可直接配送到最终用户，且采用汽车进行配送。所以，这种配送中心往往和零售经营相结合，由于运距短，反应能力强，因而从事多品种、少批量、多用户的配送较有优势。

② 区域配送中心　区域配送中心是以较强的辐射能力和库存准备，向省（州）际、全国乃至国际范围的用户配送的配送中心。这种配送中心配送规模较大，一般而言，用户也较大，配送批量也较大，而且，往往是配送给下一级的城市配送中心，也配送给营业所、商店、批发商和企业用户，虽然也从事零星的配送，但不是主体形式。

(3) 按配送中心的功能分类

① 储存型配送中心　有很强的储存功能。例如，美国赫马克配送中心的储存区可储存16.3万托盘。我国目前建设的配送中心，多为储存型配送中心，库存量较大。

② 流通型配送中心　包括通过型或转运型配送中心，基本上没有长期储存的功能，是仅以暂存或随进随出的方式进行配货和送货的配送中心。典型方式为：大量货物整批进入，按一定批量零出。一般采用大型分货机，其进货直接进入分货机传送带，分送到各用户货位或直接分送到配送汽车上。

③ 加工型配送中心　以流通加工为主要业务的配送中心。

(4) 按配送中心配送货物的属性分类

根据配送货物的属性，可以分为生鲜品配送中心、日用品配送中心、医药品配送中心、化妆品配送中心、家电品配送中心、电子（3C）产品配送中心、书籍产品配送中心、服饰产品配送中心、汽车零件配送中心以及生鲜处理中心等。

由于所配送的产品不同，配送中心的规划方向就完全不同。例如生鲜品配送中心主要处理的物品为蔬菜、水果与鱼肉等生鲜产品，属于低温型的配送中心，是由冷冻库、冷藏库、鱼虾包装处理场、肉品包装处理场、蔬菜包装处理场及进出货暂存区等组成的，冷冻库为零下25℃，而冷藏库为0～5℃左右，又称为湿货配送中心。而书籍产品配送中心，由于书籍有新出版、再版及补书等的特性，尤其是新出版的书籍或杂志，其中80%不上架，直接理货配送到各书店去，剩下的20%左右库存在配送中心等待客户的再订货；另外，书籍或杂志的退货率非常高，约有3～4成左右。因此，在规划书籍产品配送中心时，就不能与食品与日用品的配送中心一样。服饰产品的配送中心，也有淡旺季及流行性等的特性，而且，较高级的服饰必须使用衣架悬挂，其配送中心的规划也有其特殊性。

对于不同种类与行业形态的配送中心，其作业内容、设备类型、营运范围可能完全不同，但是就系统规划分析的方法与步骤有其共通之处。配送中心的发展已逐渐由以仓库为主体的配送中心向信息化、自动化的整合型配送中心发展。

5.1.2　配送中心的功能

配送中心与传统的仓库、运输是不一样的，传统意义上的仓库只重视商品的储存保管，传统的运输只提供商品运输配送而已，而随着现代科技的发展以及信息的更加透明化，配送中心应更加重视商品流通的全方位功能，主要如下。

(1) 集中货物的功能

配送中心接收供应商送到某一特定门店的商品，然后将它们整合成单一的一次运输，其好处就是能减少运输费，同时减少门店收货的拥挤现象。

(2) 仓储保管功能

商品的交易买卖达成之后，除了采用直配直送方式的批发商之外，卖方均将商品经实际入库、保管、流通加工包装而后出库，因此配送中心具有仓储保管的功能。在配送中心一般都有库存保管的储放区，因为任何的商品为了防止缺货，或多或少都有一定的安全库存，视商品的特性及生产前置时间的不同，则安全库存的数量也不同。一般国内制造的商品库存较少，而国外制造的商品因船期的原因库存较多，约为2～3个月；另外生鲜产品的保存期限较短，因此保管的库存量较少；冷冻食品因其保存期限较长，因此保管的库存量比较多。

(3) 运输功能

配送中心需要自己拥有或者租赁一定规模的运输工具，具有竞争优势的配送中心不只是一个点，而是一个覆盖全国的网络。因此，配送中心首先应该为客户选择满足客户需要的运输方式，然后具体组织网络内部的运输作业，在规定的时间内将客户的商品运抵目的地。

(4) 分拣配送功能

在配送中心里另一个重点功能就是分拣配送功能，因为配送中心就是为了满足多品种小批量的客户需求而发展起来的，因此配送中心必须根据客户的要求进行分拣配货作业，并以最快的速度送达客户手中或者是指定时间内配送到客户。配送中心的分拣配送效率是物流质量的集中体现，是配送中心最重要的功能。

(5) 流通加工功能

配送中心的流通加工作业包含分类、称重、大包装拆箱改包装、产品组合包装、商标、标签粘贴作业等。这些作业是提升配送中心服务品质的重要手段。

(6) 信息提供功能

配送中心除了具有行销、配送、流通加工、仓储保管等功能外，更能为配送中心本身及上下游企业提供各式各样的信息情报，以供配送中心营运管理政策制定、商品路线开发、商品销售推广政策制定的参考。例如哪一个客户订多少商品？哪一种商品比较畅销？从电脑的 EIQ 分析资料中非常清楚，甚至可以将这些宝贵资料提供给上游的制造商及下游的零售商当作经营管理的参考。

从一些发达国家的配送中心具体实际来看，配送中心还具有以下增殖性功能：结算功能；需求预测功能；物流系统设计咨询功能；物流教育与培训功能。

5.1.3 配送中心功能区设置

配送中心功能区是为了实现物流配送作业而设立的诸多作业区域，所设立的具有不同作业内容的区域实现各自的目的，起着应有的作用，共同完成配送中心的配送业务。

根据各种作业的性质，一般物流配送中心功能区可分为两大类：物流功能区和非物流功能区。其中，物流相关的作业在物流功能区内完成，分析配送中心的作业流程以及配送中心的功能，可以将物流功能区划分为进货区、存储区、流通加工区、理货区、出库区、退货区。而非物流功能区主要从事物流作业的相关辅助作业，同时也是部分工作人员的工作区，可以将其划分为辅助作业区和办公区。各功能区又可根据作业需要分为不同的功能子区，一般的配送中心功能区的设置如图 5-1 所示。

(1) 物流功能区

① 进货区　主要从事从货物运达到入库所要进行的相关作业，包括车辆到达、卸货、验收、理货等作业。各种作业对应的功能子区包括卸货区、入库验货区、进货暂存区等。

② 存储区　主要进行仓储保管工作。根据所存储货物的性质，存储区包括普通存储区、特殊存储区以及堆场等。

③ 流通加工区　工作内容主要包括针对一些初级产品进行的二次加工，或零配件重新组装成产品等加工作业，以及产品包装、运输包装、流通包装、打印条码等作业。流通加工区包括加工区、包装区等。

④ 理货区　主要完成理货、拣货、补货、分类、集货、验货、配货等作业，进行货物运达物流中心后进入后续流程的先期处理，和货物即将从物流中心出去前的先期处理。分为两类，进货理货区与出货理货区。理货区可细分为称重区、拣货区、补货区、分类区、集货区、配货区等。

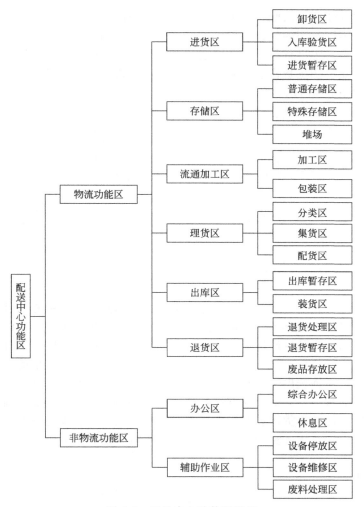

图 5-1 配送中心功能区设置

⑤ 出库区　将集中待发的货品经过检验至装车起运全过程的相关作业。从布局和结构看，出库区与进货区类似。各种操作对应的功能子区包括出库验货区、出货暂存区、装货区等。

⑥ 退货区　物流中心对退货、瑕疵品及废品等进行处理及存储的作业区域。包括退货卸货区、退货处理区、换货区、退货暂存区、瑕疵品暂存区等。

（2）非物流功能区

① 辅助作业区　指辅助物流作业场所，如容器回收区、废料处理区、设备停放区、设备维修区等。

② 办公区　主要提供部分工作人员的办公场所以及生活服务场所。如：接待客户，为供货商提供展览、促销、交易场所；提供金融、工商、海关、税务等配套服务；为客户及工作人员提供休息、接待、娱乐、餐饮等服务。一般包括展示大厅、商务洽谈区、配套服务区、休息服务区等。

5.1.4 配送中心的作业流程

物流配送中心的运转中，无论是机械化的物流系统，还是自动化或智能化的物流系统，如果没有正确有效的作业方法配合，那么不论所采用的设备或系统多么先进，也未必能取得最佳的经济效益。不同类型的配送中心，虽然功能不尽相同，但其作业流程却大致相同，主要包括以下几种作业：①进货作业；②搬运作业；③储存作业；④存货管理作业；⑤盘点作业；⑥订单处理作业；⑦拣货作业；⑧补货作业；⑨出货作业；⑩配送作业。物流配送中心的基本作业流程如图 5-2 所示。

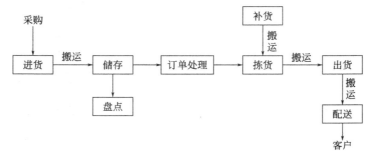

图 5-2　配送中心的基本作业流程

配送中心的作业首先从进货开始，当运输物品的货车到达配送中心的月台时，便进行进货作业，然后依序将货物储存入库。由于进货的同时也有货物要出库，所以存储区的货物的数量和状态也在变动，为了良好地管理，需要定期或不定期地对在库货物进行盘点作业。当配送中心收到客户的订单后，需要对订单进行处理，之后根据客户订单的信息来进行拣货作业，将客户需要的货物拣选出来。与此同时，在拣选货物的过程中一旦发现拣选区所储存的货物量低于库存标准时，便向供应商下订货单订货，即补货作业。拣选出来的货物经包装、分类等发货作业后，便可将货物装在配送车上，由配送人员负责配送到客户手中。此外，在所有的作业过程中，涉及物的流动的作业，其过程中就一定有搬运作业，搬运作业贯穿整个配送中心作业流程中。

（1）进货作业

进货作业是指把物品做实体上的接收，包括车上将其卸下、核对该物品的数量及状态、将必要信息书面化等，一般进货主要作业流程与内容如图 5-3 所示。

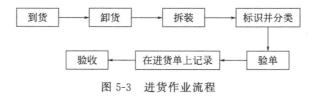

图 5-3　进货作业流程

（2）搬运作业

搬运作业是物流作业的重要组成部分之一，良好有序的搬运系统可消除瓶颈现象，使物流畅通，确保生产水平，使人力和设备有效利用，有效搬运可以加速货物移动，缩短运输距离，减少总作业时间，降低存储和相关成本，良好的搬运系统不但改善工作环境，而且保证货物安全和完好，降低保险费用。

（3）储存作业

储存作业主要任务在于把将来要使用或者要出货的物料保存，且经常要做库存品的检查控制，不仅要善于利用空间，也要注意存货的管理，尤其是配送中心的储存与传统仓库的储存因营运形态不同，更要注意空间运用的弹性及存量的有效控制。

(4) 存货管理作业

存货具有调节生产与销售的作用，不适当的存货管理往往造成有形或无形的极大损失。尤其对于流通速度极快但客户订货无法事前掌握预测的物流中心，存货的管制更加不易，其重要性也就更不容忽视。而所谓存货管理是希望将货品的库存量保持在适当的标准内，以免过多造成资金积压、增加保管困难或过少导致浪费仓容、供不应求的情况。因此存货管理具有两项重大意义：一为确保存货能配合销售情况、交货要求以提供客户满意的服务；二为设立存货控制基准，以最经济的订购方式与控制方法来提供营运所需要的供应。

(5) 盘点作业

由于货物不断地进库和出库，在长期积累下理论库存数与实际库存数是不相符的。有些货品因长期存放，使品质下降，不能满足用户需要。为了有效地掌握货品数量和质量，必须定期对各储存场所进行清点作业，这就是所谓的盘点作业。

(6) 订单处理作业

订单处理指的是从接到门店订货到准备出货之间的作业阶段。包括订单确认、存货查询、库存分配和出货配送等。

(7) 拣货作业

众所周知，每张用户订单中最少有一种以上的商品，把这些不同种类、数量的商品由物流配送中心集中在一起，这就是所谓的拣货作业。

(8) 补货作业

补货作业是为了满足分拣作业需要，从货物保管区将货物移到另一个作为订单拣取用的拣货区的作业过程，即将待配商品放在存取方便的位置的过程。一般补货作业的流程如图5-4 所示。

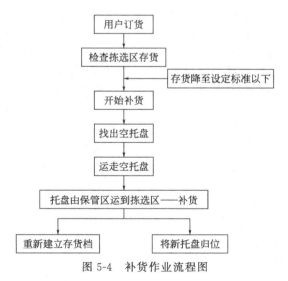

图 5-4 补货作业流程图

(9) 出货作业

将拣选的商品按订单或配送路线进行分类，再进行出货检查，做好相应的包装、标识和贴标签工作，根据门店或行车路线等将物品送到出货暂存区，最后装车配送。

(10) 配送作业

配送作业包含将货物装车并进行配送，而达到这些作业则需要实现配送区域的划分和配送路线的安排，通过配送路线选用的先后次序来决定商品装车顺序，并在商品配送途中进行商品跟踪、控制，制订配送途中意外状况及送货后文件的处理办法。

5.2 学习目的

① 学习了解现代物流配送中心类型及功能。
② 掌握现代物流配送中心作业流程。
③ 掌握路网的设置。
④ 学习流通加工区产品分类设置。

5.3 完成时间

200min。

5.4 问题描述与系统参数

(1) 配送中心设计方案与作业流程
物流配送中心仿真的主要目的是：
① 判断系统中设备的配置是否合理；
② 检验系统运行过程是否畅通及货物通过能力；
③ 评价和改进配送中心系统的设备配置。

该配送中心的系统流程分为以下五个主要环节：入库处理区、货物存储区、流通加工区、拣货区和发货区。

配送中心根据空间属性和设备的物理位置建立仓库的 Flexsim 三维模型。货物的到达和离开分别使用 Source（发生器）和 Sink（吸收器）模拟；自动分拣机用 Conveyor（传送带）来模拟，各段 Conveyor 之间通过一定的逻辑连接，并在参数中设置使用操作员；码盘作业使用 Combiner（合成器）模拟；对出入库托盘的处理使用 Processor（处理器）模拟，模拟一段时间的延迟；出入库台用 Queue（暂存区）模拟；拆分托盘用 Separator（分解器）模拟，并使用 Operator（操作员）；其他的运输工具、操作员等均使用 Flexsim 实体资源中相应的模型来模拟。各模型建立后按照前述的参数进行设置。

货物到达收货区以后，经过卸货、拆装、标示、验收等工作流程后入库。流通加工区从货物存储区或者拣货区取出货物，对货物进行贴价签、更换包装等二次加工后，将从货物存储区取出的货物送回货物存储区重新入库，从拣货区取出的货物送到发货区直接出库。作业控制区发出发货命令后，配送中心把相应货物送到发货区，等待装货。发货区的货物一部分来自货物存储区，另一部分来自拣货区。

设计配送中心整体概念运作方式如图 5-5 所示，配送中心作业流程图如图 5-6 所示。

(2) 包装以及托盘方案尺寸
三种产品在进入传送带主干线时进行托盘装盘。库房托盘采用标准托盘 800mm×1000mm。每类产品每盘装载 4 件。

(3) 主要参数设计
① 收货：货物到达服从泊松分布，数学期望为 55。
② 不良货物率为 10%。
③ 生成托盘，数量为 340。
④ 合成器装盘，每个托盘装货量为 4 件。
⑤ 流通加工区从货物存储区和拣货区取货操作员服从定长分布，均值分别为 68、92。

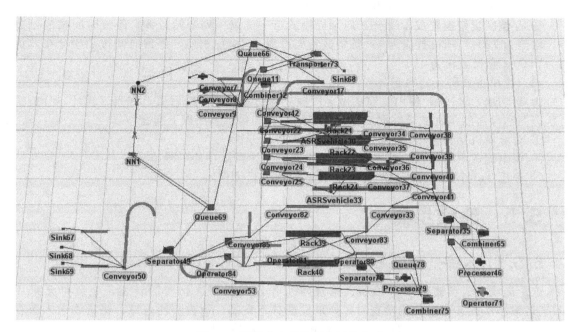

图 5-5　配送中心整体概念运作方式

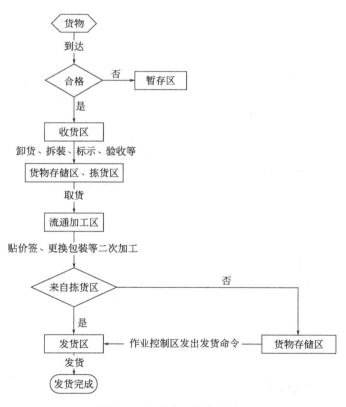

图 5-6　配送中心作业流程

⑥ 到达流通加工区的时候用分解器取托盘。

⑦ 存储区货架设置成 10 行 10 列，货物从第一排第一列开始放置，停留时间按泊松分布，均值为 7200，随机数流为 1；拣货区货架设置成 10 行 5 列，停留时间按泊松分布，均值为 3600，随机数流为 1。

(4) 建模仿真研究的问题

仿真周期设为 10h，使用复演法做多次独立的仿真试验，然后通过观察、统计、分析实时状态图和导出的仿真试验数据，得到最终的仿真结果，解决以下问题：

① 对堆垛机、运输小车、货架的仿真结果进行分析；

② 找出配送中心瓶颈，解决瓶颈，从而提高整个配送中心的效率；

③ 分析 340 个托盘是合适，如果不合适如何进行优化。

5.5 建模步骤

5.5.1 入库处理区 Flexsim 模型

这个区域主要负责收货、检验、整理等工作，实现库外物资的转运，装载单元采用 AGV 运输小车或叉车，收货检查时，如果发现有不良品，货物不能入库，将货物送入暂存区。入库处理区由 4 个发生器、1 个吸收器、3 个处理器、5 个传送带、3 个暂存区、1 个合成器和 1 辆叉车组成，如图 5-7、图 5-8 所示。

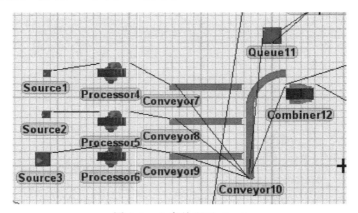

图 5-7　入库处理区（一）

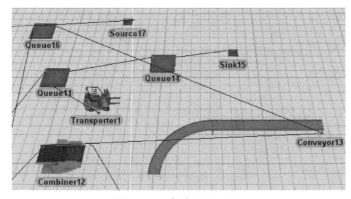

图 5-8　入库处理区（二）

入库处理区实体参数设置如表 5-1 所示。

表 5-1　入库处理区实体参数设置

实体名称	对象说明	参数设置
Source1~3	产品发生器	发生器 1、2、3 代表 3 种货物的到达，设置货物的类型和颜色。货物都按照泊松分布到达，均值为 55，随机数流为 1
Source17	托盘发生器	系统一开始运行就立即产生 340 个托盘；托盘产生的初始颜色为绿色
Processor4~6	入库加工台	参数保持默认设置
Conveyor7~9、Conveyor13	传送带	参数保持默认设置
Conveyor10	传送带	不良货物的概率为 10%
Queue11、Queue14	产品暂存区	Queue11 设置使用运输工具，其余参数保持默认设置
Queue16	托盘存放区	最大容量设置为 350
Combiner12	装盘合成器	合成器的托盘装货量为 4 件
Transporter1	托盘叉车	参数保持默认设置
Sink15	不合格物品区	参数保持默认设置

（1）产品发生器 Source1 到达时间参数设置

① 设置货物到达时间　双击 Source1 打开参数设置页面，单击 Source 选项卡，将 Inter-Arrivaltime（到达时间间隔）设置为泊松分布，poisson（55，1）。设置结果如图 5-9 所示。

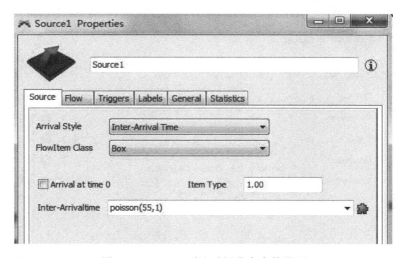

图 5-9　Source1 到达时间分布参数设置

② 设置货物颜色和类型　在 Source1 参数设置对话框中，单击 Triggers（触发器）选项卡，在 OnExit（离开触发）的下拉菜单中，选择 Set Item's color（设置颜色），将 Default 设置为 colorred（item），设置结果如图 5-10 所示。然后点击左下角绿色的"+"，在出现的下拉菜单中选择 Set Name，Item Type，or Label Value（设置名字，类型或标签），将 Type（类型）设置为均匀分布，duniform（1，1），设置结果如图 5-11 所示。

产品发生器 Source2、Source3 的设置与 Source1 的设置类似，将颜色分别设置为蓝色

［colorblue（item）］、绿色［colorgreen（item）］；将类型分别设置为 duniform（2，2）、duniform（3，3）。

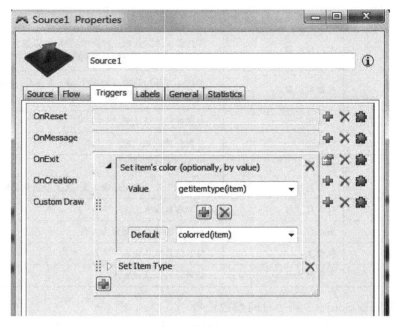

图 5-10　货物颜色设置

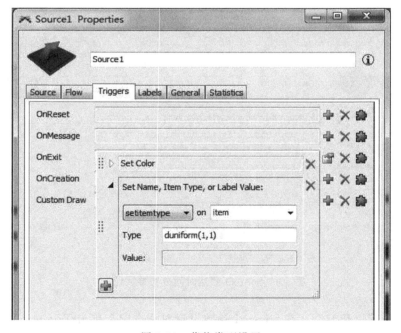

图 5-11　货物类型设置

（2）托盘发生器 Source17 参数设置

① 设置托盘发生器的参数　双击 Source17 打开参数设置页面，单击 Source 选项卡，在 Arrival Style（到达方式）下拉菜单中选择 Arrival Sequence（按序列到达），在 FlowItem

Class（临时实体种类）的下拉菜单中选择 Pallet（托盘），将 Number of Arrivals（到达次数）设置为 1，单击 Refresh Arrivals（更新到达列表）按钮，在出现的表格中设置 ItemName（实体名称）为 Product，ItemType（实体类型）为 1，Quantity（数量）为 340。设置结果如图 5-12 所示。

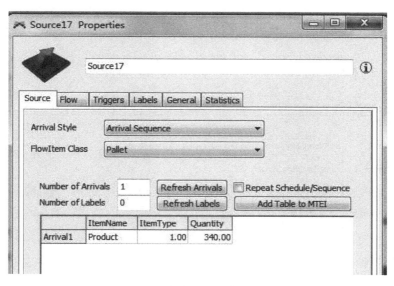

图 5-12　托盘发生器参数设置

② 设置托盘颜色　Source17 参数对话框中，单击 Triggers（触发器）选项卡，在 OnExit（离开触发）的下拉菜单中，选择 Set item's color（设置颜色），将 Default 设置为 colorgreen（item），设置结果如图 5-13 所示。

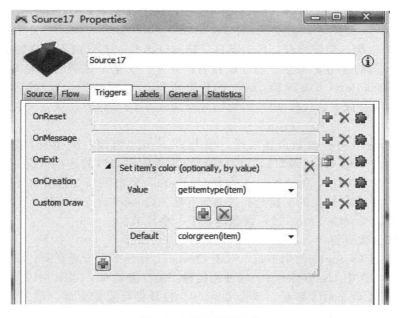

图 5-13　托盘颜色设置

(3) 传送带 Conveyor10 参数设置

① 设置输出端口参数　双击 Conveyor10 打开参数设置页面，单击 Flow（临时实体流）选项卡，在 Send To Port（发送至端口）下拉菜单中选择 By Probability（按百分比），进行图 5-14 的设置。

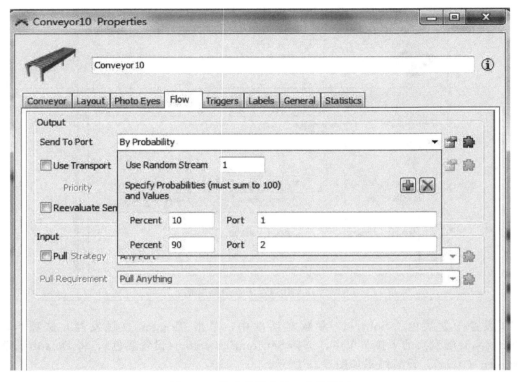

图 5-14　传送带输出端口参数设置

② 传送带输出端口顺序检查　因为不良货物的概率为 10%，而不良货物会进入暂存区，不入库；剩下 90% 的合格货物会经过合成器装盘入库。根据传送带输出端口的设置（图 5-14），10% 的货物到 Port1（端口 1），90% 的货物到 Port2（端口 2），这就需要端口 1 连着暂存区，端口 2 连着合成器，这样 10% 的货物才会通过端口 1 到暂存区，90% 的货物通过端口 2 到合成器。

双击 Conveyor10 打开参数设置页面，单击 General（常规）选项卡，在 Ports（端口）处，选择 Output Ports（输出端口），可以看到传送带输出端口的连接情况，检查端口是否连接正确。如图 5-15 所示，输出端口 1 连着 Queue11，输出端口 2 连着 Combiner12，结合图 5-14，这样就可以让 10% 的不良产品进入暂存区（Queue11），不入库，而 90% 的合格产品则可以通过合成器（Combiner12）装盘进入下一个环节。

(4) 暂存区参数设置

① 设置暂存区 Queue11 使用工具　双击 Queue11 打开参数设置页面，单击 Flow（临时实体流）选项卡，选中 Use Transport（使用运输工具）复选框，如图 5-16 所示。

② 设置暂存区 Queue16 容量　双击 Queue16 打开参数设置页面，单击 Queue 选项卡，将 Maximum Content（最大容量）设置为 350，如图 5-17 所示。

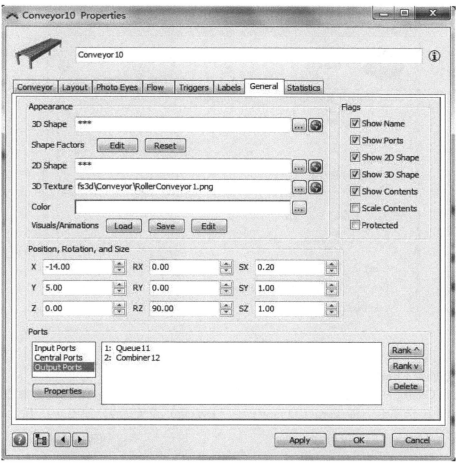

图 5-15 传送带输出端口顺序检查

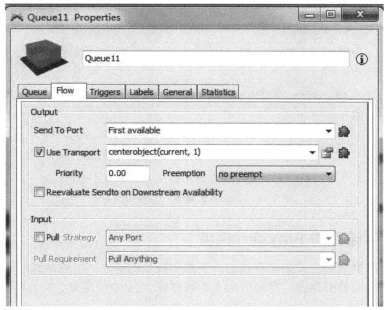

图 5-16 暂存区使用运输工具参数设置

图 5-17　暂存区容量设置

（5）合成器 Combiner12 参数设置

合成器 Combiner12 托盘装货量的参数设置为：双击 Combiner12 打开参数设置页面，单击 Combiner 选项卡，将 Target Quantity（目标数量）设置为 4，如图 5-18 所示。

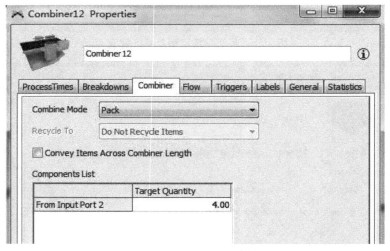

图 5-18　合成器托盘装货量参数设置

5.5.2　存储区的 Flexsim 模型

存储区采用横梁式组合货架，存放出入库频率较低的商品，货物的接收、上架、出库均采用条形码手持终端导引作业。存储区由 4 个暂存区、14 个传送带、4 个货架和 4 台堆垛机组成，如图 5-19 所示。

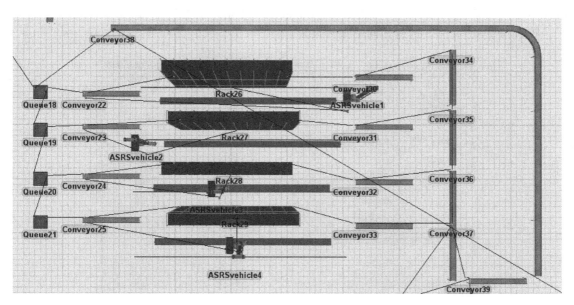

图 5-19 存储区

存储区实体参数设置如表 5-2 所示。

表 5-2 存储区实体参数设置

实体名称	对象说明	参数设置
Queue18～21	产品暂存区	输出端口设置为随机端口
Conveyor22～25 Conveyor30～36 Conveyor38	传送带	Conveyor22～25 设置使用运输工具 其余传送带参数保持默认设置
Conveyor37	传送带	当货物到达传送带 37 时，判断货物类型。如果是 1，就可以走输出端口 1（端口 1 通往流通加工区）；如果是 2，走端口 2（端口 2 通往拣货区）
Conveyor39	传送带	70%的货物不加工，30%的货物需要加工，将到达该传送带的货物分开
Rack26～29	货架	设置成 10 行 10 列，最大容量为 100；每个货格存放一个托盘产品；货物的放置从第一排第一列开始放置；停留时间按泊松分布，均值为 7200，随机数流为 1；使用运输工具；当货量存储量达到 80 个时，系统将关闭货架的输入端口，当存储量减少到 20 个时，系统将自动打开货架的输入端口继续补货
ASRSvehicle1～4	堆垛机	参数保持默认设置

具体参数设置如下。

(1) 暂存区输出端口参数设置

暂存区 Queue18 参数的具体设置为：双击 Queue18 打开参数设置页面，单击 Flow（临时实体流）选项卡，在 Send To Port（发送至端口）下拉菜单中选择 Random Port（任意端口），设置结果如图 5-20 所示。

对 Queue19～21 进行相同的参数设置。

(2) 传送带使用运输工具参数设置

传送带 Conveyor22 参数的具体设置为：双击 Conveyor22 打开参数设置页面，单击

Flow（临时实体流）选项卡，勾选 Use Transport（使用运输工具），如图 5-21 所示。

对 Conveyor23～25 进行相同的参数设置。

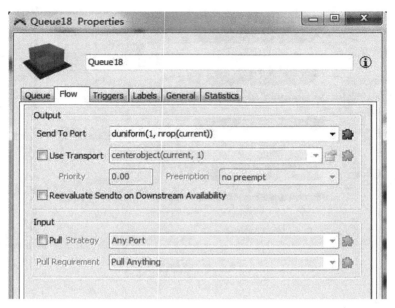

图 5-20　暂存区输出端口设置

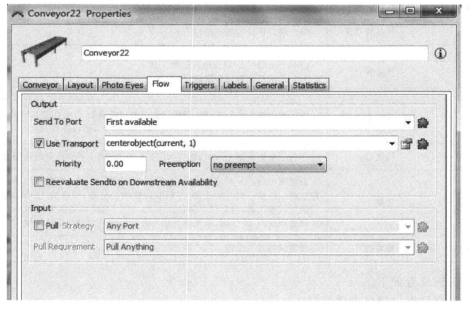

图 5-21　传送带使用运输工具设置

（3）传送带 Conveyor37 输出端口参数设置

① 设置传送带 Conveyor37 输出端口参数　双击 Conveyor37 打开参数设置页面，单击 Flow（临时实体流）选项卡，在 Send To Port（发送至端口）下拉菜单中选择 Values By Case（根据返回值选择不同的输出端口），进行图 5-22 的设置。

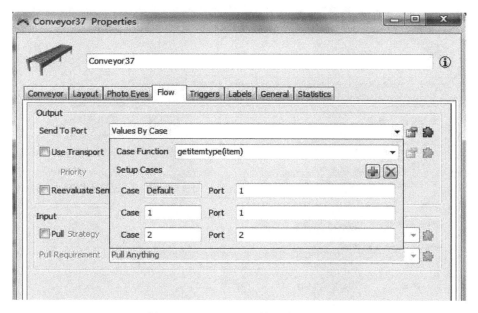

图 5-22　Conveyor37 输出端口设置

② 输出端口顺序检查　因为类型 1 的货物要去往流通加工区，类型 2 的货物要去往拣货区，根据传送带输出端口的设置（图 5-22），类型 1 的货物到 Port1（端口 1），类型 2 的货物到 Port2（端口 2），这就需要端口 1 连着通往流通加工区的传送带（Conveyor39），端口 2 连着通往拣货区的传送带（Conveyor45），这样类型 1 的货物才会去往流通加工区，类型 2 的货物去往拣货区。

双击 Conveyor37 打开参数设置页面，单击 General（常规）选项卡，在 Ports（端口）选项卡处，选择 Output Ports（输出端口），可以看到传送带输出端口的连接情况，检查端口是否连接正确。如图 5-23 所示，输出端口 1 连着 Conveyor39（Conveyor39 是通往流通加工区的传送带），输出端口 2 连着 Conveyor45（Conveyor45 是通往拣货区的传送带），结合图 5-22，这样就可以让类型 1 的货物去往流通加工区，类型 2 的货物去往拣货区。

(4) 传送带 Conveyor39 参数设置

① 设置输出端口参数　双击 Conveyor39 打开参数设置页面，单击 Flow（临时实体流）选项卡，在 Send To Port（发送至端口）下拉菜单中选择 By Probability（按百分比），进行图 5-24 的设置。

② 输出端口顺序检查　因为 30% 的货物要去往流通加工区加工，70% 的货物直接去往拣货区，根据传送带输出端口的设置（图 5-24），30% 的货物到 Port1（端口 1），70% 的货物到 Port2（端口 2），这就需要端口 1 连着通往流通加工区的传送带（Conveyor40），端口 2 连着通往拣货区的传送带（Conveyor45），这样 30% 的货物才会去往流通加工区，70% 的货物去往拣货区。

双击 Conveyor39 打开参数设置页面，单击 General（常规）选项卡，在 Ports（端口）处，选择 Output Ports（输出端口），可以看到传送带输出端口的连接情况，检查端口是否连接正确。如图 5-25 所示，输出端口 1 连着 Separator40（Separator40 是通往流通加工区的传送带），输出端口 2 连着 Conveyor45（Conveyor45 是通往拣货区的传送带），结合图 5-24，这样就可以让 30% 的货物去往流通加工区，70% 的货物去往拣货区。

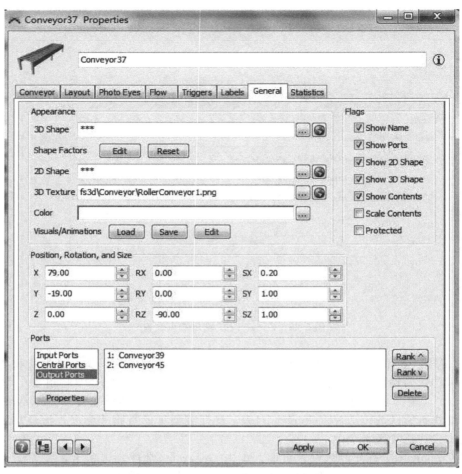

图 5-23 Conveyor37 输出端口顺序检查

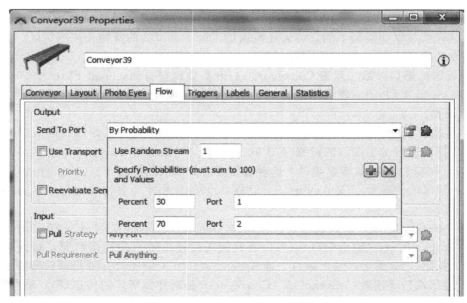

图 5-24 Conveyor39 输出端口设置

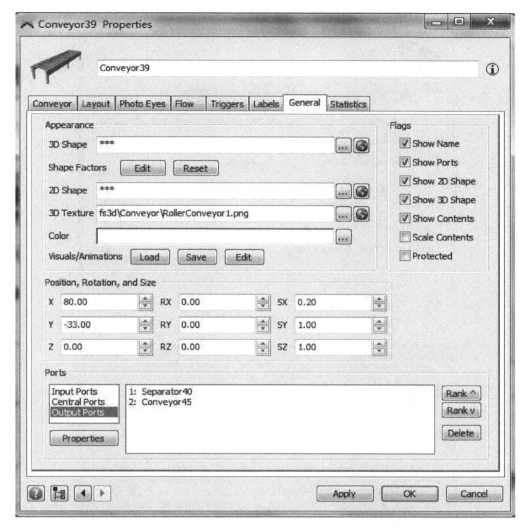

图 5-25　Conveyor39 输出端口顺序检查

(5) 货架参数设置

① 设置货架 Rack26 参数　双击 Rack26 打开参数设置页面，单击 Rack（货架）选项卡，将 Maximum Content（最大容量）改为"100"，将 Minimum Dwell Time（最小停留时间）设置为泊松分布，poisson（7200，1），将 Place in Bay（放置到列）设置为 First Available Bay（第一个可用列），将 Place in Level（放置到行）设置为 First Available Level（第一个可用行）。如图 5-26 所示。

② 设置货架 Rack26 使用运输工具　在 Rack26 参数设置对话框中，单击 Flow（临时实体流）选项卡，勾选 Use Transport（使用运输工具）。设置结果如图 5-27 所示。

对 Rack27～29 进行相同设置。

③ 设置货架层数　在 Rack26 参数设置对话框中，单击 SizeTable（尺寸表格）选项卡，将 Number of Bays（列数）设置为 10，Width of Bays（列宽）设置为 2，Number of Levels（层数）设置为 10，Height of Levels（层高）设置为 1，然后单击 Apply Basic Settings（应用基本设置）。设置结果如图 5-28 所示。

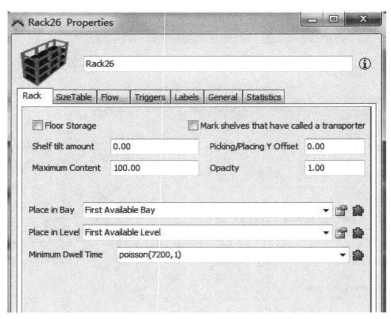

图 5-26　货架参数设置

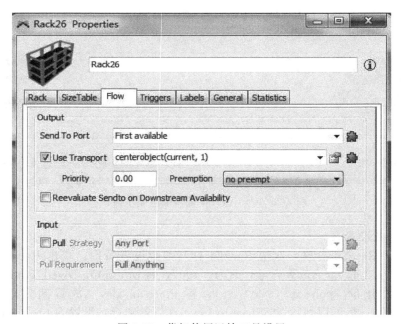

图 5-27　货架使用运输工具设置

④ 设置货架容量　在 Rack26 参数设置对话框中，单击 Triggers（触发器）选项卡，在 OnEntry（进入触发）的下拉菜单中，选择 Close And Open Ports（关闭和打开端口），将 Condition（条件）设置为 content（current）＞＝80（当前容量＞80），设置结果如图 5-29 所示。在 OnExit（离开触发）的下拉菜单中，选择 Close And Open Ports（关闭和打开端口），将 Action（动作）设置为 openinput（打开端口），将 Condition（条件）设置为 content（current）＜20（当前容量＜20），设置结果如图 5-30 所示。

对 Rack27～29 进行相同的设置。

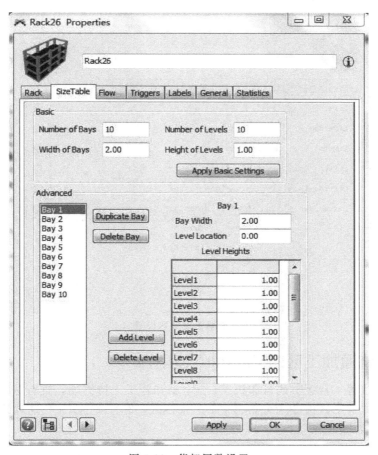

图 5-28　货架层数设置

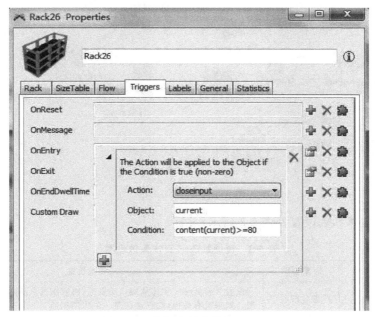

图 5-29　货架容量参数设置（一）

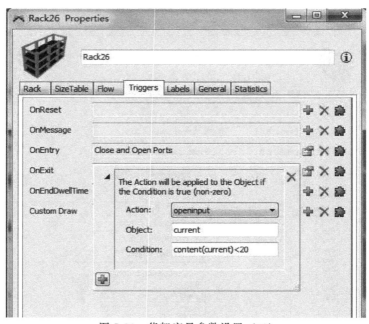

图 5-30　货架容量参数设置（二）

5.5.3　流通加工区的 Flexsim 模型

流通加工区放置 1 台条形码打印机、1 台电脑和若干手持终端，进行分装包装、贴标签等加工活动。流通加工区由 2 个分解器、4 个暂存区、2 个操作员、2 处理器和 2 个合成器组成，如图 5-31 所示。

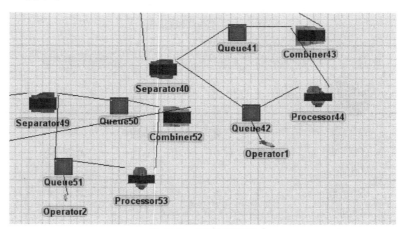

图 5-31　流通加工区

流通加工区实体参数设置如表 5-3 所示。

表 5-3　流通加工区实体参数设置

实体名称	对象说明	参数设置
Separato40、Separator49	托盘分解器	设置为容器临时实体从端口 1 发送,将容纳的所有临时实体从端口 2 发送。如果没有拆包,则仅送往第一个可用端口
Queue42、Queue51	产品暂存区	设置最大容量为 100；使用运输工具

续表

实体名称	对象说明	参数设置
Queue41、Queue50	托盘暂存区	设置最大容量为 100
Combiner43、Combiner52	托盘合成器	合成器的托盘装货量都为 4 件；操作时间均设为 8；Combiner43 设置通过流通加工区加工过后的类型为 2，托盘的颜色为红色
Processor44、Processor53	处理器	处理器的处理时间均设置为 5
Operator1、Operator2	操作员	操作员 1 与操作员 2 服从定长分布，均值分别为 34、46

具体设置如下。

(1) 托盘分解器参数设置

托盘分解器将货物和托盘分离，托盘去往合成器，而货物去往处理器，然后重新包装。分解器的输出端口有两个，一个为"Port for container"，即容器的出口；另一个为"Port for contents"，即货物的出口。

如果分解器首先连着 Queue41（与合成器相连），即 Queue41 为分解器的输出端口 1，然后连着 Queue42（与处理器相连），即 Queue42 为分解器的输出端口 2，则保持分解器默认设置不变。默认设置如图 5-32 所示，Port for container 到端口 1，Port for contents 到端口 2。这样就可以让托盘经过 Queue41 到达合成器，货物经过 Queue42 到达处理器。

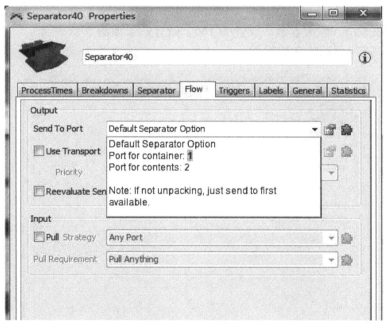

图 5-32　分解器参数设置

如果分解器首先连着 Queue42（与处理器相连），然后连着 Queue41（与合成器相连），则双击 Separator41 打开参数设置页面，单击 Flow 选项卡，在 Send To Port 下拉菜单中，选择 Default Separator Option，将 Port for container 一项改为 2，将 Port for contents 一项改为 1。

Separator49 的参数设置与 Separator40 类似。

(2) 产品暂存区参数设置

① 设置产品暂存区 Queue42 使用运输工具　双击 Queue42 打开参数设置页面，单击 Flow（临时实体流）选项卡，勾选 Use Transport（使用运输工具）。设置结果如图 5-33 所示。

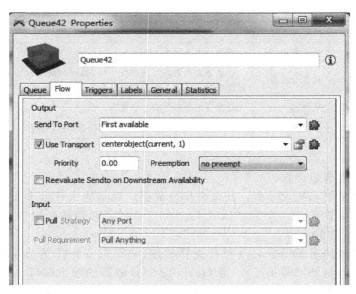

图 5-33　暂存区使用运输工具设置

② 设置产品暂存区 Queue42 容量　在 Queue42 参数设置页面中，单击 Queue 选项卡，将 Maximum Content（最大容量）设置为 100。设置结果如图 5-34 所示。

对 Queue51 进行相同的参数设置。

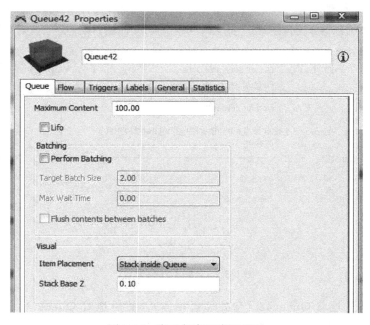

图 5-34　产品暂存区容量设置

(3) 托盘暂存区参数设置

设置托盘暂存区 Queue41 容量：双击 Queue41 打开参数设置页面，单击 Queue 选项卡，将 Maximum Content（最大的容量）设置为 100。设置结果如图 5-35 所示。

对 Queue50 进行相同的参数设置。

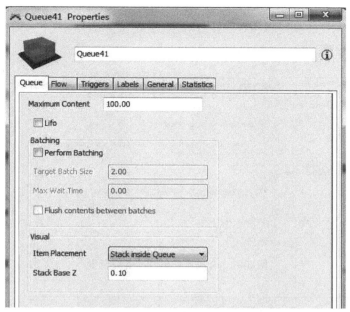

图 5-35 托盘暂存区容量设置

（4）合成器参数设置

托盘合成器 Combiner43 的参数设置如下。

① 设置合成器托盘装货量参数　双击 Combiner43 打开参数设置页面，单击 Combiner 选项卡，将 Target Quantity（目标数量）设置为 4。设置结果如图 5-36 所示。

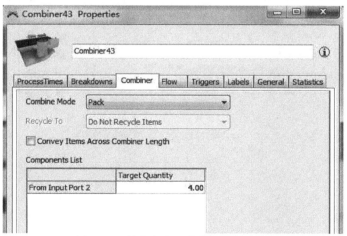

图 5-36 托盘合成器装货量参数设置

② 设置合成器托盘处理时间参数　在 Combiner43 参数设置对话框中，单击 Process Times（处理时间）选项卡，将 Process Time 设置为 8。设置结果如图 5-37 所示。

对 Combiner52 进行相同的设置。

③ 设置合成器托盘类型及颜色　在 Combiner43 参数对话框中，单击 Triggers（触发器）选项卡，在 OnExit 的下拉菜单中，选择 Set Name, Item Type, or Label Value，将 Type 设置为 duniform（2，2），然后点击左下角绿色的"＋"，在出现的下拉菜单中选择 Set item's color，将 Default 设置为 colorred（item）。设置结果如图 5-38、图 5-39 所示。

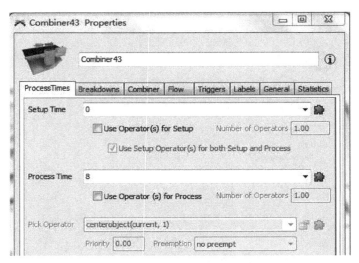

图 5-37 合成器处理时间参数设置

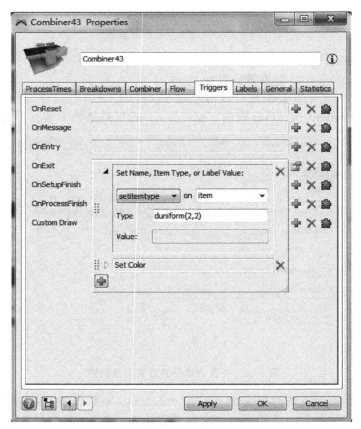

图 5-38 合成器上托盘类型设置

(5) 处理器参数设置

设置处理器 Processor44 时间参数：双击 Processor44 打开参数设置页面，单击 Processor 选项卡，将 Process Time（处理时间）设置为 5。设置结果如图 5-40 所示。

对 Processor53 进行相同的设置。

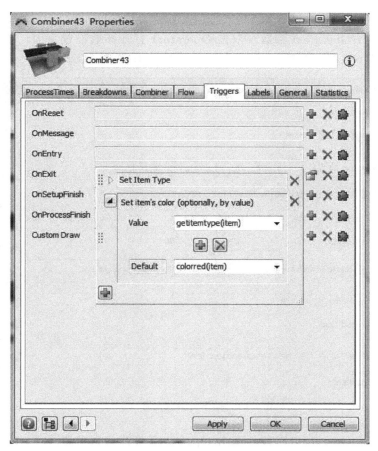

图 5-39 合成器上托盘颜色设置

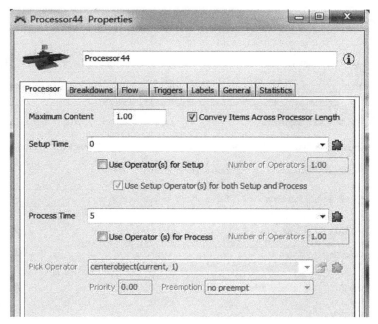

图 5-40 处理器处理时间参数设置

(6) 操作员参数设置

① 设置操作员 Operator1 参数　双击 Operator1 打开参数设置页面，单击 Operator 选项卡，将 Load Time（负载时间）设置为 34。设置结果如图 5-41 所示。

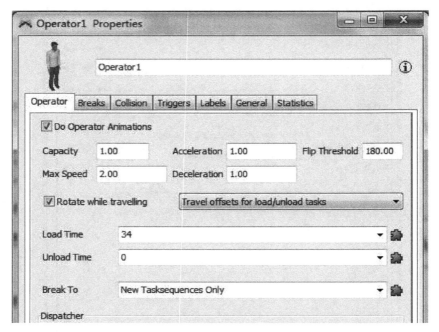

图 5-41　操作员参数设置（一）

② 设置操作员 Operator2 参数　双击 Operator2 打开参数设置页面，单击 Operator 选项卡，将 Load Time（负载时间）设置为 46。设置结果如图 5-42 所示。

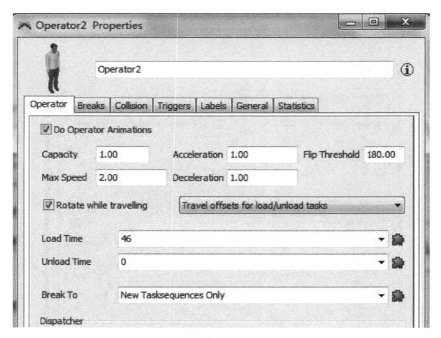

图 5-42　操作员参数设置（二）

5.5.4 拣货区的 Flexsim 模型

拣货区采用水平旋转货架，在货架上可安置电子拣选设备，作业人员根据电子表指示，完成分拣作业。拣货区由 2 排货架、2 个操作员和 10 个传送带组成，如图 5-43 所示。

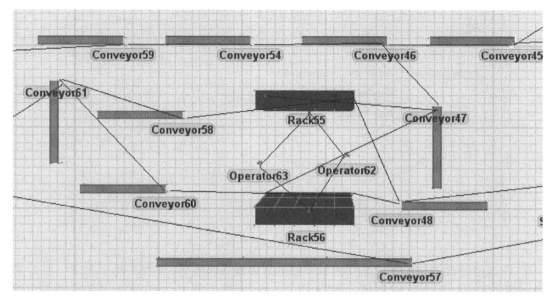

图 5-43 拣货区

拣货区实体参数设置如表 5-4 所示。

表 5-4 拣货区实体参数设置

实体名称	对象说明	参数设置
Conveyor46	传送带	当货物到达 Conveyor46 时，判断货物类型。如果是类型 1，是未加工过的货物通过输出端口 1；如果是类型 2，就说明是加工过的，通过端口 2
Conveyor47	传送带	输出端口为随机端口
Conveyor45、Conveyor48、Conveyor54、Conveyor57～61	传送带	参数保持默认设置
Rack55、Rack56	货架	设置成 10 行 5 列，最大容量为 50；每个货格存放一个托盘产品；货物的放置从第一排第一列开始放置；停留时间按泊松分布，均值为 3600，随机数流为 1；输出端口有两个，一个按 30% 的货物进行加工设置，另一个按 70% 的货物不需要加工设置；使用运输工具；当货量存储量达到 45 个时，系统将关闭货架的输入端口，当存储量减少到 5 个时，系统将自动打开货架的输入端口继续补货
Operator3、Operator4	操作员	参数保持默认设置

具体参数设置如下。

(1) 传送带 Conveyor46 参数设置

① 传送带输出端口设置　双击 Conveyor46 打开参数设置页面，单击 Flow（临时实体流）选项卡，在 Send To Port（发送至端口）下拉菜单中选择 Values By Case（根据返回值选择不同的输出端口），进行如图 5-44 所示的设置。

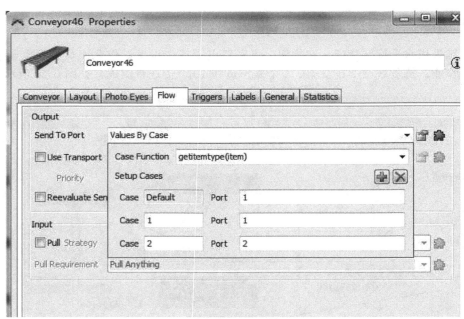

图 5-44 传送带输出端口设置

② 传送带输出端口顺序检查　因为未加工的货物（即类型 1）要去往拣货区，加工过的货物（即类型 2）要去往发货区，而与 Conveyor46 相连的 Conveyor47 是通往拣货区的，Conveyor54 是通往发货区的。所以类型 1 的货物应该经过 Conveyor47，类型 2 的货物应该经过 Conveyor54。

根据传送带输出端口的设置（图 5-44），类型 1 的货物到 Port1（端口 1），类型 2 的货物到 Port2（端口 2），这就需要端口 1 连着通往拣货区的传送带（Conveyor47），端口 2 连着通往发货区的传送带（Conveyor54），这样类型 1 的货物才会去往拣货区，类型 2 的货物去往发货区。

双击 Conveyor46 打开参数设置页面，单击 General（常规）选项卡，在 Ports（端口）处，选择 Output Ports（输出端口），可以看到传送带输出端口的连接情况，检查端口是否连接正确。如图 5-45 所示，输出端口 1 是 Conveyor47，输出端口 2 是 Conveyor54，结合图 5-44，这样就可以让类型 1 的货物去往拣货区，类型 2 的货物去往发货区。

（2）传送带 Conveyor47 输出端口参数设置

双击 Conveyor47 打开参数设置页面，单击 Flow（临时实体流）选项卡，在 Send To Port（发送至端口）下拉菜单中选择 Random Port（任意端口）。设置结果如图 5-46 所示。

（3）货架 Rack55 参数设置

① 设置货架参数　双击 Rack55 打开参数设置页面，单击 Rack 选项卡，将 Maximum Content（最大容量）改为"50"，将 Minimum Dwell Time（最小停留时间）设置为泊松分布，poisson（3600，1），将 Place in Bay（放置到列）设置为 First Available Bay（第一个可用列），Place in Level（放置到层）设置为 First Available Level（第一个可用层）。设置结果如图 5-47 所示。

② 设置货架层数　在 Rack55 参数设置对话框中，单击 SizeTable（尺寸表格）选项卡，将 Number of Bays（列数）设置为 5，Width of Bays（列宽）设置为 2，Number of Levels（行数）设置为 10，Height of Levels（行高）设置为 1，然后单击 Apply Basic Settings（应用基本设置）。设置结果如图 5-48 所示。

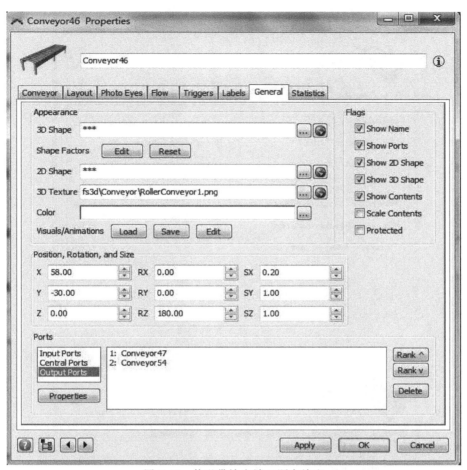

图 5-45 传送带输出端口顺序检查

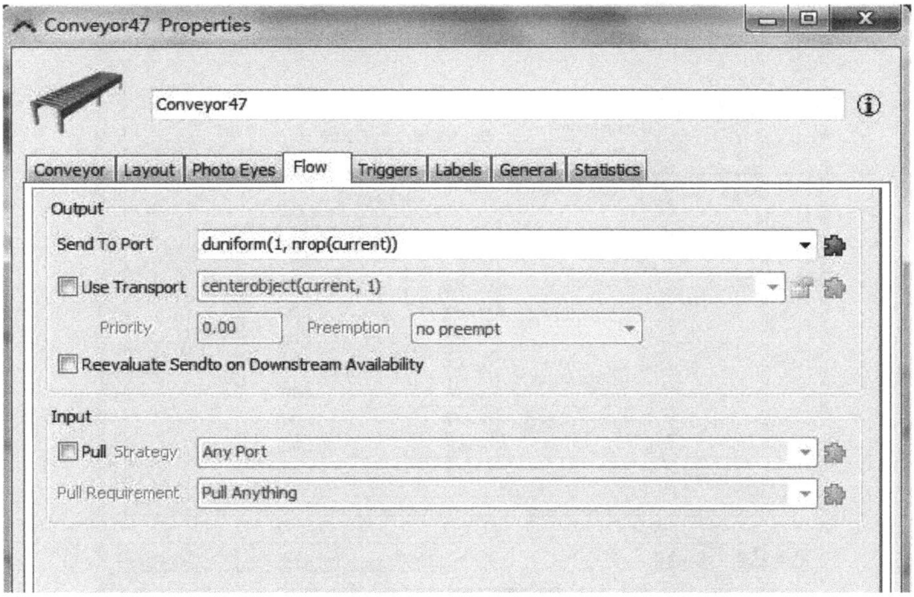

图 5-46 传送带输出端口设置

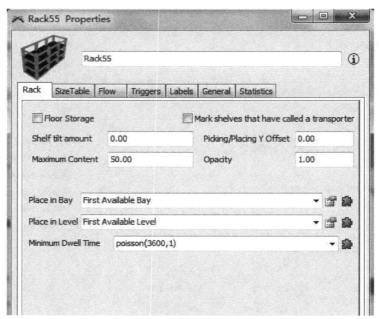

图 5-47 货架参数设置

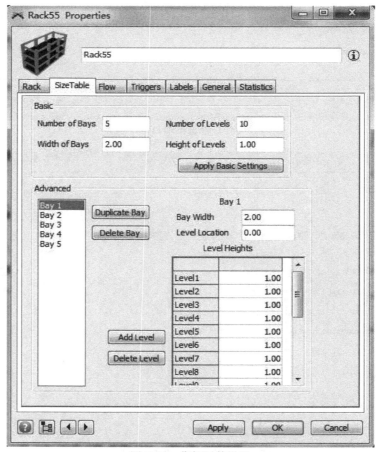

图 5-48 货架层数设置

③ 设置货架 Rack55 输出端口参数　在 Rack55 参数设置对话框中，单击 Flow（临时实体流）选项卡，在 Send To Port（发送至端口）下拉菜单中选择 By Probability（按百分比），进行如图 5-49 所示的设置。

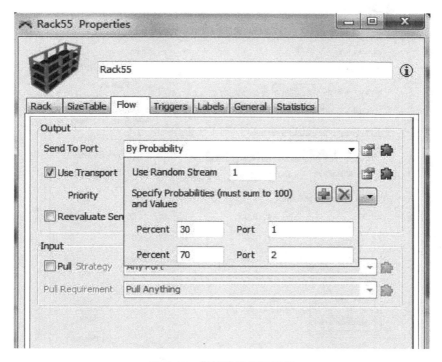

图 5-49　货架输出端口设置

④ 检查货架 Rack55 输出端口顺序　货架上 30% 的货物需要进入流通加工区加工，70% 的货物不需要加工，直接进入发货区。如图 5-49 所示，30% 的货物通过 Port1（端口1），70% 的货物通过 Port2（端口 2）。所以这就需要 Port1 是连着去往流通加工区的传送带，Port2 连着去往发货区的传送带，即该货架应该先与去往流通加工区的传送带（Conveyor48）相连，再与去往发货区的传送带（Conveyor58）相连。

双击 Rack55 打开参数设置页面，单击 General（常规）选项卡，在 Ports（端口）处，选择 Output Ports（输出端口），可以看到传送带输出端口的连接情况，检查端口是否连接正确。如图 5-50 所示，输出端口 1 连着 Conveyor48（Conveyor48 是通往流通加工区的传送带），输出端口 2 连着 Conveyor58（Conveyor58 是通往发货区的传送带），结合图 5-49，这样就可以让 30% 的货物去往流通加工区加工，70% 的货物直接去往发货区。

⑤ 货架使用运输工具参数设置　在 Rack55 参数设置对话框中，单击 Flow（临时实体流）选项卡，勾选 Use Transport（使用运输工具）。设置结果如图 5-51 所示。

⑥ 设置货架容量　在 Rack55 参数设置对话框中，单击 Triggers（触发器）选项卡，在 OnEntry（进入触发）的下拉菜单中，选择 Close And Open Ports（关闭和打开端口），将 Condition（条件）设置为 content（current）>=45（当前容量>45），设置结果如图 5-52 所示；在 OnExit（离开触发）的下拉菜单中，选择 Close And Open Ports（关闭和打开端口），将 Action 设置为 openinput（打开端口），将 Condition（条件）设置为 content（current）<=5（当前容量<5），设置结果如图 5-53 所示。

对 Rack56 进行相同的参数设置。

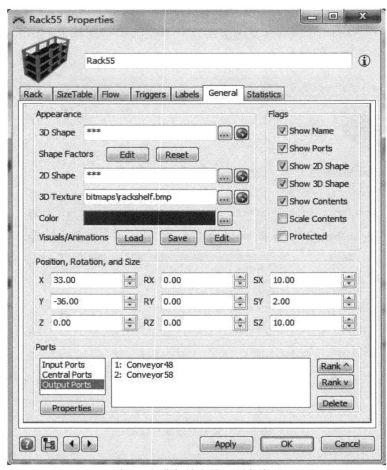

图 5-50　货架输出端口顺序检查

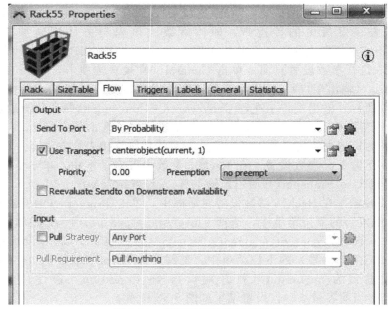

图 5-51　货架使用运输工具设置

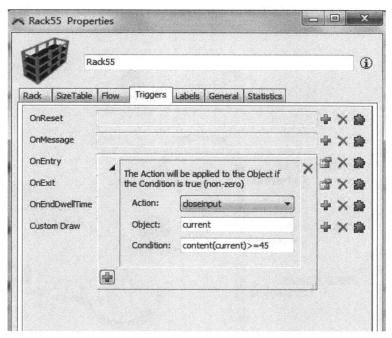

图 5-52　货架容量参数设置（一）

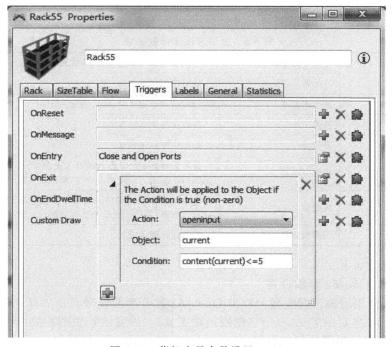

图 5-53　货架容量参数设置（二）

5.5.5　发货区的 Flexsim 模型

这个区域主要负责发货工作，实现库内物资的转运，装载单元采用 AGV 运输小车或叉车。发货区由 3 个暂存区、1 个分解器、1 辆叉车、2 个操作员、5 个传送带和 3 个吸收器组成，如图 5-54 所示。

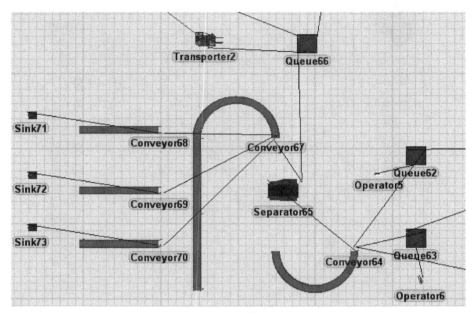

图 5-54 发货区布局

发货区实体参数设置如表 5-5 所示。

表 5-5 发货区实体参数设置

实体名称	对象说明	参数设置
Queue62、Queue63	产品暂存区	设置使用运输工具
Queue66	托盘暂存区	设置使用运输工具，最大容量为 350
Transporter2	托盘叉车	参数保持默认设置
Operator5、Operator6	操作员	参数保持默认设置
Separator65	托盘分解器	设置为容器临时实体从端口 1 发送，将容纳的所有临时实体从端口 2 发送。如果没有拆包，则仅送往第一个可用端口
Conveyor64、Conveyor67、Conveyor68～70	传送带	Conveyor67 输出端口设置为不同的货物通过不同的传送带送往吸收器，其他传送带参数保持默认设置
Sink71～73	出库吸收器	参数保持默认设置

具体参数设置如下。

(1) 暂存区 Queue62 参数设置

设置暂存区使用运输工具参数：双击 Queue62 打开参数设置页面，单击 Flow（临时实体流）选项卡，勾选 Use Transport（使用运输工具）。设置结果如图 5-55 所示。

对 Queue63 进行相同的参数设置。

(2) 暂存区 Queue66 参数设置

① 设置容量参数　双击 Queue66 打开参数设置页面，单击 Queue 选项卡，将 Maximum Content（最大容量）设置为 350，设置结果如图 5-56 所示。

② 设置使用运输工具参数　在 Queue66 参数设置对话框中，单击 Flow（临时实体流）选项卡，勾选 Use Transport（使用运输工具）。设置结果如图 5-57 所示。

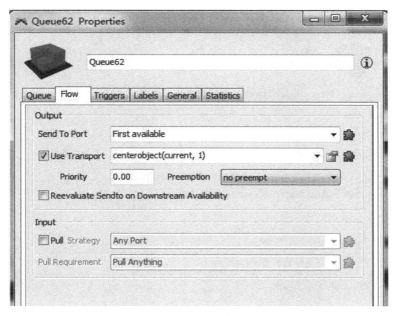

图 5-55　暂存区使用运输工具设置

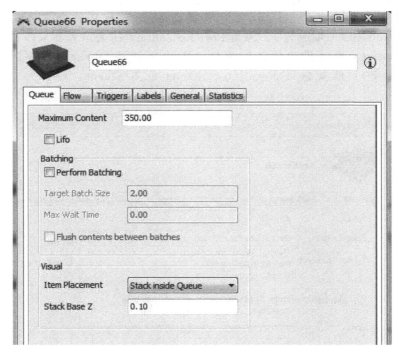

图 5-56　暂存区容量设置

（3）托盘分解器 Separator65 参数设置

托盘分解器将货物和托盘分离，托盘到达暂存区，而货物通过传送带运输到吸收器。

① 双击 Separator65 打开参数设置页面，单击 Flow（临时实体流）选项卡，在 Send To Port（发送至端口）下拉菜单中，选择 Default Separator Option（默认分解选项）。如果分

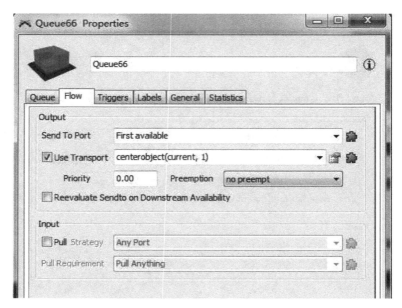

图 5-57　暂存区使用运输工具设置

解器首先连着 Queue，然后连着 Conveyor，则分解器保持默认设置不变，默认设置如图 5-58 所示；如果分解器首先连着 Conveyor，然后连着 Queue，则将 Port for containers 一项改为 2，将 Port for contents 一项改为 1。因为 Port for containers 表示容器（即托盘）的输出端口，Port for contents 表示货物的输出端口，要让托盘到 Queue（暂存区），货物经过 Conveyor（传送带），就要保证 Port for container 连着 Queue，Port for contents 连着 Conveyor。

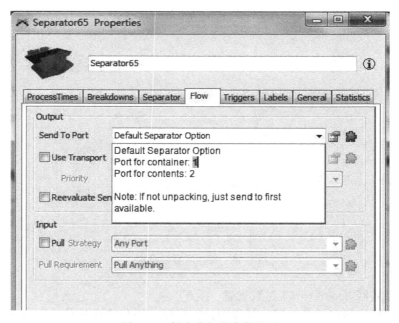

图 5-58　托盘分解器参数设置

② 在 Separator65 参数设置对话框中，单击 General（常规）选项卡，在 Ports（端口）处，选择 Output Ports（输出端口），可以看到分解器输出端口的连接情况，检查输出端口的连接顺序是否正确，如图 5-59 所示。

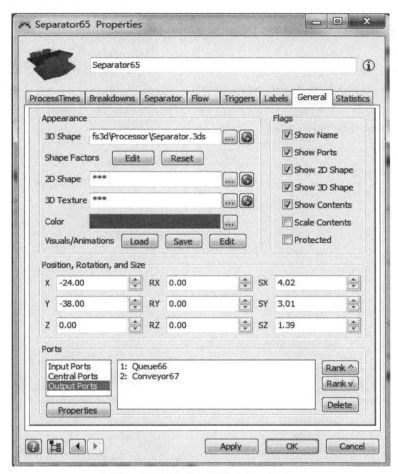

图 5-59 托盘分解器输出端口检查

（4）传送带 Conveyor67 参数设置

双击 Conveyor67 打开参数设置页面，单击 Flow（临时实体流）选项卡，在 Send To Port（发送至端口）下拉菜单中选择 Values By Case（根据返回值选择不同的输出端口），进行如图 5-60 所示的设置。

以上为配送中心主要的实体参数设置，其他没有说明的实体参数保持默认设置。经过以上全部参数设置后点击运行，可以得到配送中心的仿真运行过程图，如图 5-61 和图 5-62 所示。

5.6 仿真结果分析与优化

（1）仿真模型运行及结果统计

模型建立后，经编译、重置后就可以点击仿真时间控件"运行"来运行模型。仿真模拟自动化立体仓库一天真实的工作情况，即 10h（36000s）。

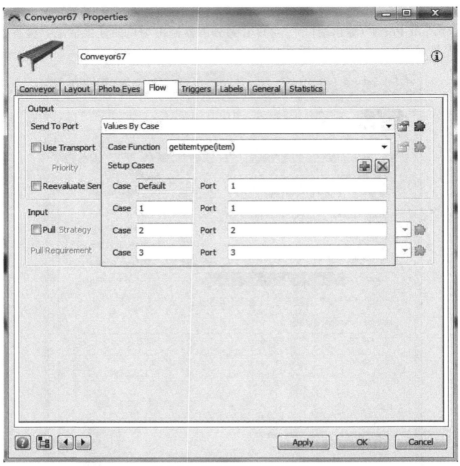

图 5-60 传送带输出端口设置

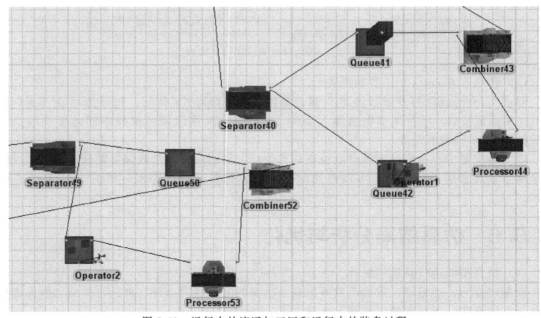

图 5-61 运行中的流通加工区和运行中的装盘过程

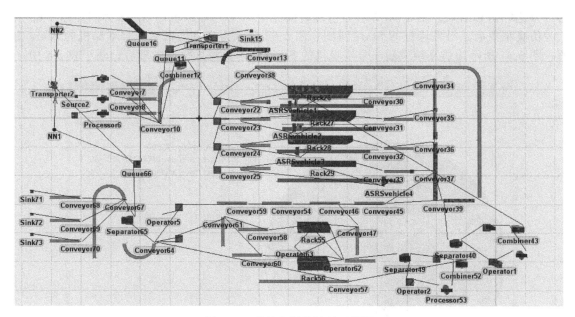

图 5-62　整体布局的运行正投影

由于 Flexsim 是实时的仿真软件，在仿真过程中，可对每一个堆垛机、运输小车、货架进行操作，检测其当前的状态。仿真结束后，通过“统计＞状态报告”输出 Excel 状态报表，如图 5-63 所示。通过模型报告可以很清楚地了解模型中各实体的各种状态占总时间的百分比。

	A	B	C	D	E	F	G	H	I	J	K	L	M	N	O	P
1	Flexsim State Report															
2	Time:	36000														
3																
4	Object	Class	idle	processir	blocked	empty	collectir	releasing	waiting f	waiting f	generatir	conveying	travel en	travel lo	offset tr	offset travel loaded
5	Source1	Source	0.00%	0.00%	0.00%	0.00%	0.00%	0.00%	0.00%	0.00%	100.00%	0.00%	0.00%	0.00%	0.00%	0.00%
6	Source2	Source	0.00%	0.00%	0.00%	0.00%	0.00%	0.00%	0.00%	0.00%	100.00%	0.00%	0.00%	0.00%	0.00%	0.00%
7	Source3	Source	0.00%	0.00%	0.00%	0.00%	0.00%	0.00%	0.00%	0.00%	100.00%	0.00%	0.00%	0.00%	0.00%	0.00%
8	Processor	Processor	81.81%	18.19%	0.00%	0.00%	0.00%	0.00%	0.00%	0.00%	0.00%	0.00%	0.00%	0.00%	0.00%	0.00%
9	Processor	Processor	81.74%	18.26%	0.00%	0.00%	0.00%	0.00%	0.00%	0.00%	0.00%	0.00%	0.00%	0.00%	0.00%	0.00%
10	Processor	Processor	81.91%	18.09%	0.00%	0.00%	0.00%	0.00%	0.00%	0.00%	0.00%	0.00%	0.00%	0.00%	0.00%	0.00%
11	Conveyor7	Conveyor	0.00%	0.00%	0.03%	81.79%	0.00%	0.00%	0.00%	0.00%	0.00%	18.19%	0.00%	0.00%	0.00%	0.00%
12	Conveyor8	Conveyor	0.00%	0.00%	0.03%	81.71%	0.00%	0.00%	0.00%	0.00%	0.00%	18.26%	0.00%	0.00%	0.00%	0.00%
13	Conveyor9	Conveyor	0.00%	0.00%	0.02%	81.90%	0.00%	0.00%	0.00%	0.00%	0.00%	18.09%	0.00%	0.00%	0.00%	0.00%
14	Conveyor1	Conveyor	0.00%	0.00%	1.66%	30.45%	0.00%	0.00%	0.00%	0.00%	0.00%	67.89%	0.00%	0.00%	0.00%	0.00%
15	Queue11	Queue	0.00%	0.00%	0.00%	94.64%	0.00%	0.00%	0.00%	5.36%	0.00%	0.00%	0.00%	0.00%	0.00%	0.00%
16	Combiner1	Combiner	0.05%	11.90%	0.00%	0.00%	88.05%	0.00%	0.00%	0.00%	0.00%	0.00%	0.00%	0.00%	0.00%	0.00%
17	Queue14	Queue	0.00%	0.00%	0.00%	100.00%	0.00%	0.00%	0.00%	0.00%	0.00%	0.00%	0.00%	0.00%	0.00%	0.00%
18	Queue16	Queue	0.00%	0.00%	0.00%	0.00%	0.00%	100.00%	0.00%	0.00%	0.00%	0.00%	0.00%	0.00%	0.00%	0.00%
19	Source17	Source	0.00%	0.00%	0.00%	0.00%	0.00%	0.00%	0.00%	0.00%	100.00%	0.00%	0.00%	0.00%	0.00%	0.00%
20	Sink15	Sink														
21	Queue18	Queue	0.00%	0.00%	0.00%	100.00%	0.00%	0.00%	0.00%	0.00%	0.00%	0.00%	0.00%	0.00%	0.00%	0.00%
22	Queue19	Queue	0.00%	0.00%	0.00%	100.00%	0.00%	0.00%	0.00%	0.00%	0.00%	0.00%	0.00%	0.00%	0.00%	0.00%
23	Queue20	Queue	0.00%	0.00%	0.00%	100.00%	0.00%	0.00%	0.00%	0.00%	0.00%	0.00%	0.00%	0.00%	0.00%	0.00%
24	Queue21	Queue	0.00%	0.00%	0.00%	100.00%	0.00%	0.00%	0.00%	0.00%	0.00%	0.00%	0.00%	0.00%	0.00%	0.00%
25	Conveyor2	Conveyor	0.00%	0.00%	0.39%	76.06%	0.00%	0.00%	0.00%	16.63%	0.00%	6.92%	0.00%	0.00%	0.00%	0.00%
26	Conveyor2	Conveyor	0.00%	0.00%	0.14%	88.00%	0.00%	0.00%	0.00%	7.94%	0.00%	3.92%	0.00%	0.00%	0.00%	0.00%
27	Conveyor2	Conveyor	0.00%	0.00%	0.02%	95.51%	0.00%	0.00%	0.00%	2.66%	0.00%	1.81%	0.00%	0.00%	0.00%	0.00%
28	Conveyor2	Conveyor	0.00%	0.00%	0.00%	95.60%	0.00%	0.00%	0.00%	2.78%	0.00%	1.61%	0.00%	0.00%	0.00%	0.00%
29	Rack26	Rack														

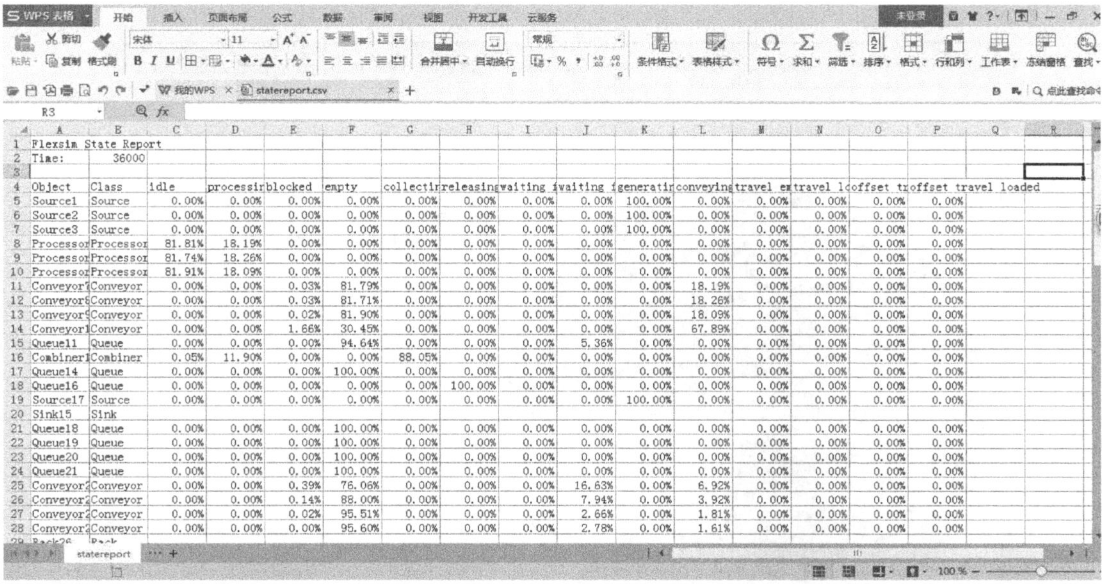

图 5-63　系统模型报告

堆垛机运行状况的主要评价指标是工作时间、闲置率和利用率。通过堆垛机的属性统计分页，可以得到堆垛机 1、堆垛机 2、堆垛机 3 和堆垛机 4 的状态饼图，从图上可以清楚地看出堆垛机的空闲时间、装载时间，卸载时间、装载行驶时间、空载行驶时间及其各自所占的百分比等仿真结果。图 5-64 所示为仿真时间结束后 1 号堆垛机的 State 饼图；图 5-65 所示为仿真结束后 2 号堆垛机的 State 饼图；图 5-66 所示为仿真结束后 3 号堆垛机的 State 饼图；图 5-67 所示为仿真结束后 4 号堆垛机的 State 饼图。将其数据整理后记录于表 5-6 中。

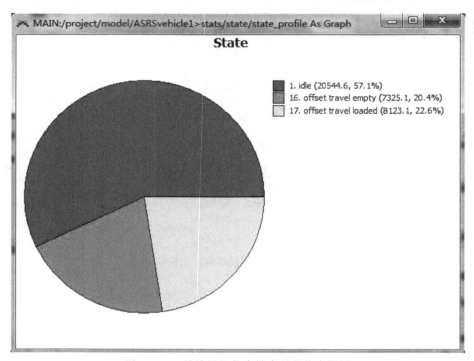

图 5-64　1 号堆垛机仿真结束后的状态饼图

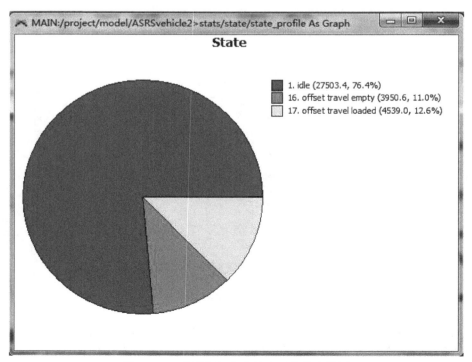

图 5-65　2 号堆垛机仿真结束后的状态饼图

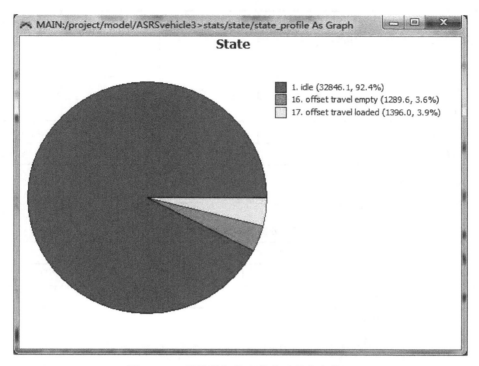

图 5-66　3 号堆垛机仿真结束后的状态饼图

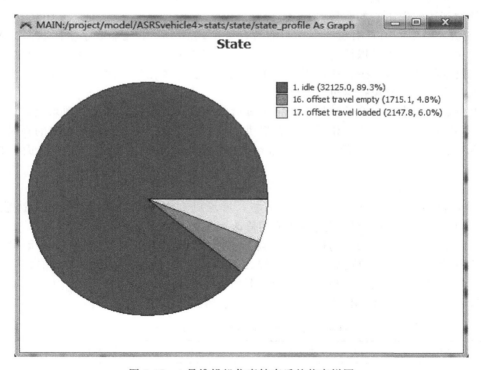

图 5-67　4 号堆垛机仿真结束后的状态饼图

表 5-6 堆垛机仿真输出数据

项目	1号堆垛机	2号堆垛机	3号堆垛机	4号堆垛机
最小等待时间/min	10.17	12.67	7.17	15.17
最大等待时间/min	24.55	23.05	19.31	25.55
平均等待时间/min	16.89	17.46	12.46	20.07
空闲时间百分比	57.1%	76.4%	92.4%	89.3%
空载运输时间百分比	20.4%	11.0%	3.6%	4.8%
装载运输时间百分比	22.6%	12.6%	3.9%	6.0%

(2) 仿真结果分析

根据表 5-6 可以得出堆垛机的利用率，如表 5-7 所示。

表 5-7 仿真实验数据分析结果

设备	利用率
堆垛机 1	42.9%
堆垛机 2	23.6%
堆垛机 3	7.6%
堆垛机 4	10.7%

① 由表 5-7 可以看出，4 台堆垛机的利用率非常低，而导致堆垛机利用率低的主要原因是配送中心到达的货物数量少，如需要改善这个问题，则必须在货物到达发生器上做出优化，让货物到达配送中心的数量多起来。

② 由仿真模型可以看出在产生托盘的暂存区中还有 141 个托盘处于空闲状态，剩余的托盘数量比较多，所以可以认为最初的 340 个托盘应该是明显过多的。因为托盘是循环使用的，而且货物的到达数量少，所以说 340 个托盘不合适。优化托盘问题主要在于适当减少托盘的生成，这样可以避免托盘过多造成的浪费。

以上就是配送中心在原始数据下进行仿真后的结果，从中我们可以发现系统运行过程中存在的一些问题，为进一步优化系统配置提供了重要的依据。由于仿真模型中的临时实体是通过发生器连续产生的，沿袭这样的思路和方法，待有条件时可以进行更加全面、真实的分析。

(3) 配送中心的优化

① 堆垛机利用率的优化 根据以上分析，堆垛机利用率低的原因是货物到达数量少。针对这一问题，我们可以对模型进行如下的修改，来提高堆垛架的利用率。

货物的到达时间间隔服从均值为 55、随机数流为 1 的泊松分布，要优化该因素，增加货物到达数量，可以将货物的到达时间间隔改为均值为 50，随机数流为 1 的泊松分布。参照此数据修改模型，仿真结果整理、记录于下列各个表中。

通过表 5-8 可以看出，堆垛机工作效率有所提高。

表 5-8 修改前后堆垛机工作效率对照表

项目	1号堆垛机	2号堆垛机	3号堆垛机	4号堆垛机
修改前工作效率	42.9%	23.6%	7.6%	10.7%
修改后工作效率	48.3%	23.4%	9.7%	13.4%

② 托盘生成数量的优化　在以上优化方案的基础上，通过进一步分析来确定在现有资源配置下该配送中心的托盘生成数量，在提高堆垛机利用率的同时避免托盘过多造成的浪费，使配送中心效益最大化。在托盘发生器中设置托盘的初始数量为 300，运行该模型，根据仿真结果可知，托盘暂存区剩余托盘数量为 36，与优化之前的 141 相比，大幅减少。因此，可以认为托盘的初始数量为 300 比 340 要更合适一些（节省了 40 个托盘的成本）。

根据仿真结果可以知道，修改托盘初始生成数量也可以作为优化配送中心的因素之一，后面再通过多次试验仿真可以找出最优的托盘数量。

③ 最终优化方案结果　通过反复地测算和仿真运行分析，货物到达时间间隔采用均值为 50、随机数流为 1 的泊松分布，托盘的初始生成数量为 280。参照此数据修改模型，仿真结果整理、记录于表 5-9 中。

表 5-9　最终修改前后工作效率对照表

项目	修改前工作效率	修改后工作效率
堆垛机 1	42.9%	47.8%
堆垛机 2	23.6%	25.9%
堆垛机 3	7.6%	8.2%
堆垛机 4	10.7%	12.9%

通过表 5-9 可以看出，堆垛机的工作效率有一定的提高。根据仿真结果还可以知道托盘暂存区的托盘剩余量为 5，与之前相比极大地减少了，避免了购买托盘过多而造成浪费，使配送中心的效益得到了提高。

综合以上结果，可以证明我们选择的优化方案是正确的，通过仿真分析，优化系统的资源配置后，达到了提高系统效率、优化投资效益的目的。

5.7　实训练习

（1）总结现代物流配送中心的作业流程。
（2）对比优化前的数据与优化后的数据，并形成详细分析报告。
（3）再增加一个流通加工区该如何实现。
（4）产品在出库之前需要检查包装是否完好，检验合格则直接送至发货区出库，不合格的则进行修复，合格率为 96%，具体该如何实现。

参考文献

[1] 马向国,梁艳.现代物流系统建模、仿真及应用[M].北京:机械工业出版社,2017.
[2] 马向国,姜旭,胡贵彦.自动化立体仓库规划设计、仿真与绩效评估[M].北京:中国财富出版社,2017.
[3] 刘同娟.系统仿真及其在物流领域中的应用[M].北京:中国发展出版社,2014.
[4] 马向国,刘昌祺.现代物流配送中心规划仿真及应用案例[M].北京:中国发展出版社,2014.
[5] 刘同娟,马向国.配送中心不同分拣策略的仿真优化[J].物流技术,2013,32(3):439-444.
[6] 戴晨.基于Flexism的生产物流系统仿真[J].物流工程与管理,2014(7):140-142.